BLUE BOOK

智 库 成 果 出 版 与 传 播 平 台

浦东慈善公益蓝皮书

BLUE BOOK OF PUDONG'S PHILANTHROPY

浦东慈善公益事业发展报告（2023）

ANNUAL REPORT ON PUDONG'S PHILANTHROPY DEVELOPMENT (2023)

组织编写／上海市浦东新区民政局
　　　　　上海社会科学院社会学研究所
主　　编／周小平　李　骏

社会科学文献出版社
SOCIAL SCIENCES ACADEMIC PRESS (CHINA)

图书在版编目（CIP）数据

浦东慈善公益事业发展报告 . 2023 / 上海市浦东新区民政局，上海社会科学院社会学研究所组织编写；周小平，李骏主编 . -- 北京：社会科学文献出版社，2023.12
（浦东慈善公益蓝皮书）
ISBN 978-7-5228-2948-7

Ⅰ.①浦…　Ⅱ.①上…②上…③周…④李…　Ⅲ.①慈善事业-发展-研究报告-浦东新区-2023　Ⅳ.①D632.1

中国国家版本馆 CIP 数据核字（2023）第 234756 号

浦东慈善公益蓝皮书
浦东慈善公益事业发展报告（2023）

组织编写／上海市浦东新区民政局
　　　　　上海社会科学院社会学研究所
主　　编／周小平　李　骏

出 版 人／冀祥德
责任编辑／孙　瑜　佟英磊
责任印制／王京美

出　　版／社会科学文献出版社·群学出版分社（010）59367002
　　　　　地址：北京市北三环中路甲 29 号院华龙大厦　邮编：100029
　　　　　网址：www.ssap.com.cn
发　　行／社会科学文献出版社（010）59367028
印　　装／天津千鹤文化传播有限公司

规　　格／开　本：787mm×1092mm　1/16
　　　　　印　张：20.25　字　数：301 千字
版　　次／2023 年 12 月第 1 版　2023 年 12 月第 1 次印刷
书　　号／ISBN 978-7-5228-2948-7
定　　价／168.00 元

读者服务电话：4008918866

组织编写单位简介

上海市浦东新区民政局 上海市浦东新区人民政府工作部门，内设 8 个业务处室和 14 个局属事业单位。其中慈善管理职能包括：负责慈善组织登记（认定）管理工作；负责慈善活动的监督检查，依法管理慈善募捐活动；负责慈善行业组织的指导；推进慈善信息公开和共享；慈善表彰等。

上海社会科学院社会学研究所 围绕上海社会科学院学科发展和智库建设双轮互动的发展战略，以应用社会学为主，重点研究中国现代化进程中重大社会理论与社会现实问题，并提供相应的决策咨询服务。

主编简介

周小平　管理学博士，上海市浦东新区民政局党组书记、局长，历任上海市政府办公厅建议提案处处长、浦东新区陆家嘴街道党工委书记、浦东新区区委党校常务副校长。主要研究方向为社会学、经济金融学、党建理论，长期致力于党建引领下基层社会治理实践研究，推动多个项目、品牌创新，产生了积极影响。主编《浦东新区蓝皮书：上海浦东社会治理发展报告（2018）》《浦东新区蓝皮书：上海浦东经济发展报告（2018）》《浦东慈善公益蓝皮书：浦东慈善公益事业发展报告（2021）》。

李　骏　上海社会科学院社会学研究所研究员、所长。主要从事当代中国社会研究，包括社会分层与流动、城市社会学、社会治理等，主编《浦东慈善公益蓝皮书：浦东慈善公益事业发展报告（2021）》。在《中国社会科学》、《社会学研究》、《社会》、*Chinese Sociological Review*、*Research in Social Stratification and Mobility* 等中英文核心刊物上发表论文近 40 篇，出版专著、译著、合著、编著 6 部，主持国家社科基金、上海市社科基金、上海市软科学等多项纵向招标课题。兼任上海市社会学学会副会长、上海市统一战线理论研究会副会长。

序　言

　　2021 年 7 月 15 日,《中共中央 国务院关于支持浦东新区高水平改革开放打造社会主义现代化建设引领区的意见》的发布标志着浦东开发开放进入新的"引领区"时代。同年 8 月 17 日,中央财经委员会第十次会议提出,在高质量发展中促进共同富裕,构建初次分配、再分配、三次分配协调配套的基础性制度安排。新时期新征程,慈善公益成为"第三次分配"的重要组成部分。

　　立足于 2021 年作为"十四五"规划和 2035 年远景目标开局之年的特殊年份,浦东民政策划编撰了首部浦东慈善公益蓝皮书并于 2021 年 11 月正式出版。该书对开发开放 30 年以来的浦东慈善公益事业发展总体情况和主要领域的历程、现状、经验、特点、挑战等进行了系统深入的研究。该书也是全国首部区级慈善蓝皮书。

　　自 2021 年慈善公益蓝皮书首度发布以来,我们对如何助力打造与引领区相匹配的社会建设软实力这一新的课题认真破题,不断夯实基础,勇于改革创新,在探索和实践慈善公益事业的道路上又多了两年的宝贵积淀。这两年的时间,经历了新冠疫情的挑战和洗礼,慈善公益在某些方面有了突飞猛进的发展。我们通过不断加强政策引导、完善组织架构、培育优秀项目等举措,推动了浦东新区慈善公益事业的快速发展,为社会注入了更多的正能量和暖色调。

　　我们打造浦东慈善公益智库,聘请上海乃至全国慈善公益领域知名专家学者,参与跟踪浦东慈善公益事业发展,引领带动一批中青年学者,开展专项研究,为浦东慈善公益事业发展提供智力支持,助力打造慈善公益"浦东样本"。为了更好地调动中青年学者关注浦东慈善公益事业,我们已陆续

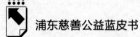

就社区慈善、社区志愿服务和社会救助主题开展了三期中青年学者沙龙，每期定向邀请关注该议题的中青年学者与实务领域代表、街镇社区代表一起围绕实践探索、行业观察进行深入探讨。

我们不断夯实"五社联动"机制，推动各方资源整合联动。"慈善公益联合捐"品牌深入人心，截至第二十一届"慈善公益联合捐"，参与社会组织已有140余家，累计募款总额达19.87亿元，累计帮扶弱势群体达660多万人次，2023年该项目获颁第十二届"中华慈善奖"和第一届"上海慈善奖"慈善项目和慈善信托奖；慈善超市实现创新发展，2021年以创投方式共征集6个特色创新项目落地，2022年探索"慈善超市+社工站"的联动，形成"慈善搭台、超市运营、社会参与、群众受益"的工作模式；社区慈善活力不断释放，截至2022年底，浦东新区登记类社区社会组织中属于社区慈善公益类型的有63家，社区基金会实现在12个街道的全覆盖，另在唐镇、惠南镇、航头镇3个镇也先后成立社区基金会；2022年"大上海保卫战"期间，浦东各类社会组织（含基金会、慈善组织等）累计收到捐赠款物达1.61亿元，其中募集资金4523.35万元，接收物资折款1.16亿元。

当前，浦东正在全力打造社会主义现代化建设引领区，在构建经济、社会、城市"三大治理"统筹推进有机衔接的治理体系中，慈善公益事业是不可或缺的部分，是城市发展的温暖底色。站在新的起点，我们将在区委区政府的坚强领导下，在市民政局等相关部门的指导支持下，持续打造浦东慈善公益品牌，强化慈善公益智库建设，积极培育和吸引高素质慈善公益人才，加快推进慈善公益数字化转型，在慈善资产管理、社会企业、慈善募捐信息系统等方面进行新的探索和尝试，努力打造慈善事业高质量发展的"浦东样本"。

期待慈善公益蓝皮书的编撰能够为我们的实践和研究提供更多的智慧和支持，也希望更多的人能加入慈善公益事业，共同为建设美好社会贡献自己的力量。

周小平

2023年12月

摘　要

浦东慈善公益事业随浦东开发开放在经历 30 年快速发展之后，当前进入了新时代、迈上了新征程。根据 2021 年出台的《中共中央 国务院关于支持浦东新区高水平改革开放打造社会主义现代化建设引领区的意见》以及浦东新区、浦东民政"十四五"规划，浦东慈善公益发展处于打造慈善引领区新的历史方位，而 2021~2022 年就是这个新的历史方位的开局、起步之年。

本报告全面回顾了 2021~2022 年浦东慈善公益的发展状况。即使经历了三年的新冠疫情，浦东慈善发展指数尤其是志愿服务、社会组织、基地站点等一级指标仍然逐年稳步上升，浦东慈善公益在社会组织提质增效、积善成德培育风尚、扎根基层融入社区、汇聚力量改善民生、围绕中心服务大局等五个重点方面都取得了扎实的成绩。本报告全面阐述了浦东应急慈善、志愿服务、街镇社工站、社区慈善平台建设在社会治理和基层治理方面的重要作用，关注了慈善公益在参与社会救助、为老服务、残疾人事业和激发女性力量等民生领域的服务贡献。报告立足于浦东在上海国际金融中心建设中的地位，特别研究了浦东金融向善、公益基金会数字化、企业慈善公益的发展状况，以及浦东慈善公益参与乡村振兴国家战略的经验举措。收录了上海洋泾社区公益基金会、上海四明医学发展基金会、善淘 Buy42 慈善超市的案例，以及第二十届浦东新区"慈善公益联合捐"优秀代表材料（见附录）。

对标中央国家层面五个战略定位、浦东地方层面四个领域、民政部门层面"5+1"体系的引领要求，立足浦东慈善公益事业发展的自身特点和规律，本报告提出迈向慈善引领区的"五善引领"对策建议，包括善经济与共同富裕引领、善治与制度建设引领、社区慈善与五社联动引领、科技向善与数字化引领、善于创造与自主创新引领，旨在力促浦东开拓有中国特色的慈善引领区发展道路，形成温暖有爱的社会主义现代化建设引领区。

关键词： 浦东　慈善引领区　慈善公益　五善引领

目　录 ⤵

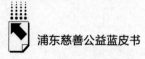
Ⅳ 案例篇

皮书数据库阅读 使用指南

总报告

General Report

B.1

迈向慈善引领区：浦东慈善公益
2021~2022年发展报告

李　骏　苑莉莉*

摘　要： 浦东开发开放30年后，慈善公益事业处于打造社会主义现代化建设引领区新的历史方位。新冠疫情使慈善公益更加显现为一支稳定发展的积极力量，慈善发展指数总体逐年上升，态势稳健。2021~2022年，浦东慈善公益在社会组织提质增效、积善成德培育风尚、扎根基层融入社区、汇聚力量改善民生、围绕中心服务大局五个方面都取得扎实成绩，已初步体现出浦东打造慈善引领区的要义。对标中央国家层次五个战略定位、浦东地方层次四个领域、民政部门层次"5+1"体系的引领要求，本报告提出浦东慈善公益"五善引领"的重点面向与对策建议，包括善经济与共同富裕引领、善治与制度建设引领、社区

---

* 李骏，上海社会科学院社会学研究所研究员、所长，主要研究方向为当代中国社会，包括社会分层与流动、社会治理、城市社会学等。苑莉莉，上海社会科学院社会学研究所助理研究员，主要研究方向为慈善公益。上海社会科学院社会学研究所於阅对本报告也有贡献。

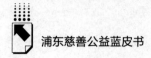

慈善与五社联动引领、科技向善与数字化引领、善于创造与自主创新引领。

关键词： 浦东　慈善公益　引领区　五善引领

一　浦东慈善公益新的历史方位

慈善与公益作为人性本善和美好社会的体现，前者更偏重传统的扶贫济困领域，后者更多指向科学、教育、文化、体育等更广泛的社会公共利益领域。从现实来看，两者共存交叠，所以慈善、公益、慈善公益、公益慈善等概念都被使用或交替使用过。从历史来看，慈善向公益的发展过程就是慈善现代化的过程。公益也经历了阶段性变化，在坚持非营利性这个基本原则上，早期的现代公益重视组织化和专业化，近来的新公益则重视以市场的模式或机制来做公益，具体包括公益创投、影响力投资、负责任的投资、社会企业等。[①]

中国慈善公益的现代化经历了蓬勃发展的30年。20世纪90年代是政府为慈善正名、官办慈善组织应运而生、民间公益重返历史舞台的阶段。21世纪以来更是经历了三波浪潮式的发展：2008年汶川地震后，政府、企业和社会的协同机制初步显现，为民间慈善组织的大规模联合行动创造了制度空间，让志愿者主流化；2016年《中华人民共和国慈善法》出台，标志着慈善事业进入法治化发展轨道，为培育发展多元慈善主体和规范各类慈善行为提供了法律依据，让慈善组织主流化；2021年党中央提出构建三次分配协调配套的基础性制度后，商业向善、科技向善、财富向善形成合力，将推动以人人慈善为内核的慈善事业主流化。[②] 三波浪潮之间有一个重要的阶段

① 资中筠：《财富的责任与资本主义演变》，上海三联书店，2015。
② 朱健刚、严国威：《慈善第三波：2021年中国慈善事业发展报告》，载杨团、朱健刚主编《中国慈善发展报告（2022）》，社会科学文献出版社，2022。

性变化，那就是随着中国特色社会主义进入新时代，中国特色慈善公益也进入新时代。新时代的特点是，慈善公益组织从以往发挥拾遗补阙作用的角色成为社会治理的重要主体，慈善公益事业被纳入国家治理体系之中，以服务国家战略大局，社会与国家形成深层次的合作与嵌入关系。①

上海浦东开发开放30年的历史，恰好与上述中国慈善公益现代化30年的历史同频共振。浦东慈善公益事业在30年快速发展的历史进程中，探索开创了全市乃至全国多个"第一"，当前进入了新时代、迈上了新征程。② 这个新的历史方位需要锚定，在世界百年未有之大变局和中华民族伟大复兴战略全局的大背景下，至少有三份重要文件指示了未来的发展方向。一是在国家层面上，2021年出台了《中共中央 国务院关于支持浦东新区高水平改革开放打造社会主义现代化建设引领区的意见》，对浦东提出了五个战略定位：更高水平改革开放的开路先锋、自主创新发展的时代标杆、全球资源配置的功能高地、扩大国内需求的典范引领、现代城市治理的示范样板。③ 二是在地方层面上，浦东于2021年发布《浦东新区国民经济和社会发展第十四个五年规划和二○三五年远景目标纲要》，提出打造社会主义现代化建设引领区的四个领域发展目标：高质量发展成为科技创新策源地；高水平改革开放成为开放枢纽门户点；高品质生活共建共享，织密社会民生服务网；高效能治理率先走出经济社会城市治理统筹推进和有机衔接的治理体系新路。三是在部门层面上，浦东于2021年发布民政事业发展"十四五"规划，提出全力推进民政"5+1"体系建设总体目标：社会救助体系更加精准高效、社会福利和养老服务体系更加优化完善、社区治理体系更加活力有序、社会组织发展体系更加规范有序、社会公共服务体系更加规范专业、民政智慧治

---

① 朱健刚、邓红丽：《治理吸纳慈善——新时代中国公益慈善事业的总体特征》，《南开学报》（哲学社会科学版）2022年第2期。

② 施凯、李骏、郑乐平、彭辉：《浦东慈善公益发展三十年》，载上海市浦东新区民政局等主编《浦东慈善公益事业发展报告（2021）》，社会科学文献出版社，2021。

③ 《中共中央 国务院关于支持浦东新区高水平改革开放打造社会主义现代化建设引领区的意见》，2021年7月15日，中国政府网，https://www.gov.cn/zhengce/2021-07/15/content_5625279.htm，最后访问日期：2023年9月18日。

理体系更加科学高效，在此基础上实现民政领域的政策引领、技术引领、人才引领、品牌引领，打造大城养老、大城治理、大城共助的"浦东样本"，建成"卓越浦东"的"民政样板"。

民政部门层面的"5+1"体系发展指向与慈善公益作为第三次分配的核心功能连接最为紧密，也最为具体，如社会救助、社会福利、社会服务、社会治理、社会组织等。在浦东地方层面的四个领域发展指向之中，高品质生活和高效能治理与慈善公益的活动空间高度契合，高质量发展和高水平改革开放也与慈善公益相关，比如社会组织的人力资源、治理结构、项目运营也需要高质量发展，基金会的募款来源、资助方式、领域分布也需要改革和开放。国家层面的五个定位发展指向具有宏观指导意义，浦东慈善公益与浦东其他领域一样，也需要深入改革开放、自主创新发展、配置全球资源、满足人民美好生活需要、融入经济社会城市治理体系。总之，在浦东打造社会主义现代化建设引领区的总体目标下，浦东慈善公益一方面要实现自身的现代化发展和引领，另一方面还要助力浦东全区的现代化建设和引领功能，两者之间是同向、互构的关系和过程。

简言之，浦东慈善公益发展新的历史方位就是打造浦东慈善引领区，而2021~2022年就是这个新的历史方位的开局、起步之年。本报告从上述引领区的主旨要求和核心内容出发，先对这两年体现引领区要义的慈善公益发展状况进行分析，再对今后深化慈善引领区建设的重点面向进行讨论并提出对策建议。

二 浦东慈善公益2021~2022年发展状况

2020~2022年是艰难的三年。新冠疫情对经济社会发展的各个方面都有很大影响，但慈善公益在危机困境中更显现出其为一股稳定发展的积极力量。本课题组于2021年构建、2023年更新的浦东慈善发展总体指数及其五个一级指标显示（见图1），①与疫情前相比，疫情激发了社会各界众志成城

---

① 参见本书专题报告篇 B.2《浦东慈善发展指数报告（2022）》。

的家国情怀，志愿服务指标大幅上扬；公益基地网点和社会工作服务站得到大力建设，基地站点指标整体上升；社会组织进行规范整治和结构调整（大力发展社区社会组织），社会组织指标稳中有升；因福利彩票公益金募集和政府财政收入受到疫情影响，慈善捐赠和政府支持两个指标有所下行。但总体指数显示，即使经历了三年疫情，浦东的慈善发展仍呈逐年稳步迈进态势。

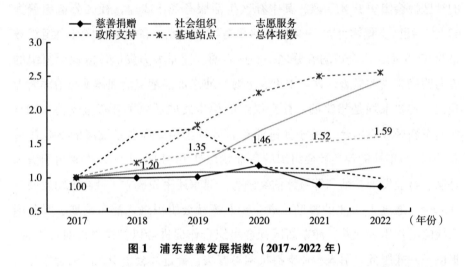

图1　浦东慈善发展指数（2017~2022年）

回顾2021~2022年，浦东慈善公益在社会组织提质增效、积善成德培育风尚、扎根基层融入社区、汇聚力量改善民生、围绕中心服务大局等方面都取得了扎实的成绩。

（一）提质增效——推动社会组织高质量发展

浦东坚持"分类扶持、绩效导向、择优发展"的原则，通过社会组织专项整治、社会组织实地评估、社会组织规范化建设、社会组织品牌建设、社会组织财政扶持、社会组织专项资助、社会组织合作促进会启动"引擎工程"等举措，使社会组织的发展从注重数量增长向注重提升质量、能力和职能转型，全面推动社会组织实现规模与效益相统一的高质量发展。

1. 社会组织稳步发展

从2021~2022年浦东社会组织数量情况来看（见表1），其处于总量稳定、结构调整阶段。社会组织总数量和社会团体数量、社会服务机构数量以及社会组织从业人员数量微降但基本稳定，基金会数量、慈善组织数量不变，社区社会组织数量则显著增加了47.56%。2021年底，浦东登记注册的社区社会组织共553家，其中社区生活服务类104家，社区公益慈善类347家，社区文化体育类44家，社区事务类58家。2022年底，浦东登记注册的社区社会组织共816家，其中社区生活服务类343家，社区公益慈善类63家，社区文化体育类59家，社区事务类351家。备案类社区社会组织数量为5789家，占全市的五分之一。这表明，浦东大力发展社区社会组织的方向明确、成效显著，这与中央、上海、浦东加强基层治理体系与治理能力现代化的要求均是相符的。社会组织的稳步发展还离不开资金支持。2021年浦东新区政府出台《关于促进浦东新区社会组织高质量发展的财政扶持意见》，当年补助各类社会组织的资金就总计1434.26万元，主要用于房租补贴、行业发展补贴和等级评估奖励等。浦东还率先成立了社会组织发展专项基金，通过3~5年的资助，进一步发挥社会组织融入浦东发展、服务国家战略的作用。此外，浦东新区社会组织合作促进会以打造供需对接平台、提供一站式服务、引入专业支持机构等方法，推进社会组织之间的合作与项目实施。

表1 2021~2022年浦东社会组织数量

	2021年	2022年
社会组织总数量(家)	2339	2316
社会团体数量(家)	430	421
社会服务机构数量(家)	1905	1891
基金会数量*(家)	4	4
慈善组织数量(家)	9	9
社区社会组织数量(家)	553	816
备案类社区社会组织数量(家)	5848	5789
社会组织从业人员数量(万人)	6.8	6.7

* 指在浦东新区注册的基金会，在浦东区域内办公或在浦东开展慈善公益的其他基金会未包括在内。
数据来源：上海市浦东新区社会组织管理局统计报表。

2. 社会组织品牌建设

浦东新区社会组织合作促进会启动"引擎工程"，推出《浦东新区社会组织品牌项目评价指标（1.0）》，举办社会组织品牌项目推选活动。① 目前已遴选出两批共计20个品牌项目：第一批（2020~2022年）品牌项目包括"一个鸡蛋的暴走"、绿洲食物银行、儿童素养教育社区梦想中心、金杨社区公益召集令、少年志、"记忆家"、社区亲子阅读俱乐部等;② 第二批（2022~2024年）品牌项目包括改善社区环境、提升社区自治氛围的金杨社区"亲瓶菜园"项目、培育学生思维逻辑和创新能力的春禾启梦计划、推广残疾人文创艺术衍生品的产业化项目、缓解社区志愿者疫后心理焦虑的"爱心银行"项目等。浦东的社会组织及其品牌项目还获得诸多市级奖项，主要获奖情况有：上海市浦东新区社会组织合作促进会的"供需对接·一站式服务"项目、上海中致社区服务社的"青莲计划"成功入选上海市社会组织品牌项目；多家社会组织获得第三、第四届上海社会组织公益创业大赛奖项，上海市浦东新区社会组织合作促进会连续获评上海社会组织公益创业大赛优秀组织奖；11家社区基金会分别获得"壹棵松杯"上海社区基金会公益创投大赛金、银、铜奖；上海市浦东新区社会工作协会、上海复恩社会组织法律研究与服务中心、上海浦东非营利组织发展中心（恩派）等获得2021年上海市品牌社会组织称号；为庆祝中国共产党成立100周年，上海市推出"百家社会组织群英谱"，浦东共有23家社会组织上榜，占总数的近五分之一。浦东新区社会组织发展指导中心发起"浦东新区社会组织品牌建设助力计划"，以"发掘公益品牌项目，打造新区公益名片"为愿景，形成一批具有创新品牌价值的公益项目，探索建设区级社区公益品牌项目的全过程培育体系。

---

① 《浦东新区民政局：探索以品牌建设推动社会组织高质量发展》，人民网，2020年7月8日，http://sh.people.com.cn/n2/2020/0708/c134768 - 34142265.html，最后访问日期：2023年8月17日。

② 《引擎工程｜迅速了解浦东新区首批社会组织品牌项目》，浦东公益网，2023年3月3日，https://mp.weixin.qq.com/s/4bBgz23u-IgqpyngZ8FX7w，最后访问日期：2023年8月17日。

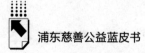

3. 社会组织整治评估

浦东新区民政局按照"全面排摸、分类施策、工作联动"的原则，对部分社会组织运营"乱象"，以及低效能的"僵尸型"社会组织进行清理整治。2021 年依法清理社会组织 198 家，约占全市清理总量的四分之一。其中，撤销登记 162 家，注销登记 28 家，限期整改后纳入日常监管 8 家。2022 年清理社会组织 72 家，其中撤销登记 57 家，注销登记 15 家。同时，在社会组织评估方面自主探索第三方实地评估模式，以评促建、以评促管、以评促发展。通过建立浦东专家库随机垂直盲抽系统、出台《浦东新区社会组织评估工作指南（2022 年版）》等措施，持续稳妥推进高等级的社会组织区级实地评估。为进一步提高社会组织参评率，民政局在养老、社区社会组织等重点领域开展动员，畅通申报渠道，引入数字化评估技术，完善评估工作规程。对于 3A 及以下等级的社会组织，民政部门主动公示确认，推动政府信息透明化，提高社会组织综合治理水平。

（二）积善成德——培育慈善公益新风尚

2021~2022 年，浦东慈善公益文化在实践中不断推进，呈现从阵地拓展到内涵深化、从基础建设到提档升级的整体发展趋势，民众参与慈善、企业助力慈善的社会整体公益精神正在逐步形成，营造了"人人可参与、处处可慈善"的浓厚氛围，不断提升慈善公益的人文性，以慈善文化软实力引领城市生活的新风尚。

1. 弘扬公民志愿精神

浦东的注册志愿者人数持续保持增长态势，尤其是在 2020 年新冠疫情以后明显更上一个台阶，显示出强大的志愿精神和动员能力（见图 2）。①截至 2022 年 12 月底，在全国志愿服务信息系统"上海志愿者网"实名认证注册的浦东志愿者已有 130 多万人，相较上一年增长率达到 18%。浦东基于"志愿者协会-社区志愿服务中心-村居志愿服务站"三级志愿服务组织

---

① 参见本书领域报告篇 B.7《浦东志愿服务走向高质量内涵式发展报告》。

网络，打造了"文明实践+志愿服务"模式，形成"1+36+1400"的文明实践志愿服务阵地格局。在社区基层，浦东的志愿者组织坚持全面弘扬"奉献、友爱、互助、进步"的志愿精神，积极拓展和提升志愿文化内涵，倡导"人人都做志愿者"的社会风尚。浦东每年都定期举办的公益活动月活动是慈善志愿精神传播的有效途径。2021年，浦东公益活动月的主题为"厚植公益精神，畅享浦东新风尚"，有172家社会组织和51家备案社区社会组织参与其中。2022年，浦东围绕"汇聚慈善公益力量，助力引领区建设"主题举办线上为主、线下为辅的"上海慈善周"暨公益活动月系列活动，通过主题沙龙、社区慈善组织阵地开放体验等活动，进一步弘扬慈善文化，传播志愿服务精神，引导社会公众关心慈善公益事业。

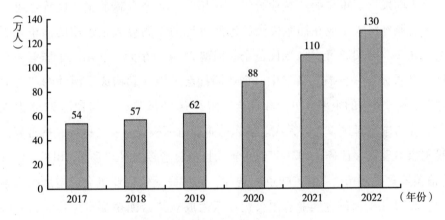

图2 浦东新区实名注册志愿者人数

数据来源：全国志愿服务信息系统上海志愿者网。

2. 激发女性慈善公益力量

在激发女性慈善公益力量方面，浦东形成了以浦东妇联、总工会等群团组织，浦东新区社会工作协会、恩派公益基金会、各类女性社团等多样态社会组织为轴心的组织化能力建设聚合机制和"散是满天星"的发散状多元化探索路径。① 2021~2022年，浦东各界尤为侧重女性"她力量"的创新发

---

① 参见本书领域报告篇B.12《浦东女性慈善公益"她力量"发展报告》。

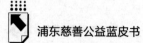

展，启动了引领区专题学习计划，举办了浦东"俪人创客"女性创新创业大赛和"浦东与她·建功引领区——'世博女性优雅力量'之央企职业女性论坛"，创建了"芳华驿站"妇女议事品牌，建立了"上海市浦东新区女性创新创业人才基地"，积极培育和发挥浦东女性慈善公益的捐赠力、创新创业力、服务力、学习力、奉献力和引领力，有助于全方位培育浦东女性人才、维护女性权益、服务妇女儿童、融入超大城市社会治理、推动科技发展、展现浦东巾帼风采。

3. 履行企业社会责任

浦东高度重视企业社会责任体系建设，积极引导企业承担慈善公益，在开展慈善捐赠、投身志愿服务、组织慈善项目、宣传公益理念、参与基层治理等方面发挥了重要的"企业公民"作用。由非公有制企业（民营企业）、非公有制经济人士或在浦东投资的港澳等地的工商界人士组成的浦东光彩会，在 2020~2022 年共收到民营企业捐赠 2514 万余元。在第二十届浦东新区"慈善公益联合捐"活动中，企业同社会组织一起构成了活动的"主力军"，参与捐赠的企事业单位和社会组织共有 4646 家，参与者达 92.4 万人次，参与志愿者逾 1.5 万人次。浦东的企业也积极投身乡村振兴、抗击疫情等国家治理重大任务。2021 年清美集团投资打造腰路村"乡村 CBD"，建立"清美鲜食"超市、"清美味道"餐厅，为村民提供就业机会、增加收入渠道。2022 年上海闽龙实业有限公司在云南成立"云南全都有生物科技有限公司"，带动当地生产和就业，标志着沪滇协作消费帮扶产业正式投入运行。2023 年以来，浦东积极探索区属国企参与乡村振兴，目前 16 家区属国企已分别与 13 个镇 51 个村对接。2022 年上海新冠疫情期间，877 家民营企业参与村居社区结对，发动民企突击队员 6628 人，参与志愿服务近 46.3 万人次；东航物流、上海陆家嘴金融贸易区等央企、国企也积极动员党员和职工投身社区志愿服务。

（三）扎根基层——融合社区慈善、社区服务与社区治理

基层社区是慈善公益事业发展的新方向和新阵地，从长远来看更是慈善

公益事业之根。一方面，慈善的救助对象散落在基层各处；另一方面，慈善物资、善款、志愿者等公益资源亦需要在基层进行挖潜与整合。如果说社区治理是"上面千条线，下面一根针"，那么社区慈善则是"上面一根针，下面千条线"。近年来，浦东在原有的基层组织架构基础上，以创新促发展，进一步增强基层社区慈善资源整合能力，进一步发挥慈善公益参与社区服务和社区治理的溢出功能。

1. 慈善超市创新发展

慈善超市是浦东和上海慈善事业的一张重要名片。[①] 截至 2022 年底，浦东有慈善超市 39 家，其中 1 家为区级慈善超市，38 家为社区慈善超市，实现了慈善超市全覆盖，其业务数据见表 2。更重要的是，慈善超市成为浦东社区慈善实践的新枢纽，引领了社区慈善创新的新潮流。例如，潍坊新村街道的慈善超市专设捐赠物资义卖区，并将 10% 的销售所得投入慈善超市公益基金池，通过这种运营服务新模式的探索，实现了便捷无形的"随手公益"，也激发了社区慈善的造血能力；三林镇慈善超市找准居民需求"痛点"，将贩售面包与慈善物资收集、义卖兼顾，把握了"慈善+超市"的内在逻辑，做到让社区慈善事业有了"源头活水"；新场镇慈善超市员工成立为老服务突击队，为区域内老年人提供生活物资代购、常用药代配、突发送医就诊等个性化服务，拓展了社区慈善的新业务。新冠疫情期间，浦东的慈善超市作为基层抗疫的先锋力量，也主动发挥了链接资源、存储物资、参与保供、组织动员志愿者等多重作用。例如，老港镇慈善超市全力为全镇各单位、村居联系进货渠道，采购、派发防护物资，为抗疫工作人员及志愿者提供送餐服务；陆家嘴慈善超市通过社区小程序的开发，推出多组平价菜套餐，开通"线上预定+线下配送"服务模式，点对点回应求助家庭的物资需求。

---

① 徐家良、张圣：《2018~2021 年浦东慈善超市发展报告》，载上海市浦东新区民政局等主编《浦东慈善公益事业发展报告（2021）》，社会科学文献出版社，2021，第 253~269 页。

表 2　2021~2022 年浦东新区慈善超市业务数据

	2021 年	2022 年
全年全区募集善款数(万元)	8.84	35.05
发放"爱心券"帮困物资总价值(万元)	240.78	201.97
受益人次(万人次)	2.98	2.08
发放帮困物资价值(万元)	169.68	115.43
受益人次(万人次)	2.97	2.28
收益用于帮困总金额(万元)	6.8	22.53
受益人次(人次)	2800	5178
举办公益活动(场次)	867	486
参与人次(万人次)	3.65	3.4

数据来源：上海市浦东新区慈善事业和社会工作发展中心业务统计表（慈善超市月报、年报）。

2. 街镇社工站全面建设

街镇社工站是浦东新区民政局近年来先试点实践再全面铺开的一个基层社会治理新型组织形式，与慈善公益在价值理念、服务主体、实践内容和行动目标上具有紧密关联性。[①] 通过整合福利彩票公益基金作为启动资金，已实现全区 36 个街镇社工站全覆盖，并与高校智库团队合作开展社工站建设经验总结，不断完善制度设计，探索出以培育赋能、平台搭建、组织联动为策略的行动逻辑。社工站通过培育在地组织力量、营造公益文化氛围、链接社会公益资源的方式，推动社区慈善公益事业发展。例如，陆家嘴社工站面向社区工作者、社会组织和社区骨干开展了一系列能力建设服务，借助网络支持发挥社工专业优势，为社区治理主体赋能，提升社区自治能力；三林镇社工站以"创治工作坊"和"慈善公益资源整合"为主题开展专业实践，落地了一批基层社会治理品牌项目；张江镇社工站以居民需求调研为基础，设计了以"暖心家庭探访"为主题的服务方案，为服务对象提供个性化关怀。

---

① 参见本书专题报告篇 B.3《浦东街镇社工站助力慈善公益发展报告》。

3.社区自治金激发活力

社区自治金通过项目化的运作方式，给予社区居民更大的资金使用自主权，以"居民提、居民议、居民评"的模式，自下而上地激发社区活力，为营造社区生活共同体提供坚实的基础。[①] 经过多年实践探索，浦东社区自治金项目已经覆盖全区1100多个居委会。以社区自治金为抓手，推动社区慈善由社会组织持续"输血"到自筹资源进行"造血"的趋势越发明显。2021年度全区共计开展1480个社区自治项目，项目经费自筹部分合计281.23万元，占项目总经费的比例为9.1%；2022年度全区共开展1406个项目，自筹部分合计272.5万元，占总经费的比例为10.2%。由自治金项目成功发动的社区志愿者由2021年度的35.9万人次上升到2022年度的36.3万人次，志愿者总投入时长也从90.7万小时大幅上升至122.6万小时。在浦东民政项目化运作、规范化流程、系统化服务的推动下，浦东孵化出一批优质的社区自治金项目，为整合基层慈善资源、破解社区治理难题提供了良好的示范引领作用，如康桥镇康桥半岛社区花园微更新项目、张江镇香楠社区"花园会客厅"项目、东昌新村居民"星梦停车棚"项目等。[②]

（四）济世爱民——汇聚公益力量改善社会民生

帮助社会困难群体、促进社会公共服务和民生事业发展是慈善公益的根本任务。2021~2022年，浦东慈善公益力量在参与社会救助、融入残疾人保障、完善为老服务、关爱青少年成长等方面，均发挥了重要作用。

1.参与社会救助

在上海构建广覆盖、有梯度、联动衔接的"9+1"现代社会救助体系

---

① 李锦峰：《公共性的规划与构建：社区自治金的实践意义及其发挥》，《城乡规划》2018年第3期。
② 《"自治金"项目助力微景观打造！浦东这个老旧小区新增一座"江南园林"》，《新民晚报》2022年11月25日，https：//baijiahao.baidu.com/s？id=1750451378771529821&wfr=spider&for=pc，最后访问日期：2023年9月26日。《车棚改造亲民化，自治金项目让浦东东昌新村居民的愿望实现了》，上观新闻，2021年3月21日，https：//sghexport.shobserver.com/html/baijiahao/2021/03/19/386850.html，最后访问日期：2023年9月26日。

下，浦东构建了多元社会力量共同参与社会救助的格局，并积极发挥慈善组织的作用，形成"3A"体系(包括"Assistance"援助、"Accompany"陪伴、"Advancement"成长)。[①] "3A"体系有助于打造分层次的梯度救助模式，推动社会救助从"生存型"向"发展型"转变，主要包括三个方面：通过援助型服务保障受助对象的基础生活，维持个体或家庭的基本生活秩序；通过陪伴型服务存续个体、家庭、社会功能，增进受助对象的基本社会融合能力；通过成长型服务激发受助群体自我发展的内生动力，实现自我价值的发现，阻断代际贫困传递。浦东通过购买服务、项目合作等多种形式，引入多类型社会力量积极参与，代表项目包括援助系列的爱心帮扶（鸡蛋牛奶）项目、陪伴系列的"一米书桌"居家学习环境微改造计划、成长系列的"青云腾飞计划——贫困家庭资产建设干预项目"等。

2. 融入残疾人保障

截至 2022 年 11 月，浦东持证残疾人总量为 111544 人，位居上海市各区首位。浦东坚持"财力有一分增长、民生有一分改善"的发展理念，超前谋划超大城市残疾人事业高质量发展的"浦东模式"，切实满足残疾人不同领域、不同层次的服务需求，为推进残疾人事业高质量发展、残疾群众高品质生活提供典范引领。目前浦东残疾人服务已经形成了示范阵地有方、志愿服务有道、社会组织有为、品牌项目有质、助残活动有效的"五有"合力，形成了融合共治的服务格局。[②] 在推进残疾人事业高质量发展的过程中，通过助残服务社区化、运作机制社会化、残疾治理数智化、民间助残活跃化，建立志愿服务网络，构建协同治理体系，涌现出一些有代表性的项目，如三林镇梦工坊残疾人服务中心和新途社区健康促进社联手打造的梦工坊咖啡吧、上海新途社区健康促进社提供的"斯迪克计划——林鸟行动"等。

3. 完善为老服务

截至 2022 年 12 月，浦东 60 岁及以上的老年人口占全区人口比重为

---

① 参见本书领域报告篇 B.9《浦东社会力量参与服务型社会救助"3A"体系发展报告》。

② 参见本书领域报告篇 B.10《浦东残疾人事业创新发展报告》。

33%，人口老龄化进程加速，催生了高龄、独居、患病、低收入等不同群体多层次、多样化的养老服务需求。浦东积极推进公益性养老服务体系建设，通过政府购买服务、慈善捐赠、社会企业投入、推进志愿服务等方式，建立起以社区为基础、覆盖城乡、多元化、全方位的公益性养老服务网络，在为老服务的资源募集、志愿者培养、科技养老、智慧养老等方面积极发挥社会力量的作用。在资源募集和使用方面，2021年，浦东福利彩票公益金用于老年人福利类项目6012.82万元，占总支出的83.26%；2022年，用于老年人福利类项目7934.59万元，占总支出的90.72%，金额和比例都有了提高。从浦东新区本级福利彩票公益金用于老年福利类项目的具体数据看，兼顾了物质与精神、普惠与特殊、硬件与软件等不同层面的老年群体需求的满足（见图3）。[1] 在志愿服务方面，浦东新区养老发展研究院首创志愿者阶梯式培养模式，建立全市首支"上海养老管理志愿服务高级人才队"、"养老照护志愿队"、"爱与陪伴"社区服务队等，旨在通过"赋能个人-赋能家庭-赋能社区"，形成"养老+志愿"服务模式及培训体系。在智慧养老方面，浦东"浦老惠"科技助老服务平台开设爱心公益模块，为各街镇或社会服务组织开展为老服务提供资助资金和志愿者服务的对接，为老年人提供多元化、专业化、个性化养老服务，目前已实现街镇全覆盖。

4. 关爱青少年成长

浦东近年来积极打造青少年慈善公益品牌。在青少年教育方面，"少年志"慈善公益项目聚焦青少年教育中的公共议题，在服务中提升青少年人际沟通、社会适应和问题解决能力，成为国内颇具影响力的慈善品牌。在社区慈善方面，上海市慈善基金会浦东新区代表处联合上海浦东新区乐耆社工服务社开展"孝亲敬老之'创享家园，草长莺飞'——社区公益在行动"项目，鼓励社区儿童、青少年及长者参与社区共同体建设。在对口支援方面，如服务贵州、云南等对口帮扶地区的"阿福童"乡村儿童财经素养教育项目，春禾青少年发展中心的"春禾启梦计划"等，关爱偏远地区的青

---

[1] 参见本书领域报告篇 B.11《浦东慈善公益助力为老服务发展报告》。

项目情况

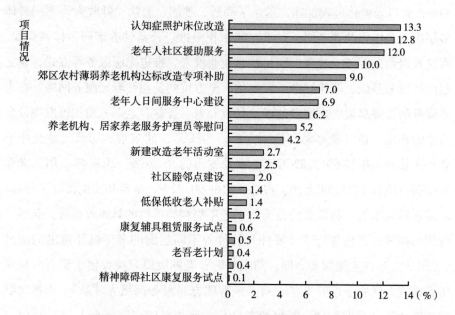

图3 2020~2022年浦东新区本级福利彩票公益金
用于老年福利类项目统计

数据来源：浦东新区民政局。

少年成长。2022年3月上海新冠疫情期间，浦东新区青少年发展基金会启动"浦东青联助力抗疫"募捐活动，动员浦东青联、青企协、金融青协等多家会员单位参与，总共募集善款47万余元，均用于购置防疫物资并送往基层一线。

（五）心系社稷——围绕地方大局服务国家战略

作为推进中国式现代化的重要力量，慈善公益不仅要关注基层民生问题，还要融入国家治理体系，围绕中心服务大局贡献力量。2021~2022年，浦东慈善公益事业为城市应急救援、疫情防控、乡村振兴作出了积极贡献。

1.夯实应急慈善

2022年，《中华人民共和国慈善法（修订草案）》中增加了"应急慈善"专章，建议"发挥慈善在应急救灾中的作用""规范重大突发事件中的慈善活动"。浦东较早将慈善组织纳入"韧性城市"建设的总体布局，在坚持"政社分开"原则的基础上对应急类慈善组织进行规范性指导，推动浦东新区城市运行综合管理中心与慈善组织的深度合作，形成"政社合作"与"社社合作"相结合的协同机制，构建政府、企业和社会组织有机整合的应急慈善体系。① 2021年就已建立浦东新区应急服务社会组织公益园，为应急慈善进行了前瞻性部署。截至2022年底浦东有6家应急类社会组织，在上海和外省市日常应急援助与重大突发公共危机的应对中均发挥着专业优势。2021年河南、山西等地接连遭遇极端暴雨灾害，浦东三栖应急救援保障服务中心组织力量立刻奔赴郑州灾区参与抗洪抢险，是当时上海第一支快速赶赴灾区的专业民间救援力量；恩派公益基金会通过协同河南公益伙伴发起"驰援河南，社区在行动"的联合行动，联动600多名河南赈灾志愿者，匹配300多条救援信息及140条供应方信息，解决当地100多个救援需求；仁德基金会、国际商会、佛教协会、浦东智能照明联合会、浦东新区社工协会、一心公益发展中心等多家社会组织纷纷自发开展支援活动，一起汇聚成了应急慈善的浦东力量。2022年浦东成立全市首家区级社会组织应急物资储备库暨资源调度中心，向上链接大型商业服务机构、爱心企业，向下对接基层社区及志愿服务团队，搭建多元协同合作的资源调度网络，融合"应急仓-慈善捐赠"的一对多关系和"慈善组织-应急仓-慈善捐赠"的多对多关系，为接收社会捐赠、匹配各类需求、开展临时性物资捐助、防疫物资运输等工作提供了高效的紧急救援实践。

2.服务乡村振兴

2021年，浦东发布《浦东新区"十四五"携手兴乡村行动方案》和《2022年浦东新区东西部协作和对口支援工作要点》，积极动员引导全区各类社会组织参与结对帮扶，巩固脱贫攻坚成果，服务乡村振兴战略。据不完全统计，2022年度浦东各类社会组织及其会员单位参与开展东西部协作、对口支援项目30余个，投入资金超2026万元（对口云南地区资金超

---

① 参见本书领域报告篇 B.6《"韧性城市"视角下浦东应急慈善发展报告》。

1584 万元）。① 这些项目带动了对口地区整体经济可持续性增长，形成了浦东社会主义现代化建设引领区社会组织支援帮扶建设样板。在浦东本地乡村振兴大局中，浦东慈善也形成了一些有代表性的品牌项目，如惠南镇社区基金会的"寻找最美乡创人"、周浦镇界浜村"花隐"咖啡店、新场镇"新南乡创模式"、泥城镇公平村"爱心午餐"助老服务等，逐渐探索出慈善服务乡村振兴的浦东路径。

三　浦东慈善引领区建设的重点面向与对策建议

2021~2022 年浦东慈善公益事业在上述五个方面的发展，已初步体现出浦东打造慈善引领区的要义，但还需进一步提升和深化。对标国家层面五个战略定位、浦东地方层面四个领域、民政部门层面"5+1"体系的引领要求，立足浦东慈善公益事业发展的自身特点和规律，本报告提出善经济、善治、社区慈善、科技向善、善于创造的"五善引领"重点面向与对策建议。

（一）善经济与共同富裕引领

中国已进入善经济时代，② 这在北上广深等沿海发达城市和地区表现得更为明显。浦东善经济的引领性至少表现为三个方面：一是企业社会责任（CSR）和环境、社会及公司治理（ESG），如上海陆家嘴金融贸易区开发股份有限公司等发布了 2022 年度 ESG 报告，未来可从浦东四大开发区企业或头部企业入手进行企业发布 CSR、ESG 报告的统计，并将其作为一个引领性的指标加以推广；二是慈善超市、社会企业的发展，如"善淘网"是上海市聚善助残公益发展中心作为全国首家线上慈善超市通过"电子商务+慈善商店"的方式为残疾人提供就业岗位，未来可从政策文件制定方面进一步

---

① 参见本书领域报告篇 B. 8《浦东慈善力量助力乡村振兴发展报告》。
② 王振耀：《中国经济进入"善经济"时代》，中国经济网，2015 年 3 月 21 日，http：//finance. ce. cn/rolling/201503/21/t20150321_ 4892202. shtml？_ t = t，最后访问日期：2023 年 9 月 1 日。

推动社会企业在浦东加快发展；三是金融向善，浦东作为上海建设国际金融中心的承载地，已在推动金融机构、慈善组织或高净值人群通过金融工具来撬动慈善资产用于慈善公益，以慈善基金、公益资管产品、公益理财、公益创投、慈善信托、影响力投资等助力社会问题的有效解决，[①] 未来可进一步完善慈善税收激励机制、营造"鼓励式"慈善资产保值增值生态环境、推动影响力投资发展。未来要从初次分配、再分配、第三次分配相互协调配套的高度，继续推进善经济向更广更深更高方向的发展，使浦东成为共同富裕的引领区。慈善公益作为第三次分配的主角，在做好分内事的同时，不应局限于对前两次分配的补充，也不应满足于与它们的衔接，还要主动积极与其他两种分配机制融合，[②] 从而在源头上减少经济收入差距，进而从整体上引领经济社会向善，最终从实质上推进共同富裕。另外，还可借助公募优势，通过海内外捐赠实现慈善资源乃至经济资源的全球配置。

当然，在统筹发展和安全、同步防风险与促发展的要求下，也要健全金融风险防控机制，探索与国际金融体系相适应的包容审慎监管模式。针对公益金融、慈善信托、慈善商业化、慈善丑闻应对等面向，深入探索浦东慈善事业各类风险的类型、风险识别、风险传导、风险化解和风险防控机制，加强慈善事业的资金（筹款与财务运作透明化）、管理/治理（党建、人力资源、信息披露机制、能力建设）、风险防控与慈善目的有效实现等相关领域的建设。这需要民政局、金融监管局、各大银行、公证处、税务局、中国信托登记等相关部门机构合作建立风险联动化解机制，以保障浦东金融安全与公益金融的活力和杠杆效益发挥。

（二）善治与制度建设引领

善治是指一种良好的治理状态，是使公共利益最大化的社会治理过程和治理活动。[③] 进入新时代，党中央连续提出国家治理、市域治理、基层治理

---

① 参见本书专题报告篇 B. 5《浦东金融向善发展报告》。
② 杨方方：《共同富裕背景下的第三次分配与慈善事业》，《社会保障评论》2022 年第 1 期。
③ 俞可平：《治理和善治：一种新的政治分析框架》，《南京社会科学》2001 年第 9 期。

体系与能力现代化，先后提出党委领导、政府负责、民主协商、社会协同、公众参与、法治保障、科技支撑的社会治理体系，共建共治共享的社会治理制度，人人有责、人人尽责、人人享有的社会治理共同体，目标就是要达到善治。浦东也初步构建了"党委领导、政府推动、制度健全、政策衔接、民间运作、社会参与、各方协作"的慈善事业工作格局，未来可从以下几方面进一步加强制度建设。

（1）生态引领。《上海市慈善条例》规定"慈善组织依法成立行业组织，推动反映行业诉求，加强行业交流"，建议浦东探索成立区级慈善公益行业性枢纽组织，建立一个功能有序分工的慈善公益体系。有社会组织提供专业服务、有基金会等提供资源资助、有机构提供技术支持、有机构做专业研究和行业调研、有机构做第三方评估和培训等，形成慈善公益生态圈。

（2）标准引领。2021~2022年，浦东已经制定了《浦东新区社会团体（行业协会商会）管理制度导则》《浦东新区社会组织评估工作指南（2022年版）》《浦东新区企业信用评估标准》《诚信企业创建认定规范》等文件，未来可进一步有针对性地加强标准制定和引领，包括考虑慈善发展指数中纳入一些新的引领性指标。

（3）政策引领。如科技类研发机构发展的支持政策、涉外社会组织登记探索、外籍科技人才加入区级科技类社会组织的路径等，拓展慈善公益的国际化发展路径。又如福利彩票用于购买社会组织服务的制度设计，包括规则、评估、监督等。再如制定明确体现慈善公益组织参与城市和社区应急管理角色和功能的总体性政策和预案。

（4）立法引领。国家授权上海市人大立足浦东改革创新实践需要制定法规，并可对法律、行政法规、部门规章等作变通在浦东实施，这为浦东立法引领慈善公益创造了宝贵条件。目前，浦东民政部门关注社会组织退出机制立法，尝试以"课题研究、立法创设"双轨并行模式，制定更符合浦东新区社会组织健康有序发展需求的执行性法规；妇联等群团组织与浦东人大联合探索，尝试在妇女和儿童发展需要的方面推动地方立法；民间社会组织如上海真爱梦想公益基金会和复恩社会组织法律研究与服务中心联合提出在浦东建立慈善财产投资与监管举措，优化房产、股权、知识产权、艺术品等非货币捐赠等政策。未来可进一步探索更多前沿领域的慈善公益立法尝试。

（三）社区慈善与五社联动引领

2021年发布的《中共中央 国务院关于加强基层治理体系和治理能力现代化建设的意见》提出"创新社区与社会组织、社会工作者、社区志愿者、社会慈善资源的联动机制"，这被称为基层慈善公益事业的"五社联动"。同年颁布的《上海市慈善条例》也将"社区慈善"作为专章列出。这表明社区慈善和五社联动是慈善公益事业未来的发展方向。对此，浦东在实践中已经形成了以社工站为枢纽的五社联动模式，例如康桥镇社工站以"五社联动"形成"3+3+4+5"服务体系，三林镇社工站的"创治工作坊"和社会工作站枢纽平台的"公益慈善资源整合"，洋泾街道社工站打造"3+5+2"的社区专业服务综合体等。但目前浦东街镇社工站在参与慈善公益过程中还面临着平台定位模糊、公益人才缺乏、资源可持续性不强等困境，对此可从提升社区福利治理、建立公益行业联动机制、培育公益人才、探索可持续发展道路四个方面，持续推动街镇社工站参与慈善公益高质量发展与基层社会治理创新。此外，通过落实《长三角专业社会工作发展论坛联盟协作备忘录》，进一步发挥在长三角一体化中社工服务社会治理的积极作用。

（四）科技向善与数字化引领

中国和世界目前正处于以人工智能为代表的第四次科技革命的前沿，由此塑造的数字社会，是继农业社会、工业社会之后一种全新的社会形态，[1]比之前信息社会、网络社会的语义指向更准确。[2] 因此，不管是"互联网+慈善"，还是科技向善，都突出的是数字技术和慈善公益的双向奔赴。浦东作为互联网公司、高科技公司、人工智能产业、国家自主科技创新园区的集

---

① 邱泽奇：《数字社会与计算社会学的演进》，《江苏社会科学》2022年第1期。
② 陈刚、谢佩宏：《信息社会还是数字社会》，《学术界》2020年第5期。

聚地，在慈善公益数字化转型上已经形成了业务/项目建设型、机构建设型、行业建设型等多种实践模式，① 具有引领区的实力基础。目前，我国公益慈善数字化已普遍存在但不同组织间差异较大，多元主体积极推动，但行业基础依旧薄弱，法律制度不断完善，但内容仍有待加强。② 对此，浦东要在数字化产品研发、数字化品牌建设、数字化战略展望和数字化行业规范制定方面发挥出引领作用，形成有全国影响力的"数字慈善"和"智慧慈善"平台。

（五）善于创造与自主创新引领

习近平总书记指出，"中国人民是具有伟大创造精神的人民"。③ 善于创造是中国人民伟大民族精神的首要内涵，中央在经济社会发展的许多领域都强调创造与创新，对浦东引领区建设的五个要求之一就是成为自主创新发展的时代标杆。未来，浦东除了要提出更多诸如社会救助从"生存型"向"发展型"转变等理念创新引领，还可进一步聚焦三项具有实体性的创新项目引领。一是2023年刚刚开园的浦东自贸区社会创新示范园。按照"企业提供办公用房和物业服务、政府提供财政补贴和入驻标准、社会组织自我管理和服务"的运作思路，示范园将重点集聚、培育符合浦东经济、社会发展需求，具有示范、引领功能的国际、国内各类型"头部"社会组织和社会企业，打造浦东"社会创新发展的思想库、科技成果转化的助推器、公益资源的集散地、社会创新人才的催化剂、国际组织交流的大平台"。二是张江科学城区域。可重点培育有助于发挥张江高科技园区、张江科创园区、张江长三角科技城优势的社会组织，为科技发展提供慈善公益服务和支持，如基金会可以设立一些科创人才奖，或者为科技人才的亲属提供托育和为老服务，帮助科技人才解决生活难题，使其可以专注于科研创新，也鼓励科技人才捐赠或以志愿服务的方式开设科研讲堂或论坛，用科技知识服务社会，

---

① 参见本书专题报告篇 B.4《浦东公益基金会数字化发展报告》。
② 谢琼：《公益慈善数字化的现实审视与未来发展》，《人民论坛·学术前沿》2022年第22期。
③ 习近平：《在第十三届全国人民代表大会第一次会议上的讲话》，《求是》2020年第10期。

形成一种"双向流动"的科技慈善公益方式。三是浦东慈善公益智库及相关项目和论坛。浦东已经与上海高校科研机构举办了慈善公益智库中青年学者沙龙，已经与上海社会科学院社会学研究所合作开展浦东慈善公益的连续跟踪研究，未来可进一步拓展慈善公益实践与理论的充分互动融合，对中国式现代化和中国特色慈善公益现代化的上海样本和浦东样板进行提炼和宣传，讲好浦东故事、上海故事和中国故事。

专题报告篇
Special Reports

B.2
浦东慈善发展指数报告（2022）

梁海祥*

摘　要： 本报告延续使用 2021 年浦东慈善指数报告指标体系，对浦东及各街镇的慈善事业发展进行评测。纵向比较结果发现浦东慈善发展总体指数稳步提升；街镇间慈善事业发展程度差异较大；街镇中还涌现一批在机制和项目运作方面的创新案例。报告基于分析提出鼓励多主体参与和增强慈善事业数字化建设等建议，进而解决浦东慈善事业目前发展中的问题。

关键词： 慈善指数　数字化建设　多主体参与

一　慈善发展指数的构建思路

在社会主义现代化建设引领区的发展中，慈善事业作为多元主体共建的

* 梁海祥，上海社会科学院社会学研究所助理研究员，主要研究方向为城市社会学、健康不平等问题等。

重要载体、共治的重要方式和共享的重要途径，具有不可替代的地位。[①] 为全面合理反映浦东新区慈善事业的发展情况，课题组开展"浦东慈善发展指数"的研究。同时为了保持指标的可比性和延续性，本次指数构建基于2021年指标体系构建原则和设置，对于少部分指标进行调整和优化，具体指数构建原则和方法如下。

（一）构建原则

坚持指数在街镇层面有可比性。2021年浦东新区民政局首发《浦东慈善公益事业发展报告（2021）》，是全国首部区级慈善公益蓝皮书。其中，浦东慈善发展指数也是首个区级层面的慈善发展指数，可对街镇慈善发展情况进行评测，完成了"全国－省（区、市）级－市级－区级"的多层次慈善发展指数体系建设。[②] 基于此，本报告在具体数据分析部分增加了较为详细的浦东街镇比较内容。

坚持指标体现浦东新区慈善发展特点。2021年在建构浦东慈善发展指数过程中借鉴了国内指数的核心体系内容，并且增加了能反映浦东新区特点的指标。此次指标建构则更是从浦东慈善事业发展的现状出发，结合浦东慈善事业数据收集情况进行调整。

坚持指标激发慈善发展的创新性。考虑到街镇层面慈善基地站点等场所的建立需要时间，但案例相较于其他指标有较强的灵活性，为了激发街镇在慈善事业方面的创新性和加快优秀经验案例的传播，在本年度街镇指数层面增加了案例附加评分项目。

（二）构建方法

本指标体系遵循客观性、层次性、系统性、科学性以及可行性等原则，

[①] 傅昌波、董培、陈凯：《中国式现代化进程中慈善事业的功能定位与发展路径》，《行政管理改革》2022年第11期。

[②] 李骏等：《浦东慈善发展指数研究报告》，载上海市浦东新区民政局等主编《浦东慈善公益事业发展报告（2021）》，社会科学文献出版社，2021。

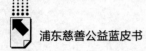

选择能够集中体现浦东慈善捐赠、市民志愿服务等具体指标，建立了综合性的"浦东慈善发展指数"体系。

1. 浦东纵向比较指数

浦东慈善发展指数纵向比较与 2021 年设定相同，是以浦东 2017 年各项指标的基准值作为分母，2018~2022 年浦东的实际值作为分子，相除得到纵向比较数值，从而展现出各时期的指数变化。具体方法如下。

$$纵向比较指数 = A_i/A_0$$

其中，A_i 为指标的实际数值，即 2018~2022 年浦东的实际状况；A_0 为该指标的基期数值，即浦东 2017 年各项指标。

2. 浦东街镇比较指数

在浦东街镇慈善发展指数中设定了各项指标的权重，权重体现了各指标间的相对重要程度。具体来说各指标权重的确定直接体现了社区基金、社会组织、志愿社区和基地站点等不同方面对慈善事业整体实施的作用大小。本年度延续使用 2021 年报告中指标权重设置的规则，即前四个分项（大致）均匀分配，再对分项内各指标权重均等分配。附加评分项目的 5 分则是专家根据申报案例数量、质量、创新性和影响力等标准进行评议分配。在获得数据并进行处理的基础上，用加权求和的方法进行指标的综合处理进一步获得指数。用该指数可以反映出浦东各街镇"慈善发展指数"实施的总体绩效，展现当前浦东各街镇慈善事业建设的现实水平。

（三）指标说明

按照上述指标构建的原则，结合数据的可获得性、科学性等，在 2021 年浦东慈善发展指标体系基础上进行了调整，具体如下。一是社会组织中的三级指标"O7 社会组织从业人员数量占城镇就业人口比例"替换为"O7 社会组织从业人员数量占常住人口比例"，原因在于近几年未公开发布城镇就业人口数据。二是志愿服务中的三级指标"V3 注册志愿者数量占城镇就业人口比例"替换为"V3 注册志愿者数量占劳动年龄人口比例"，原因也是无城镇就业人口数据，劳动年龄人口指户籍人口中 18～59 岁人口数量。三是将政府支持中的三级指标"G2 福利彩票公益金购买社会组织服务总额"替换为"G2 福利彩票公益金支出总额"，根据《上海市福利彩票公益金使用管理办法》明确指出需公开福利彩票公益金支出总额，这将有利于提升后续指标的准确性和可获得性；同时 G3、G4 相应变化为"G3 财政资金购买社会组织服务和福利彩票公益金支出总额占财政支出比例""G4 财政资金购买社会组织服务和福利彩票公益金支出平均金额"。删除"公益性捐赠扣除资格和非营利组织免税资格认定"的相关指标，一方面指标无对应部门可获取数据，另一方面无法保证通过从网站搜寻所汇总整理到的数据的准确性。四是将基地站点中的"S1 慈爱公益服务社"替换为"社会工作服务站"，因为在实际工作中慈爱公益服务社未发挥作用，并且数量一直无变化，而社会工作服务站的建设则是目前的一项重要工作。删除"S3 经常性社会捐助工作站点"指标，经常性社会捐助工作站点由市民政局统一取消，因此无分析和比较价值。另外，考虑到基地站点近几年建设类型和名称的频繁更换，研究则专注于基地站点数量的变化，因此将各类型的基地站点变为一个指标，即"社会工作服务站、慈善超市、公益园区、公益基地网点"，街镇的这个指标也同时变化。五是街镇指数增加一个满分为 5 分的附加评分项目。

详细指标可见浦东慈善发展指数构成（详见表 1）和浦东（街镇）慈善发展指数构成及权重（详见表 2）两个指标体系。浦东慈善发展指标包括慈善捐赠、社会组织、志愿服务、政府支持和基地站点五个方面，前四个方面又分别从规模、结构和质量构建指标来测量。浦东（街镇）慈善发展指数则是考虑到街镇的数据实际获取情况和自身特征，指标涵盖了社区基金、社会组织、社区志愿和基地站点四个方面，外加一个附加评分项目。

表 1 浦东慈善发展指数构成说明

一级指标	二级指标	三级指标(具体)
慈善捐赠	规模	D1. 基金会接受捐赠总额
		D2. 募集福利彩票公益金总额

续表

一级指标	二级指标	三级指标(具体)
慈善捐赠	结构	D3. 基金会接受捐赠总额占 GDP 比例
		D4. 人均捐赠额
	质量	D5. 基金会接受捐赠总额占财政支出比例
		D6. 人均捐赠额占人均可支配收入比例
社会组织	规模	O1. 社会组织数量
		O2. 慈善组织数量
		O3. 社区社会组织数量
		O4. 社会组织从业人员数量
	结构	O5. 每万人社会组织数量
		O6. 每万人社区社会组织数量
	质量	O7. 社会组织从业人员数量占常住人口比例
		O8. 3A 级及以上社会组织数量占社会组织数量比例
志愿服务	规模	V1. 注册志愿者数量
	结构	V2. 注册志愿者数量占常住人口比例
	质量	V3. 注册志愿者数量占劳动年龄人口比例
政府支持	规模	G1. 财政资金购买社会组织服务总额
		G2. 福利彩票公益金支出总额
	结构	G3. 财政资金购买社会组织服务和福利彩票公益金支出总额占财政支出比例
	质量	G4. 财政资金购买社会组织服务和福利彩票公益金支出平均金额
基地站点	—	社会工作服务站、慈善超市、公益园区、公益基地网点

表2 浦东(街镇)慈善发展指数构成及权重说明

一级指标	具体指标(权重)
社区基金(24)	是否成立社区基金会(12)
	社区基金会接收捐款金额(12)
社会组织(24)	社区社会组织数量(8)
	每万人社区社会组织数量(8)
	3A 级及以上社会组织数量占社会组织数量比例(8)
社区志愿(28)	注册志愿者数量(7)
	注册志愿者数量占人口比例(7)
	志愿团体数量(7)
	获得国家级"四个100"最美志愿服务社区称号(7)
基地站点(24)	社会工作服务站、慈善超市、公益园区、公益基地网点(24)
附加评分项目(5)	标志性、创新性或示范性的典型案例(5)

（四）数据来源

"浦东慈善发展指数"使用了多来源渠道的数据，包括统计年鉴、部门年度报告和自我填报等方式。其中街镇层面的数据主要依靠自我填报，2023年5月至6月，通过向浦东36个街镇派发《浦东2021~2022年度慈善数据填报通知》，收集整理后获得了包括街镇层面汇总数据和街镇的具有标志性、创新性或示范性的典型案例。

二 浦东慈善发展指数分析

（一）浦东慈善指数的发展情况（2017~2022年）

浦东慈善指标体系由慈善捐赠、社会组织、志愿服务、政府支持和基地站点五个方面构成，从近年来浦东慈善指数的发展情况看，慈善指数总体发展趋势稳中有进。通过数据分析可呈现，在浦东慈善社区社会组织、志愿服务和基地站点等方面得到了提升，但是在慈善捐赠和政府支持方面需要有所关注，以下就是相关指标的具体展示。

1.浦东慈善指数总体发展稳定

从浦东慈善整体趋势看，慈善发展指数总体稳步提升。尤其是近三年的新冠疫情激发了志愿服务队伍的建设，政府支持和慈善捐赠还有待恢复，社会组织发展平稳，基地站点建设速度加快。具体以2017年浦东慈善发展指数情况作为参照，2017~2022年浦东慈善指数变动情况如图1所示，浦东慈善发展总体指数稳步提升，由1.00提升到了1.59。从三级指标看，慈善捐赠指标则还没有恢复到2017年的状况，2022年数值不足2017年的九成；社会组织指标发展较为平稳，2022年数值是2017年的1.15倍；志愿服务指标呈现较快发展，近几年逐年增长，2022年数值是2017年的2.42倍；政府支持指标也有些降低，2022年数值是2017年的98%；基地站点指标增长速度快，慈善基地站点建设如火如荼，2022年数值是2017年的2.55倍。

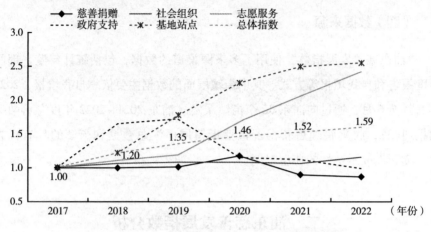

图1　浦东慈善发展指数 2017~2022 年变动情况

2. 浦东慈善指数反映慈善事业发展取得成绩

从志愿服务指标看，志愿服务发展势头强劲。图2展现的是浦东志愿服务发展状况，从2019年后数据呈现直线式提升。志愿者的规模（V1 注册志愿者数量）、结构（V2 注册志愿者数量占常住人口比例）和质量（V3 注册志愿者数量占劳动年龄人口比例）均迅速提升。2022年浦东的志愿者的规模（V1 注册志愿者数量）是 2017 年的 2.5 倍，志愿服务结构（V2 注册志愿者数量占常住人口比例）和质量（V3 注册志愿者数量占劳动年龄人口比例）是 2017 年数值的 2.4 倍，说明浦东近几年志愿者队伍迅速发展壮大，尤其是从 2020 年开始加速。

从社会组织指标看，社区社会组织数量增长迅速。社会组织指标由 8 个三级指标构成，分别为社会组织数量（O1）、慈善组织数量（O2）、社区社会组织数量（O3）、社会组织从业人员数量（O4）、每万人社会组织数量（O5）和每万人社区社会组织数量（O6），以及社会组织从业人员数量占常住人口比例（O7）和 3A 级及以上社会组织数量占社会组织数量比例（O8），对应了社会组织发展的规模、结构和质量。由图3可知，社区社会组织数量（O3）和每万人社区社会组织数量（O6）这两项指标数值 2022 年比 2021 年有大幅度提升，社区社会组织数量（O3）是 2017 年的 1.4 倍，每

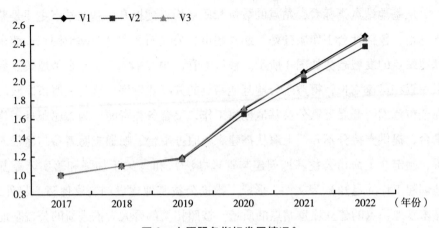

图 2　志愿服务指标发展情况 *

　* 2022 年劳动人口数量数据（户籍人口中 18~59 岁人口数量）还未公布，因此 2022 年劳动人口数据暂使用 2021 年的替代。

万人社区社会组织数量（O6）是 2017 年的 1.3 倍。其余指标基本保持平稳。具体来看社会组织数量（O1）、慈善组织数量（O2）、社会组织从业人员数量（O4）和社会组织从业人员数量占常住人口比例（O7）均保持基本平稳，2022 年指标数值是 2017 年的 1.1 倍。每万人社会组织数量（O5）和 3A 级及以上社会组织数量占社会组织数量比例（O8）有下降趋势，2022 年数值回到 2017 年水平。

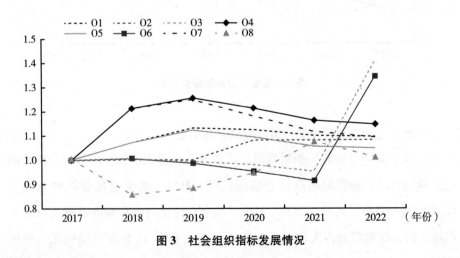

图 3　社会组织指标发展情况

　　从基地站点指标看，站点的数量和质量均得到提升。基地站点主要是慈善基地，包括社会工作服务站、慈善超市、公益园区和公益基地网点，浦东基地站点的发展趋势如图 4 所示。数量上看，2017~2022 年浦东基地站点数量一直在迅速增长，得益于公益基地网点的井喷式发展。这与上海市民政局在全市范围内开展万家公益基地创建工作，整合各类资源，为志愿服务搭建平台、提供支持分不开。上海从搭建志愿服务平台、畅通志愿者参与途径入手，制定《上海市公益基地创建与管理办法》和《关于加强和落实公益基地创建工作的通知》等文件，形成了推进公益基地建设的制度保障。另外，浦东基地站点的建立注重站点的质量，按照相关部署大力推进新的公益基地建设。2021 年底至 2022 年按照民政部和市局部署推进了社会工作服务站建设，有效提升民生服务的可及性和专业性，营造了共建共治共享的社会治理格局。

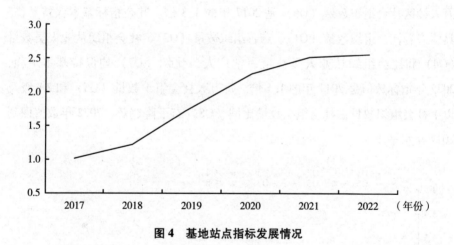

图 4　基地站点指标发展情况

3. 浦东慈善指数反映慈善事业发展存在不足

　　从慈善募捐指标看，捐赠数值波动明显。慈善捐赠指标由基金会接受捐赠总额（D1）、募集福利彩票公益金总额（D2）、基金会接受捐赠总额占GDP 比例（D3）、人均捐赠额（D4）、基金会接受捐赠总额占财政支出比例（D5）和人均捐赠额占人均可支配收入比例（D6）这 6 项指标构成。分析浦东慈善捐赠 2017~2022 年的数据趋势（见图 5），2022 年慈善捐赠指标除基金会接受捐赠总额（D1）和人均捐赠额（D4）较 2017 年呈现持平态势，其余指标数值均不到 2017 年的百分之八十的水平。具体来看 2020 年之前除了募集福利彩票公益金总额（D2），其余指标在 2020 年有着明显的上升趋势，即表示浦东慈善捐赠的规模、结构和质量在 2020 年均有提升。但募集福利彩票公益金总额（D2）在 2021 年略有反弹之后，2022 年又受到了重创，可能是受疫情影响 2022 年购买彩票的人数和金额骤降。随着疫情政策的调整，募集福利彩票公益金总额（D2）也应有相应的变化。除 D2 外的其余指标（D1 基金会接受捐赠总额、D3 基金会接受捐赠总额占 GDP 比例、D4 人均捐赠额、D5 基金会接受捐赠总额占财政支出比例和 D6 人均捐赠额占人均可支配收入比例）在 2020 年达到高峰，但 2021 年数值骤降，2022 年有稍许恢复，其中基金会接受捐赠总额（D1）2022 年的数值是 2017 年的 1.1 倍。

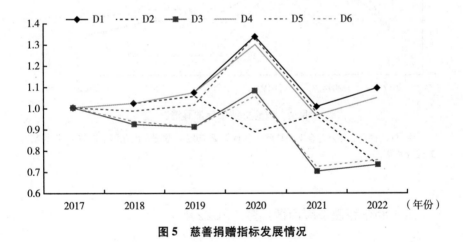

图 5　慈善捐赠指标发展情况

从政府支持指标看，财政和公益金支持需要提升。政府支持指标由财政资金购买社会组织服务总额（G1）、福利彩票公益金支出总额（G2）、财政资金购买社会组织服务和福利彩票公益金支出总额占财政支出比例（G3），以及财政资金购买社会组织服务和福利彩票公益金支出平均金额（G4）这 4 项指标构成，分别代表的是规模（G1 和 G2）、结构（G3）和质量（G4）。

由图 6 的结果可见，政府支持指标的规模、质量和结构数值在 2019 年后均呈现下降趋势，财政资金购买社会组织服务总额（G1）和财政资金购买社会组织服务和福利彩票公益金支出平均金额（G4）经过 2018 年的增长后逐年下降，G1 指标 2022 年下降到 2017 年的水平，G4 指标 2022 年数值是 2017 年的 1.2 倍；福利彩票公益金支出总额（G2）和财政资金购买社会组织服务和福利彩票公益金支出总额占财政支出比例（G3）指标 2022 年的数值与 2019 年相比均在下降，2022 年数值均只占到基准年的九成。

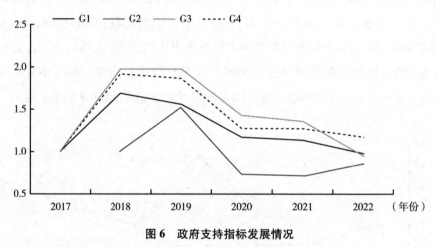

图 6　政府支持指标发展情况

说明："福利彩票公益金支出总额"指标缺乏 2017 年数据，因此图中以 2018 年为基准进行计算。

（二）浦东慈善发展街镇指数（2022 年）

浦东慈善发展街镇指数从社区基金、社会组织、志愿社区和基地站点四个方面的指标进行评测，从而可以反映各街镇慈善发展的高低状况。根据街镇指数体系，计算出浦东每个街镇的指数得分后，根据 2021 年慈善指数报告的做法，按照分数从高到低划分为三个梯队。具体来说，分数排名前三为第一梯队，第二梯队是得分在中位值以上的街镇，第三梯队则是得分在中位值以下的街镇。

1. 慈善发展指数街镇梯度明显

2022 年街镇慈善发展指数呈现梯度分布（见图 7），排在第一梯队的是金杨新村街道、陆家嘴街道和洋泾街道，这三个街道在 2020 年的指数处于第一梯队，说明这三个街道的慈善工作一直保持稳定和领先位置。处在第二梯队的街镇分别是浦兴路街道、南码头路街道、航头镇、花木街道、唐镇、惠南镇、东明路街道、上钢新村街道、周家渡街道、北蔡镇、张江镇、沪东新村街道、川沙新镇、周浦镇和潍坊新村街道。而剩余的街镇则属于第三梯队，并且在第三梯队中除了一个是街道建制，其余的都是镇建制。因此，这也从一定程度上反映了街道和镇在慈善事业发展方面存在着差异。

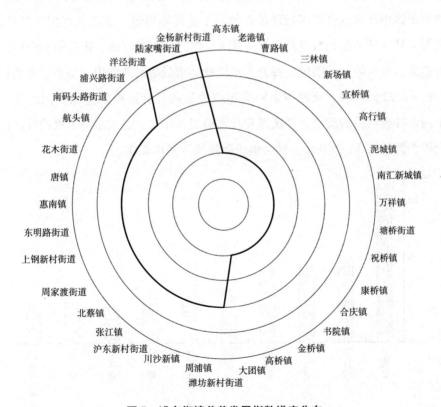

图 7　浦东街镇慈善发展指数梯度分布

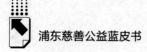

2. 设立社区基金会的街镇接近五成

街镇指数社区基金指标包括是否成立社区基金会和社区基金会接受捐赠的金额。目前有街镇社区基金会15家,其中12家街道社区基金会,3家镇社区基金会,再加1家不属于街镇的社区基金会(凝心聚力社区基金会),共计有16家社区基金会。因此,2022年浦东街镇拥有社区基金会的街道占到总数的41.67%,街镇没有社区基金会的超过五成。社区基金会接收捐赠情况,张江镇、陆家嘴街道和高东镇接收捐赠金额在各街镇中排名前三。

3. 社区社会组织数量街镇分布不均

街镇社会组织指标包括三项指标,分别是社区社会组织数量、每万人社区社会组织数量和3A级及以上社会组织数量占社会组织数量比例。2022年浦东街镇中社区社会组织数量最多的三个是洋泾街道、张江镇和川沙新镇。每万人社区社会组织数量排名(见图8)前三的为书院镇、张江镇和金杨新村街道,排名第一的书院镇每万人社区社会组织数遥遥领先,是第二名的近2倍(1.92倍)。3A级及以上社会组织数量占社会组织数量比例指标是为了测量社会组织的质量,合庆镇和花木街道等靠前,这也是与上报的社区社会组织数量与3A级及以上社会组织数量较少密切关联。

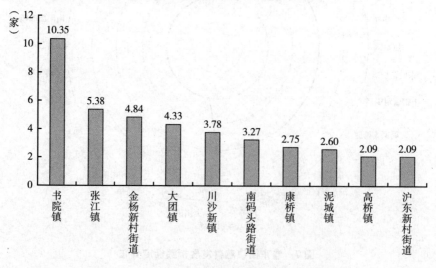

图8 浦东每万人社区社会组织数量前十街镇

4. 街镇志愿队伍建设成效显著

街镇指数中志愿社区指标包括四项指标，分别是注册志愿者数量、注册志愿者数量占人口比例、志愿团体数量和获得国家级"四个100"最美志愿服务社区称号。街镇注册志愿者数量排名结果呈现，志愿者数量超过万人的有26个街镇，惠南镇注册志愿者数量最多，超过了6万人。排名第二的周浦镇注册志愿者人数也接近6万人，北蔡镇排名第三。考虑到人口基数对于注册志愿者绝对数的影响，因此考察注册志愿者数量占人口比例的状况（见图9），浦兴路街道、惠南镇和周浦镇的注册志愿者占比排名居前三位，并且远超后面的街镇。街镇层面志愿团体数量排名前三的是北蔡镇、浦兴路街道和陆家嘴街道，这三个街镇2022年志愿团体数据均超过150家。

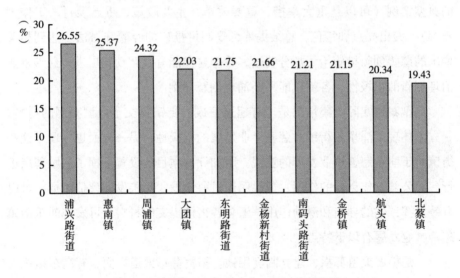

图9　浦东注册志愿者占人口比例前十街镇

5. 加强街镇社会工作服务站建设

街镇基地站点的测量在2022年包括慈善超市、社会工作服务站、公益园区和公益基地网点三项指标。其中社会工作服务站是重要的基地站点，它的建立是致力于创新具有浦东特色的社区、社会组织、社会工作者、社区志愿者和社会慈善资源"五社"联动机制。2022年浦东新区已建成209家街镇社会工作服务站，包括 1 家区级社工站、36 家综合社工站、37 家禁毒专项社工站、36 家未成年人保护专项社工站、15 家涉外人员服务专项社工站、84 家居村社工服务站点，其中，街镇综合社工站、禁毒专项社工站和未成年人保护专项社工站实现全区街道 100% 覆盖。

（三）街镇指数附加评分项目

为了及时总结浦东各街镇社区慈善指数情况，切实打造引领上海乃至全国的浦东"慈善样本"，助力提升浦东慈善发展水平，在 2023 年撰写浦东慈善发展指标体系中首次实施附加评分项目。附加评分项目主要是收集各街镇在 2019~2022 年街镇慈善事业发展过程中具有标志性、创新性或示范性的典型案例（可以是重大举措、重要改革、主要政策、重点项目、工作创新等），突出亮点和特色，总结提炼可复制可推广的经验和做法。达到相关要求的慈善创新措施给予加分奖励，希望这样能有效调动基层进行慈善事业治理创新的积极性，各街镇能不断涌现创新案例。

典型案例实际收集情况是，有超过三成的街镇提交了典型案例的材料，一方面体现了浦东各街镇对慈善事业发展的积极性，另一方面也体现了这些街镇对于浦东慈善事业发展的重视。附加评分项目的设置发挥了鼓励基层进行慈善公益工作创新的作用，这说明通过科学设置慈善发展评估指标，可以有效发挥评估的导向和激励作用。汇总各街镇提交的材料，可发现浦东街镇慈善事业发展有以下特点。

一是扩展渠道募捐，建立制度用钱。拓宽募捐渠道方面，有高东镇积极发动企业履行社会责任。资金管理方面，周家渡街道制定《周家渡街道慈善联合捐资金使用办法》，明确工作原则、资金来源与使用途径以及资金管理模式。

二是救助衔接慈善，精准对接需求。在传统的社会救助范畴内，也有慈爱公益服务社参与的助老、助困和助学等案例，把多元慈善公益力量纳入慈善事业。针对不同群体街镇会采取相应的举措，例如对困境儿童，有惠南镇困境儿童房间改造计划项目"创室记"；对特殊儿童，周浦镇有"童心荧光"特殊儿童关爱项目；对创业群体，有惠南镇社区基金会"寻找最美乡创人"项目等。

三是搭建慈善平台，汇聚慈善力量。慈善超市作为近些年慈善事业的载体，浦东的街镇也做出新突破。金桥镇创立特色的"益起金彩"公益品牌，陆家嘴街道推出"线上预定+线下配送"的方式。同时各街镇也在不断地搭建各项公益慈善平台，有作为文创公益文化交流平台的文创慈善集市，也有整合爱心企业捐赠资源的阳光公益集市等。

因此，2023年浦东慈善发展指标体系中首次实施附加评分项目的征集，结果体现了浦东街镇慈善事业发展的创新实践，附加分的区间为0~5分，最终评分根据申报案例数量、质量、创新和影响力等标准，本次的具体分数和评价如表3所示。

表3 浦东慈善发展指数附加评分项目情况汇总

街镇名	分数	加分依据	加分项
惠南镇	5分	申报项目数量多；涉及群体多	1."创室记"，上海市慈善基金会浦东代表处、惠南镇社建办联合上海乐群服务社启动惠南镇困境儿童房间改造计划项目 2."寻找最美乡创人"，惠南镇社区基金会于2022年启动"寻找最美乡创人"小微资助行动，旨在通过扶持个人、企业和组织开展乡创项目 3."沪乡学堂"体验营，惠南镇社区基金会联合辖区内专业社会组织、村居、社会慈善力量等，开展一系列多元化体验服务
周浦镇	2分	申报1项	"童心荧光"特殊儿童关爱项目，2019年起为周浦镇童心幼儿园特教班引入专业的特殊教育学及康复学师资，为特殊儿童开展特殊教育及康复课程
唐镇	4分	申报项目数量多；对于慈善超市有创新	1."唐镇文创慈善集市"，作为文创公益文化交流平台，旨在吸引一批热爱公益的非物质文化遗产传承人、艺术家、独立设计师、手工匠人等文化人士，以公益文化品牌创设、文化产品寄售或捐赠、公益慈善活动开展等形式参与慈善公益 2."唐镇阳光公益集市"，阳光公益集市利用爱心企业的捐赠资源，让唐镇社区居民在家门口受益

续表

街镇名	分数	加分依据	加分项
高东镇	2分	申报1项	拓宽募捐渠道,自第二十届高东镇慈善联合捐起,积极发动企业履行社会责任
合庆镇	2分	申报1项	永达基金会,永达集团的社会救助事业截至2022年已经开展近21年,源源不断地输送爱心
金桥镇	2分	申报1项	金桥特色的"益起金彩"公益品牌,慈善超市创新发展
陆家嘴街道	2分	申报1项	慈善超市齐心战"疫",慈善超市开通"安心套餐",推出"线上预定+线下配送"的方式
大团镇	3分	机制创新1项	"团爱行动",通过与社会救助实现信息共享,探索建立社会救助与慈善救助相衔接的救助工作机制
南汇新城镇	2分	申报1项	慈善助学,2019年成立,由社建办牵头、慈爱公益服务社协作,目前已连续开展4年
宣桥镇	4分	申报项目数量多;涉及群体多	1. 慈善助医。根据患者自负医疗费用,给予一定的经济补贴,缓解其生活压力 2. 关注弱势群体用电安全。解决部分弱势群体居室存在用电安全隐患问题,采取并落实更新优化用电设施措施,达到精准帮扶排险 3. 于2021~2022年开展4项老年人关爱专项服务
周家渡街道	4分	申报项目数量中等;涉及制度机制创新	1. 制定制度。为实现资金有效使用,制定《周家渡街道慈善联合捐资金使用办法》,明确工作原则、资金来源与使用途径,以及资金管理模式 2. 多元联动,慈善宣传进楼宇。凝聚社区慈善公益新力量,通过党建引领,整合跨部门、跨领域力量形成"十进楼宇"服务联盟

三 问题和对策建议

(一)浦东慈善事业发展面临的问题

浦东慈善事业近几年取得了一定成效,社会组织和志愿服务均得到了提升。但在慈善捐赠等具体方面，比照浦东要打造社会主义现代化建设引领区的要求，浦东慈善事业既有的探索实践仍存在一定差距，部分瓶颈短板问题亟待解决。具体而言，所存在的主要问题如下。

1. 慈善事业发展领域和空间不够均衡

从领域来看，多元化的慈善需求满足不均衡。目前，浦东慈善对民众群体内部的差异化需求掌握仍不够精准，导致慈善事业发展推进过程中服务群体供需错配的现象时有发生，慈善发展的精细化程度仍有增进的空间。具体来说，从提供的典型案例看，目前的慈善还停留在稳基础环节，即受益群体还是传统的社会救助领域，如扶老、助残、救孤、赈灾等。慈善事业还可以向教育、科技、环保、文化、新农村和公共设施建设等方面延伸，目前从浦东街镇案例可知有些街镇已经在扩展慈善领域，但仍需要在浦东全面铺开。

从空间来看，街镇间的慈善发展不均衡。从慈善事业总体来看，处在第一梯队的街镇与第三梯队的街镇相差较大。从具体指标来看，例如注册志愿者数量占常住人口比例情况，浦兴路街道、惠南镇和周浦镇的注册志愿者占比排名居前三位，并且远超后面的街镇。另外，社会组织指标、街镇基地站点等在不同街镇间都存在巨大的差距。慈善资源也存在普惠性不足的情况，部分慈善资源集中在特定的街镇。

2. 慈善事业发展信息共享和运用机制不够充分

从信息化手段来看，信息共享和运用机制不够充分。慈善指数基础数据的收集难度巨大，很多指标无法收集到准确详细的数据。可见当前虽然数字化治理和数字化手段广泛运用于社会建设和公共服务，但受系统独立性强、流程再造难度高的影响，职能部门主导的专业数据库在一定程度上存在客观的信息壁垒。目前尚缺乏配套适应的信息共享机制，信息综合分析和运用薄弱，影响对实际情况的把握和管理治理的效果。因此在慈善指标的计算中，不得不多方求证，力求数据的准确性和完整性。可见慈善事业发展的过程中往往需要多个部门、社会组织和主体的合作和协同，尤其强调在原有工作板块整合基础上的系统性集成创新。

3. 慈善事业发展的建设合力不够凝聚

从数据分析结果可见，慈善捐赠数值下降，财政和福利彩票公益金的支持不足，这些都需要有效扩大多领域、多层次服务供给，推动资源优质共享、便捷可及、智慧配置。三次分配体系的构建需要坚持社会组织和社会力量的主体作用，迫切需要发挥多元主体的功能和优势。从收集的资料以及街镇提交的案例来看当前浦东慈善事业的建设在合力提升方面，尽管社会组织和公益慈善力量取得了进展，但仍然存在许多挑战，导致发展仍不充分。市场机制的创新作用还未充分激发，浦东慈善事业发展市场化运营的高效化相关优势未能发挥，市场力量的主观创新动力不强，对深化三次分配体系的影响较大。

（二）对策建议

1. 满足慈善基本需求，扩展慈善内涵

针对浦东目前慈善事业发展领域和空间不够均衡，可以首先关注急需慈善资源的群体，重点关注传统的社会救助领域，即推进社会救助与慈善力量衔接。其他地区的相关经验也可以借鉴，例如 2022 年，广州市委、市政府印发《关于改革完善社会救助制度的若干措施》，推进救助服务提质增效，广州市建立"政府救助+慈善帮扶"事项清单，实现困难群众救助帮扶的系统化、规范化。黑龙江省同江市围绕推进共同富裕任务要求，积极探索、创新作为，健全分层分类社会救助体系，推动政府救助、慈善救助有效衔接，制度、资源、服务协同联动，兜准兜好困难群众基本生活，打造了温情救助、闭环兜底的"同江模式"。浦东慈善可以建立需求的识别、分类、整合、更新机制，推动慈善供给需求精准对接。在稳住基本的慈善需求后，慈善内涵需要从传统的扶老、助残、救孤、赈灾等，向教育、科技、环保、文化、新农村、公共设施建设等方面延伸。事实也证明，慈善事业扩展领域，不仅可以满足民众的需求，也可创造可观的经济效益。

2. 增强部门合作，破除数字化壁垒

部门数字化建设中衔接问题成为关键挑战，尤其在慈善领域中，组织边界和范畴也都还在讨论中。不同部门的数字化建设进展的差异化导致信息孤岛和协同合作的困难。在部门管理数字化持续赋能的基础上，应加强数字一体化建设。在这个问题上，需要相关部门和领导的重视，把慈善发展数字化工作放在重要位置。具体来说：一是加强部门间的沟通与合作。民政部门与其他部门应建立定期沟通机制，分享数字化建设的进展和经验，共同解决存在的问题。同时，可以建立跨部门的工作小组或项目团队，推动不同部门之间的合作与协同，以确保数字化建设的衔接和无缝对接。二是统一规范和标准。不同部门在数字化建设中使用的系统、平台和数据格式可能存在差异，这将给衔接带来困难。因此，建议制定统一的规范和标准，确保各部门的数字化建设能够互相对接和兼容，包括数据格式的统一、接口的标准化等方面，以提高数字化建设的互操作性和衔接性。三是加强技术支持和培训。部门数字化建设可能涉及不同的技术和系统，部门间的技术水平和能力也存在差异。为了促进一体化数字化建设，可提供统一的技术支持和培训，帮助各部门解决技术难题、提升数字化建设的能力，并推广最佳实践，以促进数字化建设的衔接与协同。四是出台相应的法律法规。此次福利彩票公益金支出总额指标有准确数据支持，得益于各区根据上海市民政局和财政局于2020年11月23日印发的《上海市福利彩票公益金使用管理办法》的规定进行了明确的公示。

3. 鼓励多元主体参与，做好三次分配

面对着现在浦东慈善事业在慈善资金规模（募集福利彩票公益金总额下降）和人员（社会组织从业人员指数下降）等方面的问题，需要认清目前的慈善事业多数是民政部门主导，公益慈善组织力量尚有较大的挖掘和拓展空间。一是运用市场和社会的力量，实现资金来源多元，发挥第三次分配对共同富裕的重要补充作用。尊重慈善基于伦理道德的自愿性，引导和支持有意愿有能力的企业和社会群体积极参与慈善公益事业，完善法律制度和税收政策，以鼓励个人和企业捐赠、鼓励专业化社会服务、鼓励基金会投资和

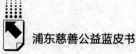

慈善信托。二是营造更有活力、有温度的慈善事业发展环境，让民众有意识有动力参与公益慈善活动。三是丰富社区慈善公益品牌，如惠南镇的"创室记"，金桥特色的"益起金彩"等公益品牌。四是进一步提升区级慈善公益枢纽的作用，继续发挥浦东公益示范基地的作用，联合区域内的上海市妇联、上海市慈善基金会等头部群团和公益组织，进而带动提升全区慈善公益的能级。

B.3

浦东街镇社工站助力慈善公益发展报告

徐选国　秦莲*

摘　要： 街镇社工站是基层社会治理的新型组织形式，与社区慈善公益在价值理念、服务主体、实践内容和行动目标上具有紧密关联性。浦东街镇社工站在助力慈善公益发展上，以培育赋能、平台搭建、组织联动为策略，在整合慈善资源、联动公益力量、构建服务网络、优化治理生态等方面发挥了积极作用，但也面临平台定位模糊、专业人才缺失、资源可持续性不足等困境，应从明确结构定位、加强机制建设、坚持三次分配和完善激励保障等方面进行完善。

关键词： 社会工作　街镇社工站　慈善公益　基层社会治理

一　浦东街镇社工站助力慈善公益的历史背景

（一）浦东街镇社工站生成的制度背景

2016年《城乡社区服务体系建设规划（2016—2020年）》的发布促使社区服务体系建设重要性被强调，社会工作也成为推动社区服务发展的人才保障。2020年民政部在长沙组织召开加强乡镇（街道）社会工作人才队伍建设

* 徐选国，华东理工大学社会工作系副教授、博士生导师，主要研究方向为慈善公益、社会工作理论、社区社会学等。秦莲，华东理工大学上海高校智库社会工作与社会政策研究院研究助理，主要研究方向为社会工作理论、社区社会工作。本报告获得中国社会工作学会2022年社会工作专题研究课题"乡镇（街道）社工站参与共同富裕的县域实践"（项目编号：SGXHYJ KT2022-2）和浦东新区民政局委托的"浦东街镇社工站建设指导项目"的支持。

推进会，强调推动乡镇（街道）社工站全覆盖以打通为民服务"最后一米"。2021 年民政部办公厅印发《关于加快乡镇（街道）社工站建设的通知》提出要把握专业化、高质量的乡镇（街道）社会工作站的发展方向，发挥社会工作专业优势。2021 年底，为贯彻中央和上海市政策要求，上海市民政局发布了《上海市民政局关于推进上海市街镇社会工作服务站建设的通知》，依托街镇社工站完善基层社会服务体系建设、促进基层社会治理高质量发展。浦东新区民政局颁布《浦东新区社会工作服务站建设实施方案》，细化了街镇社工站的制度逻辑和具体内容，为落实街镇社工站提供政策指引。

（二）浦东街镇社工站发展的慈善基础

为寻找最佳建设路径，浦东民政局以先试点实践再全面铺开的方式推动全区社工站建设，率先打造了七个试点街镇社工站。浦东新区民政局在政策层面细化了建设指引：在职能部门上，将街镇社工站和慈善公益纳入同一职能科室进行推动，为街镇社工站有效参与新区慈善公益提供了组织与资源基础；在具体建设上，强调街镇社工站要在整合慈善公益资源，策划公益项目、开展社会服务方面发挥积极作用。在建设初期，浦东民政通过择优试点的方式，将治理经验丰富、人才队伍壮大、辖区资源丰富的街镇作为试点地区。经过一年的试点实践，浦东民政局与高校智库团队合作开展街镇社工站建设经验总结，不断完善制度设计，在此基础上整合福彩公益基金为全区36 个街镇社工站全铺开提供经费支持。

（三）街镇社工站助力慈善公益发展的内在关联性

街镇社工站虽然由政府主导统筹，但总体上作为提升民生福祉和促进社会保障水平的重要主体，兼具公益性、服务性与志愿性，[1] 无论在价值属性、服务主体、实践内容和行动目标上都与慈善公益有着密切联系。在行动

---

① 祝西冰、陈友华：《专业化抑或去专业化？——中国乡镇街道社工站的建设图景与路径抉择》，《思想战线》2023 年第 4 期，第 117~128 页。

价值上，街镇社工站与慈善公益都秉承"为社会"的价值理念，慈善公益以促进社会福利和公共利益为价值基础，注重促进公共利益发展和增强社会凝聚力，而社会工作以"利他价值为主导"，追求社会分配公平与公共服务均等化，两者在价值理念上相契合；在服务主体上，"科学慈善"的兴起促使我国慈善事业必须从传统直接帮扶转向科学、规范服务，从外部输血转向自我造血，同时，街镇社工站不仅能够发挥平台功能，推动公益服务专业化，还能为困弱群体提供精专服务，促进社会资源向弱势群体转移，助力第三次分配与社会公平正义的实现；在实践内容上，街镇社工站不仅需要详细了解社区慈善资源和地方福利政策，以便为服务对象制定更合适的行动方案，① 同时还在培育社区公益服务队伍、孵化社区自组织过程中有效推进社区慈善事业发展；在行动目标上，街镇社工站的建设初衷是提升民政保障和福祉水平、完善社会治理体系、提升公共服务水平、促进共建共治共享的社会治理共同体构建。党的十六届四中全会首次提出要把慈善事业作为社会保障体系的重要组成部分，发挥补充功能。街镇社工站自身的慈善公益属性也决定了其以推动社会发展、完善社会治理为目标。

二 "多元并举"：浦东街镇社工站助力 慈善公益发展的行动逻辑

浦东街镇社工站融合了慈善公益与专业社工服务，是当前社区慈善事业发展的重要推动主体，既有助于打通民生服务的"最后一米"，也有利于打通慈善事业的"最后一公里"。② 从实践逻辑来看，街镇社工站作为社区慈

---

① 杨威威、郭圣莉：《共同富裕目标下街镇空间转型及社会工作站嵌合型实践——基于浙江省马桥街道社工站的参与式行动研究》，《求实》2023 年第 1 期，第 66~82 页。

② 华东理工大学团队对浦东新区首批七个试点街镇社工站展开了实地调研。调研初期，项目团队通过查阅文献资料了解核心内容并设计调研计划和访谈提纲，集中在康桥镇、周浦镇、陆家嘴街道、沪东新村街道、洋泾街道、三林镇和张江镇七个街镇社工站开展深度调研，调研以座谈会的形式展开，邀请了各街镇分管领导、社建办或自治办负责人、社服中心、街镇社工站团队，以及相关支持型团队参与，浦东新区民政局具体职能科室团队持续参与本项目的调研工作。本次调研耗时近两月，共计收集近 20 万字的访谈记录和文本资料。

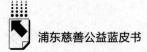

善发展的新兴组织形式，在参与基层社会治理过程中主要采取以下三大行动策略：其一，培育、孵化在地组织力量，赋能社区社工；其二，搭建联动平台、营造公益文化氛围，为社区居民和社区社会组织参与基层公益服务提供空间；其三，链接社会公益资源注入社区以促进治理发展，并整合社区内部慈善资源参与慈善服务活动，以推动社区慈善公益事业的发展。

（一）以培育赋能为手段提升慈善公益服务水平

1. 挖掘本土资源，培育在地化慈善公益人才和组织载体

培育社区社会组织，激发本土服务力量是推动基层社会治理体系和治理能力现代化的重要支撑，也是推进社区公益服务发展的重要途径。为推动实现"共建共治共享"的基层社会治理格局，各街镇社工站借助社会组织服务中心的专业人才队伍，以及丰富的组织资源优势，在社区内大量培育居民骨干，并将其孵化成具有一定规范性和专业度的社区服务队伍。在街镇社工站项目团队的孵化下，越来越多的社区居民被组织起来形成规范化的组织团队，并积极参与到社区公益服务和基层社会治理工作之中，成为参与基层社会治理创新的新公益主体。从当前浦东七个试点街镇社工站的建设运营情况来看，各街镇社工站都培育出一批稳定、能够扎根社区的服务人才队伍，为社区服务储备了丰富的人力资源。在街镇社工站的培育下，社区社会组织或自治队伍的成员主要来自社区居民，并以开展公益性、互助性、服务性活动为主，资源的使用上也多来自政府支持、基金会等慈善机构的资金。街镇社工站不仅能孵化内部公益组织、引进外部专业社会组织，还能推动辖区社会组织和社区社会工作服务本土化发展，推动社区公益组织的精细化、专业化发展，并引导居民主动参与社区服务，有效激发基层社会治理活力。例如，康桥镇社工站积极挖掘并利用社区内的"老舅妈"这一丰富人力资源，将其组织培育成规范化的养老顾问团队，为辖区老年人提供服务，借助其自身丰富的老年照顾知识让其成为辖区老年服务的"主力军"；激发社区志愿者活力，以"爱心银行"的方式动员更多社区爱心人士、公益志士加入，激发社区居民参与公益事业的积极性；孵化社区社会组织，利用社区居民在地

性优势推动解决停车不便、高空抛物、毁绿占绿、楼道堆物、飞线充电、垃圾分类等社区急愁难问题。

2. 赋能社区社工,强化以专业性助力社会服务实践效能

培育社区居民骨干参与治理能够较好地激发基层活力、增强社区居民主体意识,从而推动社区自治共治,而赋能社区工作人员和社会组织成员则能提升社区工作者的专业知识和服务技术,增强社区服务人员的专业性,直接提升社区公益服务的专业化和精细化水平,加快基层社会治理格局创新发展。一方面,街镇社工站以集体培训、团体辅导、个别督导等多种形式对社区工作者、社区社会组织等社会服务主体进行专业知识培训和行动赋能,从理论知识、服务技巧和治理规划等多个层面进行培训和增能。在内容上,街镇社工站将社工师事务所原有的培训功能进行深化,从单一知识培训转变为综合技能提升,不仅强调社区共治人员在专业知识和服务技巧上的学习,同时还不断推动社会组织成员向社区工作者转变,实现治理人才培育的本土化和精专化发展。另一方面,街镇社工站借助"公益优才"计划等公益创投项目为居委社工提供增能服务,围绕公益项目设计、社会工作服务技巧等内容开展培训,在技术上实现增能,并结合社区工作者的实际所需开展素质拓展活动,舒缓社区工作者的服务压力感,从心理上进行增能,为社区服务人才建设奠定基础。同时,街镇社工站还能广泛链接社会力量,邀请上海高校教授开展培训讲座,借助高校的专业力量提升基层工作人员服务的专业性和科学性,从根源处强化社区工作者的服务能力、强化服务效能。

案例一 陆家嘴街道社工站"实践共创营":居民赋能与人才培育

陆家嘴街道社工站在运营过程中确立了三个维度、三张网络和三个平台的运营模式,通过开展"实践共创营"系列服务项目来实现社区人才的培育赋能,以培育社区自治力量、提升社区社工策划与服务能力为目标,以参与培训、实践探索和参观学习等方式来提升辖区社工人才队伍知识水平和实务能力。建站仅1年时间,陆家嘴街道社工站已面向社区工作者、社会组织和社区骨干开展 14 场能力建设服务，参与者共计 374 人次。街镇社工站通过专业培训赋能人才成长，通过平台支撑培育人才梯队，通过网络支持助力专业发展，不断发挥社工专业优势与力量为社区治理主体赋能，从根本上提升社区自治能力。

（案例来源：本报告作者整理）

（二）以平台搭建为策略强化居民慈善公益行动意识

1. 搭建多元主体联动平台

上海作为我国社会工作发展的领先城市，多年的专业发展和实践探索为浦东基层社会治理储备了丰富的经验和资源，并建立起了强大的社会专业服务人才队伍。随着居民需求日渐复杂多样，传统政府购买服务难以契合居民需要，需引入慈善资源、调动社会力量、激发居民活力来完善治理结构。当前，浦东民政局已购买了多个针对性服务项目，以面向社会困弱群体为主，常态化的项目实施导致团队创新意识不足，重复性的服务内容与单一主体参与成为核心困境。为突破上述服务发展困境，浦东街镇社工站积极发挥平台效能，在辖区内搭建起能够促进社区书记、社区社会组织、社区居民、社区志愿者等多主体交流互动的平台，打造多元共治的基层社会治理格局。浦东街镇社工站在建成后均将联动社会组织、促进多主体交流作为首要行动任务，借助社会组织服务中心的资源储备与关系基础为社会组织、社区自组织、志愿者团队搭建沟通平台，一起分享经验、共享资源，实现行动互助。其一，街镇社工站通过开展"联席会"将社会治理相关主体聚集起来，一同挖掘辖区需求、探究问题解决策略，并借助社会组织服务中心"亲社会"的特性，激发社区居民在社区服务治理中的参与意识和行动积极性，将社区社会组织真正"带入"社区情境之中。其二，街镇社工站还将社区志愿者纳入治理主体之中，从慈善公益的角度探索社区治理创新策略，激活社区内部公益力量，推动公益服务发展。

案例二　康桥镇社工站"康社议站"：联动治理与组织互助

康桥镇社工站坚持党建引领，以"五社联动"为抓手，联动服务空间、资源和品牌项目，融合服务提供的专业与专项，聚焦"3+3+4+5"服务体系，[①] 以"康社议站"为主题，围绕项目资源联动清单搭建联动平台，陪伴式赋能社区。一方面，康桥镇社工站帮助和指导社区社会工作者、社区社会组织骨干等挖掘本社区公益资源和居民骨干力量，以"社工+义工"的方式开展社区社会工作服务。另一方面，联动各类组织共同畅想未来，合力制定康桥镇的治理规划。康桥镇社工站邀请社会组织、社区社会组织、居村社工和社区志愿者等相关利益方代表21人一起参与共创工作坊，通过头脑风暴、交流讨论等方式梳理出街道已有的25项慈善服务资源，并进行分类整理，形成"五社"资源清单、需求清单和将要建立的品牌项目。

（案例来源：本报告作者整理）

2.营造社区慈善公益文化氛围

街镇社工站不仅能够主导参与辖区公益事业，协助社区慈善超市和社区基金会开展服务，同时还能自主开展公益服务活动，借助社会工作的专业服务在社区内开展公益宣传活动，营造良好的社区慈善氛围。一方面，街镇社工站联合辖区慈善组织开展公益服务，调动居民参与、发扬志愿服务精神，深化居民的慈善公益理念。例如，三林镇社工站借上海慈善周与重阳节等节日的契机，联合社会组织服务中心、社会组织合作促进会、居委会以及辖区公益机构等多家组织开展助老服务，并邀请老党员、志愿者、商户以及社区居民参与其中，激励志愿者持续传播正能量，全面营造"人人可慈善，慈善为人人"的社会氛围。另一方面，街镇社工站积极参

---

① 第一个"3"指三大支持体系：社工服务成长体系、同伴支持督导体系、项目时间体系。第二个"3"指三项服务深耕："康暖夕阳"益耆守护计划、"爱心银行"志愿服务计划、康社"议"站社工成长计划。"4"指四类民生服务：老年人服务、残疾人服务、儿童关爱服务、社会救助服务。"5"指"五社"资源融合：社区社会组织（152家）、家门口服务站（62家）、公益基地（37家）、公益网点（36家）、辖区联盟单位（26家）。

与腾讯"99公益日"活动，充分运用互联网技术在社区内开展慈善活动宣传，倡导彰扬慈善行为，推动慈善事业再上新台阶，并通过联动社区、社会组织、社会工作者、社区志愿者、社区慈善公益资源等多元主体，实现公益服务与群众的零距离。街镇社工站以直接调动或间接感受的方式提升居民参与意识，不断激励社会组织与社区居民参与慈善事业，推动形成"全民慈善"氛围。

（三）以整合联动为机制筑牢慈善公益行动网络

1. 整合慈善资源，形成持续性资源动力

随着城镇化进程加快，城市社区治理存在行政资源依赖和缺乏沟通协调等现象，不仅阻碍治理主体间建立伙伴关系，还带来治理资源碎片化等困境。"五社联动"的框架要求在原本"三社联动"的基础上增加社区慈善公益资源和社区志愿者两大元素，利用社会工作的专业力量来撬动社区内外社会力量，实现多元共治的治理格局。浦东街镇社工站不断挖掘社区资源、链接社会慈善资源，并整合注入社区，形成强大资源动力。一方面，浦东多年的社区基金会发展经验和实践基础为街镇社工站有效整合内部慈善资源、促进自身发展提供了支撑。当前，浦东新区的洋泾、陆家嘴、沪东新村三个街镇社工站试点均利用社区基金会的组织和资源优势来促进自我发展，借助社区基金会的人力物力来实现资源整合、推动服务执行。另一方面，浦东新区作为慈善公益的领先地区，大量的社会组织和热心慈善公益的爱心人士为浦东慈善公益事业发展提供了源源不断的活力，也为基层服务发展储备了大量慈善公益资金。同时，街镇社工站还广泛链接外部公益资源，探寻可持续性资金渠道。在实际运作过程中，街镇社工站不仅协助社区社会组织调动社区慈善资源、向上争取政府资金支持，还以"中间人"的角色协助链接全社会慈善资源，联动浦东新区辖区内社会企业和公益组织、撬动广泛社会资源，形成庞大资源体系以支持社区治理改革和居民服务提供。

2. 联动公益组织，建立长效性服务机制

大多地区基层社会治理以政府购买服务为主，"输血式"政府供给资金

有限，难以满足群众多样化的需求，如何调动社会资源、联动公益组织成为摆脱基层服务困境的关键。浦东街镇社工站在"五社联动"的行动框架下以社区为平台，广泛联动辖区社会组织和公益服务团队，整合社区志愿者与社区慈善资源，调动社区中的非正式队伍参与社区服务，并将其转化成稳定的社区服务团队。为及时反馈居民个性化需求，街镇社工站还依托社区自治金和社区慈善资金打造公益项目申报平台，通过联席会议或居民调查发现社区问题和服务缺口，并快速做出回应，鼓励由社区自组织以公益创投项目的形式提供对应服务，形成闭环回应机制。为提升联合动力，浦东街镇社工站还发挥党建引领优势，利用党的组织和政治优势去打通组织隔阂与条线壁垒，实现横向多元主体联动参与和纵向政社合作共治。在街镇社工站的整合、调动下，原本散乱的公益团队和服务项目被整合起来形成社区服务网络，并建构起完善的以"需求发现-公益项目-服务执行"为核心的居民需求反馈机制。

案例三 三林镇社工站：整合慈善公益资源，完善社区综合治理

三林镇社会工作服务站发挥社会工作站枢纽平台功能，以党建为引领，整合各方资源与力量，开展一站式综合治理服务。三林镇内有大量的慈善组织和公益资源，有3家公益小屋，还有大量自治金和公益微创投服务项目以及社区志愿者资源，为三林镇社工站发挥资源整合和组织联动功能奠定了基础。三林镇社工站以"创治工作坊"和"慈善公益资源整合"为主题开展专业实践。一方面，联动社会组织，以自治金、公益微创投等为载体，引入优秀社会组织、孵化社区社会组织，解决停车不便、高空抛物、毁绿占绿、楼道堆物、飞线充电、垃圾分类等急愁难问题，并落地了一批基层社会治理品牌项目。另一方面，依托社区慈善超市实现资源整合，在社区内定期开展的爱心面包捐助等公益活动，开业以来，截至2022年底已累计收获了8000多元的爱心基金用于开展社区公益服务。

（案例来源：本报告作者整理）

三 浦东街镇社工站助力慈善公益发展的多维成效

（一）培育公益人才，精准回应困弱群体需求

需求识别是专业社会工作服务开展的必要环节，也是服务能够取得成效的重要基础。街镇社工站作为枢纽型综合服务平台，能够深入居民生活场域了解需求，推动基层服务治理的精细化。[①] 浦东街镇社工站为提高需求识别深度与准确性，采用多元化的需求信息收集形式，包括开展社区需求调研、为辖区服务项目提供督导和评估、培育居民骨干和社区志愿者队伍、搭建交流平台从居民的角度了解需求等，以多种途径掌握社区问题、了解居民切实需求。部分街镇社工站还通过购买服务的方式发动社区社会组织进行需求调研，借助社区社会组织成员的"亲社会性"了解更多潜在需要。在收集好服务需求后，以内容调整、项目创投等多种方式实现需求的精准对接与积极响应。为提升服务落实效率与推动资源分配公平，精准回应居民需求，七个试点街镇社工站均建立起了一套完善的信息收集与服务反馈机制，在辖区内将居民需求进行分类分析、分流处理，积极调动辖区内外力量进行服务响应，形成一张紧密的社会服务网络，整合多方力量快速回应社区居民需求，以精准服务的方式将慈善资源向社会困弱群体高效转移。

案例四　张江镇社工站"暖心家庭探访"：深入居民生活场景了解需求

张江镇社工站以居民需求调研为基础，深入居民生活情境以了解其需要，以便提供针对性的专业服务。张江镇社工站依据居民实际需要，设计了以"暖心家庭探访"为主题的服务方案，在个体层面提供暖心家庭探访服

[①] 徐选国、王曼曼、韩旭冬：《乡镇（街道）社工站建设的政策创新与扩散机制——基于ATLAS.ti 9软件对23个政策文本的质性分析》，《社会工作与管理》2022年第6期，第23~40页。

务与个案辅导服务，共走访辖区 40 余户困弱群体家庭，为服务对象提供个别化的关怀与支持。在社区层面，有针对性地开展老少融合社区活动，带动社区志愿者参与其中，发挥专业优势及资源链接能力，为居民提供支持。在社会层面，发挥街镇社工站的资源整合能力，整合辖区多元力量为居民提供服务。例如，社工链接社区志愿者为老年盲人提供定期上门关心关怀服务，帮助其解决日常生活中购物、交水电费等难题，或开展各类老少喜闻乐见的融合活动，丰富居民生活。

（案例来源：本报告作者整理）

（二）整合慈善资源，提升社区慈善服务水平

作为公益事业发展领先地区，截至 2022 年底，浦东全区共有社会组织 2316 家，其中社区社会组织 816 家，社区备案的群众活动团队近 5800 家，参加群众近万人次，成为基层社会治理体系与治理能力现代化发展的关键力量。街镇社工站不断联动社会组织、凝聚公益力量、整合慈善资源，以形成推动基层社会治理改革创新的社会合力，通过促进多元主体间平等沟通与协商来提升社区问题的解决效率。一方面，街镇社工站参与基层社会治理过程中融合了社区慈善、社区组织、社区社工和社区志愿者等慈善资源与服务力量，在社区内建立"慈善+社工+义工"的融合型服务队伍，不断增强社区公益服务力量，提升社区服务水平；另一方面，街镇社工站还创设公益项目平台，在政府的支持下开展公益创投项目，吸引了大量的社会资源和社区居民参与其中。不仅如此，街镇社工站还持续培育社区社会组织与社区志愿者队伍，从知识和技术上为其赋能，提升其专业服务水平，建立"既有力又有效"的社区志愿服务队伍。

案例五 沪东新村街道社工站"共绘我们的家"：打通服务边界实现多主体联动

沪东新村街道社工站依托"两会一中心"，形成"一站一地图四平台"建设运营模式，将社区作为服务推广和实施的主要阵地，通过开展组织联席

会的形式打通服务边界，实现多主体联动治理。沪东新村街道社工站基于"五社联动"服务机制，联同沪东社会组织服务中心、沪东社区公益基金会、沪东志愿者协会组成服务小组开展定期交流，并邀请社区工作者、社服中心、社联会、基金会、志愿者代表参与，共同探讨年度工作计划与重点服务方向、社区焦点问题与核心需求。成立不到一年，沪东新村街道社工站共计开展9次联席会议，不仅有效解决了社区治理问题，还打通了多元主体参与边界，实现"1+1>2"的社区治理成效。同时，利用"益起来"公益基地为相关组织提供活动讲座场地；利用社区基金会资金池功能满足社区美化家园需求，已在6个居民区投放115张议事椅，并将基金会"晶彩趣生活"项目投入居民区内的新型公益空间，满足社区居民文化需求；为社区志愿者队伍提供培训服务，积淀高质量的公益服务力量。

（案例来源：本报告作者整理）

（三）营造慈善文化，激发社区内在治理活力

为了激发社区内生活力，浦东街镇社工站积极营造社区慈善文化氛围，以推动社区慈善公益健康发展，以增能、联合的方式来增强辖区公益活动开展的适应性和能动性，在活动内容、活动时间、服务行动等多个方面融入社会工作的专业知识与服务技术，强调"人人公益、人人慈善"的社区慈善公益文化，进而避免慈善服务内容单一、居民能动性不足等问题。同时，街镇社工站还将辖区现有服务项目进行整合，将老年人、残疾人、儿童、社会救助、青少年等多类民生服务项目整合起来形成庞大的社区服务队伍，以"志愿者+""驻外督导""文化促专业"等创新型行动模式来丰富社区居民参与公益活动的路径。部分街镇社工站还将辖区服务向外推动，联动高校、医院、企业等主体，融合辖区家门口服务站、社区社会组织、公益基地、公益网点、社区慈善超市等服务资源，提升公益服务协同性与联合性的同时，吸收不同领域的慈善服务形式，在多方交流之下吸引优秀组织进入社区，进而增强基层社会治理中的慈善力量并提升服务专业性。

案例六　周浦镇社工站"一日站长"：体验式参与社区治理

周浦镇社工站整合镇内 92 家备案在册的社区社会组织，创设"一日站长"服务模式，由社区社会组织负责人轮流承担"站长"职责，根据自身服务特长为社区提供丰富多彩的公益服务。该形式既给各社区社会组织参与社区、融入居民提供一个平台，也能切实了解居民需求，调动社区社会组织的责任意识和参与积极性。截至 2022 年底，周浦镇共有 6 家社区社会组织参与到"一日站长"活动中，开展了"小小手指"训练服务、"亲子运动会""妇女儿童"个案辅导等个性化服务，为社区居民提供丰富多彩的公益活动，同时推动强大组织联动力量的形成，不断织密社区公益服务关系网络。

（案例来源：本报告作者整理）

（四）完善行动机制，构建本土慈善服务体系

为完善浦东新区社会工作服务体系，促进街镇社工站高质量发展，形成可持续的基层社会治理成效，浦东街镇社工站在建设运营过程中不仅注重基层服务内容深化与行动方式完善，还持续强调项目管理和服务过程细节，不断加强街镇社工站项目的执行框架与绩效考核标准，形成系统化、结构化的建设思路与行动模式。一方面，浦东新区民政局对全区街镇社工站建设进行了精细布局，既深化了原本普遍性、标准化的服务内容，同时还针对特殊问题和需求提供了个性化的服务，完善了项目管理和考核，形成整体性的街镇社工站治理行动体系，深入探索具有浦东特色的街镇社工站运作模式。另一方面，各街镇社工站在自身运作过程中，不断探索实践，逐渐形成符合辖区需求、具备本土特色的社区治理体系。例如，洋泾街道社工站以"体系建设、制度建设、专业建设"为核心，依托洋泾街道社区党群服务中心、街道社会组织公益基地、街道新型社区治理综合空间"泾邻荟"等组织力量打造"精细化、精准化、精英化"的社区专业服务综合体，探索出完善的"3+5+2"社工站服务体系，通过"点、线、面、体"的系统化建设促进社区治理成效的持续性实现。

案例七 洋泾街道社工站：打造"3+5+2"的社区专业服务综合体

洋泾街道社工站以人才增能、服务增效为抓手，以社区发展专业理论为指导，打造"精细化、精准化、精英化"的社区专业服务综合体，从而形成有"点、线、面、体"特色的"五社联动"格局。在具体行动上：首先，打造"街道社工综合站"、"社区社会工作室"和"楼组自治项目点"三级行动网络，突破社区服务层级壁垒，实现供需精准对接。其次，规划社区治理、社区健康、社区教育、社区志愿、社区慈善五类资源，积极与医院、高校合作联动，形成资源矩阵。最后，制定社区工作者和大学生社区见习赋能计划，完善基层赋能网络，以"社工赋能+高校合作"为策略进行人才培育，吸引了复旦、同济、香港理工、华东理工等高校的青年专家、学者和学生进入洋泾的社区。洋泾街道社工站广泛调动政府、社会、高校、企业等资源与力量参与基层社会治理，营造出良好的社区治理生态环境。

（案例来源：本报告作者整理）

四 浦东街镇社工站助力慈善公益高质量发展的对策建议

2020年，民政部发出增强基层服务能力，推动乡镇（街道）社工站全覆盖的号召后，全国各地都争先进行了乡镇（街道）社工站建设的探索。建设乡镇（街道）社工站能够有效改善基层民政力量薄弱，营造共建共治共享的社会治理格局。[①] 但从各地实践结果来看，多地街镇社工站在基层减负的治理改革下，以承接从居委会剥离出的社会救助等行政事务为核心，[②]

---

① 赵军雷：《新时期乡镇（街道）社工站建设策略初探》，《社会与公益》2020年第12期，第52~55页。

② 吴永红、梁波：《制度结构、非均衡依赖与基层社会治理困境的再生产——以居委会减负悖论为例》，《甘肃行政学院学报》2017年第4期，第16页。

但本土组织难以适应现代化的慈善公益运作形式，导致公益创投成效不佳，[①] 街镇社工站平台功能弱化，这样就难以建立多主体合作行动网络。[②] 笔者在调研浦东街镇社工站建设运营实践中发现，当前街镇社工站存在定位模糊、角色不清、未能与浦东优越的慈善公益资源有机结合等问题，导致基层社会服务出现碎片化、活动化和指标化，缺乏精准性、系统性、创新性和可持续性。基于此，笔者进一步提出以下建议作为浦东街镇社工站可持续发展的参考方向。

（一）明确结构定位，将街镇社工站纳入慈善公益与社会服务体系之中

从全国的经验来看，街镇社工站发挥着重要的公共服务保障功能，以乡镇、街道为单元促进各类服务的整合，持续回应辖区内不同困弱群体的需求。浦东街镇社工站虽然也发挥着上述功能，但是，需要指出的是，目前浦东街镇社工站未发挥统合既有的、多元服务体系的功能定位，而是像一个"新生事物"一样游离于既有服务体系之外，处于慈善公益和原有社会服务体系外的边缘化位置。今后应该明确街镇社工站定位，将其视为新区社会服务体系的整合平台，将浦东新区近 30 年来的社会服务、慈善公益服务体系整合到街镇社工站平台之中，实现新区社会服务的整体性和整合性发展。

（二）加强机制建设，强化党建引领街镇社工站参与社会治理的新格局

限制街镇社工站健康发展的根本因素在于：街镇社工站未被清晰地纳入党建核心引领社会治理的格局中，进而陷入合法性困境。在当前加强基层治

---

① 郑蓉、高艺多：《"参与式增能"：乡镇社会工作站功能与实践路径》，《北京社会科学》2023 年第 3 期，第 119~128 页。
② 黄晓春、嵇欣：《非协同治理与策略性应对——社会组织自主性研究的一个理论框架》，《社会学研究》2014 年第 6 期，第 98~123 页。

理体系和治理能力现代化进程中，党建核心引领是多元主体协同共治并发挥治理效能的关键机制。在中央有关基层治理体系和治理能力现代化建设的重要文件中强调"完善社会力量参与基层治理激励政策，创新社区与社会组织、社会工作者、社区志愿者、社会慈善资源的联动机制，支持建立乡镇（街道）购买社会工作服务机制和设立社区基金会等协作载体"①，以更好地助力基层社会治理创新。因此，对于浦东街镇社工站建设而言，需要构建党建引领下"五社联动"参与社会治理的治理架构。街镇社工站在建设与实践过程中需要主动与社区、社会组织、社区志愿者、社会慈善资源有机联动，发挥党建核心引领、专业服务建构、社会力量协同的优势。

（三）坚持三次分配，重塑社会工作与慈善公益的融合发展路径

慈善公益产生的根本是为了解决社会问题，尤其是当前社区中普遍存在的老人、困境儿童、残疾人等弱势群体所面临的现实问题，这既是慈善公益的根本，也是社区治理的核心。因此，不仅是社会服务需要慈善的专业化、社会化，公益服务也需要被整合联动起来，激发出慈善公益的社会创新力。街镇社工站的健康发展有助于促进慈善公益资源的激发，有助于优化慈善公益资源配置，也有助于提升慈善公益资源在三次分配中的重要作用。从现实维度来看，浦东新区内涵丰富的慈善资源中，不仅有发展成熟的公益组织，如上海慈善基金会、真爱梦想基金会等，还发展出了成熟的社区慈善超市和社区基金会，为发挥慈善公益在基层社会治理中的创新力量提供了组织和资源基础。今后要在制度上推动慈善公益与社会工作的融合发展关系，推动街镇社工站发挥慈善"蓄水池"效能以撬动更多社会资源，并将其通过社区服务传递到服务对象和有需要的人手中，并深入探索长效可持续的公益组织联动机制，促进实现社区慈善事业的高质量发展。

---

① 《中共中央 国务院关于加强基层治理体系和治理能力现代化建设的意见》，中国政府网，2021 年 4 月 28 日，https://www.gov.cn/gongbao/content/2021/content_ 5627681.htm，最后访问日期：2023 年 8 月 31 日。

（四）完善激励保障，多渠道促进慈善公益人才队伍的高质量发展

在中国特色社会主义现代化建设进程中，人才队伍建设是我国慈善公益事业发展重要基础，也是促进基层社会治理创新的重要途径，提升公益人才素养、培养出能够从事慈善事业与专业服务的复合型人才是关键。一方面，街镇社工站在基层社会治理过程中应提倡社会慈善、倡导志愿服务精神，规范志愿服务制度，并开展精准性培育服务，注重公益人才的培育孵化，联合高校、企业等专业性力量进行慈善公益人才队伍联合培养，开展专业知识培训和实务技能训练，从个体内在维度促进社区志愿者蜕变为专业公益人才；另一方面，完善公益服务激励机制，可通过推行志愿者星级认定和志愿服务参与嘉奖制度等方式建立正向激励机制，并健全爱心银行、慈善超市、时间银行等志愿服务回馈机制，推进社区志愿服务的常态化发展。与此同时，街镇社工站还应主动寻找社区治理与商户发展间的利益共同点，积极探索创新性的社区慈善公益合作路径，推进社区基金会建设，推动成立更多社区社会企业，为社区公益人才发展提供更多平台。

B.4
浦东公益基金会数字化发展报告

何艳丽　姬宏莹*

摘　要： 数字技术促进了公益行业慈善资源的高效集聚，推动了公益数字化的发展，并深刻改变着传统慈善公益的运作模式。以公益基金会为代表的公益组织，需要在不可逆转的数字时代浪潮中寻求新的发展方向。本报告选择上海浦东具有代表性的开展数字化实践的基金会进行调研，分析发现基金会的数字化实践程度呈现三种不同的形态，提出基金会需要通过内部改革和外部资源引入的方式进行数字化改革实践的建议。

关键词： 公益基金会　公益数字化　数字化转型实践

近年来，得益于互联网基础设施和平台建设打下的坚实基础，我国互联网慈善公益力量快速成长，成为现代慈善公益事业发展的一道亮丽风景，"互联网慈善的'中国样本'正在形成"[1]。当前，中国特色社会主义进入新时代，互联网慈善在乡村振兴、社会治理共同体培育等重大时代课题以及其他关乎社会发展的公益议题中发挥着更加积极的作用，正在用一种新的理念和实现路径促进慈善公益事业的高质量发展。

截至 2021 年底，全国基金会数量为 8885 个，较 2020 年同期增长

---

* 何艳丽，恩派公益基金会执行秘书长。姬宏莹，恩派公益创意运营经理。

[1] 中华人民共和国中央人民政府：《互联网慈善的"中国样本"正在形成》，中国政府网，2019 年 4 月 5 日，https://www.gov.cn/xinwen/2019-04/05/content_ 5379888.htm，最后访问日期：2023 年 6 月 20 日。

5.96 个百分点，而 2021 年全国社会公益资源总量预测为 4466 亿元，较 2020 年增长 8.57 个百分点，其中社会捐赠总量为 1450 亿元，志愿者服务贡献价值折现为 1954 亿元，较 2020 年增长 20.62 个百分点。2021 年"99 公益日"期间，累计超过 6870 万人次捐赠，加上腾讯公益基金会 6 亿元资金支持，总共募得善款 41.69 亿元，捐赠人次较 2020 年增长 18.86 个百分点，募款金额较 2020 年增长 53.84 个百分点。[①] 互联网公益的蓬勃发展为公益基金会带来了新的业务发展机遇，促使公益基金会更加重视互联网工具与业务的融合。同时，互联网公益的数据沉淀也深深改变了传统慈善公益的运作模式，在内部管理、公众参与、社会传播等方面都发生着深刻变化，为行业的整体数字化转型奠定了坚实的基础，成为基金会创新发展的一个重要方向。

上海市和浦东新区两级政府历来重视城市整体的数字化转型，并将其作为全面提升城市核心竞争力的关键之举，也是"引领区"建设的核心内容，在全国智慧城市建设中处于领先水平。浦东的公益基金会在数字化转型整体要求下，积极探索数字技术与慈善事业的深度融合，结合自身发展需求和数字化工具使用场景进行工作创新，逐步探索形成了三种具有浦东特色的基金会数字化的实践模式，分别是业务/项目建设型、机构建设型以及行业建设型，进一步丰富了现代慈善公益事业的实践内容。

一　公益数字化发展进程

在不同的研究视角中，对于公益数字化的定义有所不同。针对社会组织的数字化转型定义指出，"数字化即通过将社会组织的所有功能整合到一个有凝聚力的数字生态系统中，它有助于进行高质量的研究，设计优秀的项目，改进运营，并为受益人提供更好的数字转型或数字现代化服务。这一过程不仅涉及日常活动的转变，还涉及整体组织文化，以及组织创造价值并向

---

① 杨团、朱健刚主编《中国慈善发展报告（2022）》，社会科学文献出版社，2022。

利益相关者传达价值的方式转变"①。而从公益数字化的发展趋势来讲，公益数字化是公益组织应时代之需，解决长期以来公益运作的痛点，以科技助力社会问题的解决和社会价值实现的新路径。本报告通过对比分析，认为"公益数字化并不是一种慈善形态，也不仅表现在慈善活动对数字技术的运用上，还包括组织管理、政策监督等各方面的数字化"②。因此，此处选用谢琼在文中的定义，"公益数字化是指公益慈善主体运用数字技术实现公益慈善宗旨或目的、创造经济社会价值的一种状态，是公益慈善网络化的升级，是经济社会发展到网络数智阶段，数字技术在公益慈善领域的深度应用"③。

与传统的公益慈善相较，数字化公益已经通过不断实践，展现出该模式的独特优势。首先，利用互联网平台能够广泛触达目标群体，在降低公益活动的参与门槛的同时，也扩大了公益项目的传播规模；其次，利用数据和算法相结合的数字技术，实现了公益生态中利益相关方的信息共享；最后，公益组织可以利用互联网平台"数据留痕"的优势，有效进行自身的公信力建设。

中国公益慈善行业对于数字化发展的探索由来已久。从数字技术介入公益慈善的程度以及政策环境发展的角度来看，公益慈善数字化先后经历了从21世纪初自发推进到《中华人民共和国慈善法》实施后的依法推动，再到"十四五"开局后的全面发展三个阶段。④ 尤其在全面发展阶段，"数字赋能未来"成为各行业发展的主旋律，各类促进和规范数字化发展的文件接连出台。⑤ 2022年修订《中华人民共和国慈善法》以及2023年组建国家数据局，也为公益组织的数字化发展奠定了坚实的基础。

---

① 参见 https://ipd.sjtu.edu.cn/kindeditor/Upload/file/20230308/202303081124286960542.pdf，最后访问日期：2023年6月20日。
② 谢琼：《公益慈善数字化的现实审视与未来发展》，《人民论坛·学术前沿》2022年第22期，第88页。
③ 谢琼：《公益慈善数字化的现实审视与未来发展》，《人民论坛·学术前沿》2022年第22期，第89页。
④ 谢琼：《公益慈善数字化的现实审视与未来发展》，《人民论坛·学术前沿》2022年第22期，第89页。
⑤ 如《"十四五"国家信息化规划》《"十四五"大数据产业发展规划》《国务院关于加强数字政府建设的指导意见》《2022年提升全民数字素养与技能工作要点》等。

　　上海紧跟国家"十四五"规划的步调，制定符合地方特色的数字化发展路径。按照国务院《"十四五"数字经济发展规划》指导要求，上海市结合城市内在需求和发展战略，重点聚焦活力经济、美好家园、数字包容、智慧交通、低碳环境、未来政府、现代设施以及创新生态八大领域进行整体转型，尤其在包容社会建设方面，更加重视公益数字化的发展。[1] 在上海市制定的《上海社会组织发展"十四五"规划》中，明确要求以"互联网+政务服务"为导向，夯实信息化基础，充分运用云计算、大数据、物联网、人工智能、区块链技术等新兴技术手段，实现社会组织全过程全周期动态管理，为社会组织高质量发展提供支撑。[2]

　　浦东作为改革开放的排头兵和现代化建设"引领区"，在公益慈善领域不断打破传统、常规的慈善模式。在《浦东新区民政事业发展"十四五"规划》中，强调"要主动适应数字化转型新趋势，大力推进智慧民政建设，聚焦养老、帮困、助残、社区等民生重点领域，推动数字化服务普惠应用，创新民政服务提供模式和产品"[3]。2021年浦东新区民政局、财政局联合发布《关于促进浦东新区社会组织高质量发展的财政扶持意见》（以下简称《扶持意见》）提出，进一步引导浦东社会组织高质量发展，持续激发社会组织活力和创新力，完善社会组织发展生态，助力浦东打造超大城市民政治理的"浦东样板"和社会主义现代化建设引领区。[4] 此外，浦东也积极推动公益组织数字化转型的实践，在互联网技术的支撑下，政府、企业、社会组

① 上海市城市数字化转型应用促进中心：《〈数都上海2035〉白皮书发布》，上海市经济和信息化委员会网站，2022年8月30日，https://app.sheitc.sh.gov.cn/zxxx/693296.htm，最后访问日期：2023年6月20日。

② 上海市民政局：《上海社会组织发展"十四五"规划》，上海市民政局网站，2022年1月8日，https://mzj.sh.gov.cn/mz-jhgh/20220118/bddb7c662ce24cc4837eb5722456e860.html，最后访问日期：2023年6月20日。

③ 上海市浦东新区人民政府：《浦东新区人民政府关于印发〈浦东新区民政事业发展"十四五"规划〉的通知》，上海市浦东新区人民政府网站，2021年8月27日，https://www.pudong.gov.cn/ghjh_zxgh/20211211/340172.html，最后访问日期：2023年6月20日。

④ 上海市民政局：《持续激发社会组织活力和创新力，浦东新区新一轮财政扶持意见发布》，上海市民政局网站，2021年11月24日，https://mzj.sh.gov.cn/2021bsmz/20211124/ea09cb11484e4de78141cc6146ed9457.html，最后访问日期：2023年6月20日。

织等多元主体在公益慈善上密切联动，探索形成了浦东特色的实践经验和慈善模式。

二　浦东公益基金会数字化实践的现状及成果

公益基金会作为机构化慈善（institutional philanthropy）的代表，因其在社会公益资源整合和分配方面所担负的责任以及拥有的独特优势，对于数字化转型的需求更加紧迫。公益基金会需要通过数字化发展来提高自身的透明度和信任度、降低公益基金会的运营成本和管理难度，提升服务质量和水平，进而扩大和拓展公益基金会的合作空间和创新能力。此外，公益基金会也在社会治理中扮演着重要角色，需要发挥创新探索和价值传递的功能，以此来凝聚和影响更多捐赠人。因此，公益基金会需要抱着积极开放的心态，寻求数字化发展的空间和机会。

谢琼在《公益慈善数字化的现实审视与未来发展》中提出，"数字技术的作用体现在三个方面，分别是解决业务痛点问题的辅助手段、提升组织活动效能的有效手段，以及赋能全行业数字转型的智能工具。但是在这个过程中，公益数字化依然遵循公益慈善本体需求，数字化的进程和速度始终以解决问题和发展需求为出发点"[1]。浦东公益基金会的数字化同样经历了一个发展过程。因此，本研究在 2023 年 5 月至 6 月，采用目标抽样的方法，选取浦东具有代表性的公益基金会以及在业内较早进行公益数字化探索的上海浦东非营利组织发展中心（简称恩派公益），通过实地访谈与二手资料分析相结合的方式收集相关资料，从浦东公益基金会对数字化工具的需求以及其在公益数字化方面的实践两个维度进行分析，发现浦东公益基金会的数字化实践程度呈现出三种不同的形态，分别是业务/项目建设型、机构建设型，以及行业建设型。

---

[1] 谢琼：《公益慈善数字化的现实审视与未来发展》，《人民论坛·学术前沿》2022 年第 22 期，第 89 页。

（一）业务/项目建设型

该形态的公益基金会使用数字化工具的目的是解决业务/项目实践中遇到的具体问题。这类基金会对于数字化工具的使用大都聚焦在筹款、项目宣传以及公信力建设三个业务场景中，鲜少涉及公益基金会更多的发展性需求。

1. 上海浦东新区金杨社区公益基金会

金杨社区公益基金会是 2017 年成立的非公募基金会，基金会对于数字化工具的使用场景体现在互联网筹款和公信力建设两个方面。

（1）互联网筹款：金杨社区公益基金会在 2017 年成立之初就自发尝试利用线上平台进行筹款，以扩大基金会的筹资渠道，解决基金会筹资能力不足的问题。打造品牌项目金杨公益微创投，充分践行"人民社区人民建、人民善款人民筹"的理念，在腾讯公益平台上线与社区发展相关的议题筹款项目，其中流浪动物治理议题的线上筹款金额达 35186.64 元（含腾讯配捐），截至 2021 年，基金会在互联网平台上的筹款占其总筹款额的 7%。与此同时，创建和运营"好的公益项目"来吸引捐赠，线上筹款项目也突破了地域限制，获得了辖区以外的网民的支持。在实践过程中，基金会除了开发筹款项目、做好筹款运营，还积极发展外部资源，参与上海社区基金会"新力杯"公益创投大赛，尝试多元化的方法提升筹款能力。

（2）公信力建设：金杨社区公益基金会通过在多个平台上发布和披露组织和项目信息，进行自身公信力建设。已开通和运营的平台包括微信公众号、网站以及微博等。不同的平台在公信力建设方面发挥着不同的作用，机构官网和微博主要作为对辖区外宣传的窗口，比如在金杨社区公益基金会的官网，可以查询到机构年报、审计报告以及与项目相关的各类资料，包括项目发票信息；而微信公众号的功能则主要面向辖区内的居民进行捐款公示，在显示资金流向的同时，也可以激发辖区居民持续捐款的意愿。截至 2023 年 8 月，已发布涵盖机构捐款情况、项目进展以及财务披露等信息的推文 322 篇。

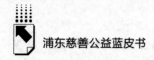

2. 上海市浦东新区陆家嘴社区公益基金会

陆家嘴社区公益基金会是 2015 年成立的非公募基金会，该社区公益基金会对于数字化工具的使用场景体现在互联网筹款、优化项目管理，以及部分参与街道数字化治理工作三个方面。

（1）互联网筹款：上海社区基金会"新力杯"公益创投大赛的举办为陆家嘴社区公益基金会尝试利用多元化的筹款方式带来了契机。基金会在 2018 年和 2019 年就已经利用线上平台进行筹款，来解决基金会筹款能力不足的问题，目前已经形成了由"互联网平台+居民筹款+企业捐赠"的基金会筹款体系。2022 年，陆家嘴社区公益基金会通过互联网平台筹资比例占据年度总筹款额的 5%。同时，基金会也积极发挥支持者和倡导者的角色。和辖区内的居委合作，帮助辖区内 36 个居民区开发和上线特色项目进行筹款，并为每个居民区设立专项资金池，达到居民自筹自用的目的。通过该项举措，目前 36 个居民区已经筹集 80097.73 元，用于在社区内开展不同主题的公益项目。

（2）优化项目管理：陆家嘴社区公益基金会通过链接辖区内的各类企业资源，通过数字化的方式优化基金会的项目管理工作。同时，基金会通过与支付宝公益平台合作，为老年助餐项目加入数字化的人脸识别功能和自助结算功能，提升了项目管理的效率。

（3）部分参与街道数字化治理工作："社区微更新"项目作为陆家嘴街道主推的数字化民主参与项目，希望通过全过程人民民主的数字平台（参与式规划网站），推动社区内的利益相关方通过"参与式规划"的方式，营造居民对于社区的认同感、归属感、责任感。陆家嘴社区公益基金会作为该项目的主要支持方，也参与其中数字化板块的运营和管理工作，助力街道整体数字化治理能力的提升。

3. 上海市浦东新区惠南镇社区基金会

惠南镇社区基金会是 2020 年成立的非公募基金会，该社区基金会对于数字化工具的使用场景体现在互联网筹款和项目传播两个方面。

（1）互联网筹款：惠南镇社区基金会从 2021 年开始尝试利用线上平台

进行筹款，拓展筹款渠道来源，首先结合惠南镇社区居民需求进行了关于筹款项目的探索和设计，随后借助腾讯公益平台上线多个与辖区居民生活和社区治理相关的公益筹款项目，并动员社区居民参与劝募筹款。截至2022年底，基金会在腾讯线上公益平台共上线7个特色筹款项目，累计筹集善款79181.16元。

（2）项目传播：作为浦东唯一一家将"乡村振兴"作为主要业务板块的社区基金会，惠南镇社区基金会策划设计的"寻找最美乡创人""乡村直播坊""沪乡学堂"等品牌项目，已经成为对外展示浦东乡村振兴发展成果的窗口。在实践中，惠南镇社区基金会充分利用新媒体平台传播优势，开通多个自媒体平台，建立起基于乡村振兴项目的传播矩阵；同时也积极培训赋能"乡创人""乡村推荐官"，鼓励他们讲述乡村故事，展现新时期乡村建设新风貌，累计挖掘各类视频传播作品近50条。

（二）机构建设型

该形态的公益基金会使用数字化产品的目的是解决阻碍机构自身长期可持续发展过程中遇到的瓶颈问题，在数字化发展的实践中处于积极尝试的初期或中期阶段，其数字化转型的探索实践在回应自身业务发展需要的同时，也在一定程度上为基金会行业数字化转型积累了经验，提供了发展样本。

1.上海仁德基金会

仁德基金会是2011年12月7日在上海市民政局注册成立的支持型民间公募基金会，并在2016年11月成为上海市首批获得"慈善组织登记证书"和"慈善组织公开募捐资格证书"的五家公募基金会之一。其"支持型"业务发展定位也体现在了基金会数字化发展战略中。仁德基金会对于数字化产品的使用场景主要体现在通过自主研发OA系统和项目管理系统两个方面。

（1）自主研发OA系统：为了应对业务量增加的问题，仁德基金会于2022年底正式启动自主研发内部OA系统。基于公募基金会在资金管理方面的迫切需求，仁德基金会在对比了市场上其他商用的OA系统后，认为已有的数字化产品并不能满足公募基金会的实际需求，开始自主研发OA系统的尝试，并希望借助数字化产品的便利性，提升工作效率。

（2）自主研发项目管理系统：互联网筹款规模的激增，扩大了可触达的陌生人群的范围，大众对于公募组织公信力建设寄予了更高的期待。各项法律法规的出台，也对于公募组织的规范化运作提出了新的要求。在这样的背景下，仁德基金会也需要利用数据"留痕"的优势，来实现捐赠方和受助方之间的信息互动和共享，从而解决捐赠信息滞后性的问题。由此，仁德基金会也将自主研发数字化的项目管理系统纳入机构的数字化发展战略，通过积极实践回应社会对于公募组织的期待。同时，仁德基金会也发挥自身作为支持型平台的功能，将目前投入使用的项目管理系统免费开放给合作的公益组织使用，支持更多公益组织利用数字化工具进行公益项目全流程管理，进一步提升项目管理的规范性、专业性和管理效率。

2. 上海浦东新区恩派公益基金会

恩派公益基金会由上海浦东非营利组织发展中心（简称恩派公益）于2015年发起、在上海市浦东新区民政局登记成立，于2021年12月获得公募资质成为公募基金会。恩派公益基金会聚焦支持社区老人、儿童、脆弱群体、流浪动物、低碳环境、社区空间、应急救灾等社区议题的有效解决，通过建设多元线上募资渠道、夯实全国线下社区公益网络，支持社区参与者、服务者、支持者更便捷地参与社区建设，营造人人可参与公益的社区生态。着眼于社区建设支持体系的建设的目标，数字化一直是恩派公益基金会的重要发展策略。现阶段，数字化产品的使用场景体现在开发公募基金会分账系统、利用互联网平台开展公募筹款，以及研发社区灾害救援数字化管理工具三个方面。

（1）开发公募基金会分账系统：恩派公益基金会是在行业内较早使用OA系统进行财务管理的基金会。随着公募业务的发展，恩派公益基金会发现需要使用更加便利的数字化工具，来规范财务管理和分账效率。在此背景下，开发了适用于公募基金会工作场景的公募资金分账系统，并于2022年完成了分账系统1.0版本的开发，将来源于互联网端口的资金，依据项目和平台的不同进行分类。这一举措使得资金的来源更加清晰，业务管理更加高效。为了完善分账功能，实现筹款和资助拨付的有效对接，目前恩派公益基金会已经启动了分账系统的迭代升级工作，未来的2.0版本将兼具公募分账、项目管理等多项功能，更能适应公募基金会的发展需求，服务于基金会发展战略。

（2）积极开展互联网公募筹款：恩派公益基金会积极探索通过互联网平台进行公募筹款，目前已经在腾讯公益、字节公益、支付宝公益、帮帮公益（灵析）、阿里巴巴公益、中银公益等多个互联网平台上线筹款项目。为适应互联网平台要求和规范，全员积极开展自我赋能，学习各个互联网平台的运营规则，提升机构和团队在筹款数字化方面的认知和能力。同时，结合恩派公益基金会聚焦社区议题的优势，引导和赋能社区社会组织和社区公益达人参与公募筹款。

（3）研发社区灾害救援数字化管理工具：恩派公益基金会始终聚焦于社区发展相关的议题，联合正道易行研发了"红哨子"灾害救援管理这一数字化工具，来满足社区灾害救援中的供需问题，提升紧急救援中的多方协同效率。设计这一工具的初衷是发动社区中的个体，共同参与到社区互助行动中，让社区的问题可以在社区场域内得到解决。随着"红哨子"不断迭代，目前该工具在构建社区灾害救援管理系统中发挥着更加重要的作用。

（三）行业建设型

该形态的公益基金会使用数字化工具的目的是积极探索促进行业可持续发展的数字化战略，整体呈现出数字化发展策略明确，且进行多维度的数字化转型实践的特点。在这一类型的案例中，除了选取代表性公益基金会之外，还选取了较早进行数字化探索的上海浦东非营利组织发展中心（简称恩派公益）。作为一家社会服务机构，上海浦东非营利组织发展中心（简称恩派公益）于2011年开始数字化工具的开发，截至2022年底由其主导开发的数字化产品覆盖科技捐赠、公益资金全流程管理、项目管理、空间运营等多个方面，对于基金会和公益行业的数字化转型发展提供了实践借鉴。

1. 上海玛娜数据科技发展基金会

上海玛娜数据科技发展基金会成立于 2016 年，是一家以关注数据科技与人及社会关系为显著特色的公益基金会。在创立初期，主要围绕个人数据权益、数据科技支持社会创新等议题来开展课题研究及资助，是一个"类智库组织"。在实践中，玛娜数据基金会洞察到行业痛点，希望将数据科技更直接与具体场域和组织相结合，为公益伙伴提供有效支持，随即启动"玛娜公益伙伴计划"，支持公益组织实施数字化战略，并在此项目经验基础上，开展面向提升社区数字化治理水平的公益项目。

（1）玛娜公益伙伴计划："玛娜公益伙伴计划"自 2017 年开始实施，为公益组织提供总计为 200 万元的资金，用于支持入选的公益组织进行 1~3 年的数字化尝试。截至 2021 年，该计划已经支持 15 家公益组织进行数字化转型的实践。这些公益组织业务涵盖教育、环保、社区发展、残障支持、文化保护等多个领域。玛娜数据基金会希望通过数字工具的应用，在项目或者机构运营中呈现数据思维，在自身的业务中贯穿数字素养、数字责任和数字领导力，帮助公益组织更好地运用技术去跨越数字鸿沟，解决社会问题。"玛娜公益伙伴计划"在资助金设计中分为三档，分别资助公益组织不同的数字化实践。其中 30000 元档位主要面向数字化能力建设；100000 元档位主要面向公益数据共享、创新与应用；200000 元档位主要面向枢纽型公益数据节点构建。①

（2）孵化数字化工具和产品：通过几年的实践，接受玛娜数据科技发展基金会资助的公益组织在数字化转型尝试方面成果不一，反映出单纯资金支持不足以解决公益组织有效开展数字化实践的问题。由此，基金会于 2022 年决定孵化自有数字化工具和项目，来进行更可持续的数字化战略探索。

（3）开发赋能社区治理的数字化产品：玛娜数据科技发展基金会在尝

---

① 玛娜数据基金会：《2020 年度"玛娜公益伙伴计划"正式启动》，玛娜数据基金会官网，2020 年 4 月 8 日，https://mp.weixin.qq.com/s/W5KCXp-xbHmjd-kpoG51xw，最后访问日期：2023 年 6 月 20 日。

试基于 AI 等数字技术，设计开发面向社区场景的数字化产品。希望该工具可以成为项目管理和信息整合的高效助手的角色，基于既有多维信息和历史数据，为社区发展、决策提供建议支持，进而提升社区数字化治理水平。同时，基金会也与互联网企业积极合作，让公益行业具有数字化经验和能力的"产品经理"多起来，支持公益行业的数字化人才发展。

2. 上海浦东非营利组织发展中心（以下简称恩派公益）

恩派公益成立于 2006 年，作为支持性的公益组织，恩派公益以"构建社区发展的支持体系"为使命，不仅在社会创新孵化、公益咨询与传播、社区公益网络构建和社区公共空间运营方面进行积极尝试，其数字化发展也经历了流程数字化、管理数字化、产品数字化以及组织数字化的过程。

（1）机构内部数字化发展：恩派公益认为运用数字化进行流程管理是公益行业的必由之路，自 2011 年启动自用 OA 系统的研发，开始了在数字化探索上的先行先试。随着 Office 365 和 SAP B1 的上线，恩派公益进入了管理数字化的阶段。在该阶段，Office 365、SAP B1，以及迭代后的 OA 系统，支撑构建了恩派公益以数据为基础，财务为中心，项目为主线的管理数字化阶段的框架。同时，致力于解决科技捐赠问题的益博云天的成立也标志着恩派公益在数字化方面的实践进入了加速阶段，从内部管理数字化转向为公益行业提供数字化服务。2016~2020 年，恩派公益通过成立内部 IT 小组和引入外部开发团队进行业务产品研发，并上线了多种类型的互联网产品，用于解决涉及公益行业多方面实践的业务痛点。例如，"正道"提供公益资金投放全流程监管和公益项目执行以及评审管理服务。截至 2022 年底，已有 2.5 亿元资金通过"正道"进行管理，为 2800 多家组织和约 5000 个公益项目提供数字技术服务；"有空"提供社区空间运营服务；"多巴安"提供公益行业教育服务。2020 年的新冠疫情也使得恩派公益进行了组织数字化的尝试，将通用业务转向商用数字化工具（例如：钉钉、飞书等）。

（2）联合外部资源合作开发数字化产品：恩派公益积极通过外部合作开发数字化产品，与阿里云合作开发"易行"这一灵活的数字化项目管理工具，实现以项目为核心、财务为主线、基础数据共享的目标。目前，恩派公益的数字化发展在内部管理、业务支持以及自媒体平台建设方面都取得了不错的成果，尤其是第一个公益人自媒体账号"吕朝说公益"的开设和线上公益直播活动的开展，在参与宏大的时代课题和聚焦社会创新以及关乎社会发展的多元公益议题方面都产生了积极影响。"吕朝说公益"借助新媒体传播渠道，通过公益新媒体的叙事方式参与议题筹款的社会倡导工作，以及通过系列对谈的方式，呈现社会议题的多元视角。同时发挥多媒体矩阵传播的优势，扩大公益议题传播的范围，目前已与微博"跨界聊出圈"栏目合作，让公益人行动与其公益精神和公益理念被更多人了解，进一步推动公益"破圈"。

（3）提升公益行业从业人员的数字化素养：恩派公益通过链接知名企业，合作开展数字化技能培训服务，致力于提升公益行业从业人员的数字化素养。例如微软 CSS 智联公益科技赋能计划以及腾讯数字工具箱，对于公益行业数字化人才的培养具有积极意义。

三 浦东公益基金会数字化发展的问题与挑战

尽管浦东公益基金会在数字化转型的实践方面取得了一定的成果，但公益数字化的进程中也面临整体与局部差异明显，期待与现实存在落差以及内部与外部需求不匹配的问题。

第一，普遍意识到使用数字化产品的重要性，但数字化技术的应用程度差异明显。

通过调研和访谈，浦东公益基金会普遍意识到使用数字化产品的必要性，但是数字化技术应用于公益业务的投入和支持程度不一。浦东不同注册类型、不同规模以及不同业务领域的公益基金会，都基于不同的目的进行数字化实践。但是对于规模较小且业务量有限的公益基金会而言，对数字化产品的使用场景仅限于筹款和项目传播两种场景中。与之相对应的是，规模较大且业务量增速较快的公益基金会，其使用数字化产品的场景更加多元，数字化产品的使用几乎贯穿于业务发展全流程。究其原因，机构开展业务的场域和使用数字化工具的目的不同带来了当前公益基金会数字化实践整体与局部的明显差异。社区公益基金会作为"五社联动"机制中在地化的代表，对于推动辖区内公益氛围的营造具有积极的意义，但是在地化的限制也导致很多社区基金会开展的在线筹款项目的目标人群只能定位在辖区内的居民，地域的限制反而会引发外部捐助者捐款度不高的问题。加之快速老龄化的现实，也将社区内之前作为筹款倡导和捐款主要群体的老年人隔离在线上筹款的渠道之外。另外，社区基金会由于人员规模有限，对于通过商用办公软件实现多方协作的需求并不大，又因项目量有限，对于项目管理工具的需求也不多。规模较小的公益组织基于上述现实原因，其数字化实践的程度仅停留在筹款和项目宣传两个场景中。在项目执行、信息反馈、项目评价，以及组织机构与受助人、捐赠人之间的交流沟通等多个方面的数字化深度运用还非常有限。

第二，基本认可数字化的革新意义，但数字化改革进程受限于资金投入。

浦东公益基金会在公益数字化方面的实践呈现出基本认可数字化的革新意义，但是由于资金有限，无法可持续进行数字化投资和转型的现实情况。调研中，玛娜数据科技发展基金会的负责人认为，"AI技术的出现为公益数字化的未来带来了新的想象，这也意味着我们可以期待公益数字化向公益智能化的方向转变。此外，新冠疫情的传播不仅对于公益行业在线协同合作提出了更高的要求，同时也培养了'数字游民'们使用数字化工具的习惯，而这两点将共同影响公益行业未来数字化的发展"。在调研过程中，不同类型公益组织的工作人员都十分认可数字化产品和工具带来的工作便利性以及未来对于行业发展的推动作用。但是，在现实实践中，资金不足也阻碍着公益组织进行数字化转型。

第三，行业内部无法实现"数字沟通"，行业外部提供的数字化产品无法满足业务发展需求。

浦东公益基金会在公益数字化方面的实践呈现出行业内部同类型组织之间无法达成有效的"数字沟通"，且外部公益产品和公益服务与公益组织需求不匹配的问题。对于很多拥有相同业务板块的公益组织来说，由于在具体实践方面有独特的需求，即使在行业内部这些组织也无法统一对于同一类型或者相同业务单元的数字化产品的要求。这也导致行业内部也无法通过已经积累的数据，进行有效的"数字沟通"。此外，行业外部目前可以提供的标准化数字化产品也无法满足公益行业的需求。一方面是因为公益基金会项目管理的逻辑与现有通用的商用项目管理工具的底层设计逻辑并不相同，这也导致现有的数字化工具无法匹配公益组织业务需求。另一方面，公益基金会数字化的发展成果目前都依赖于数字科技的发展和迭代，反观公益基金会内部数字化改革的发展程度并不理想。这也导致在行业外部无法提供有效的数字化产品的情况下，行业内部也不具备相应的能力来解决这一问题。

四 推动浦东公益基金会数字化的对策与展望

应当看到，目前浦东的公益数字化进程已经取得长足发展，也取得了一定成效，但受限于政策、人才、资源等局限，公益数字化应用仍然不均衡，当下应用主要集中在互联网筹款、传播这些环节，而在项目管理、知识沉淀等数字化运用的深水区，数字化进程仍然有些滞后。特别是社会组织进入新的发展阶段，数字化转型理应成为高质量发展的应有之义，一定程度上发挥着"基础设施"的作用。一方面公益组织通过数字化转型，可以提高自身运作效率、推出更多创新服务、提高整体慈善运作的透明度；另一方面数字化的运用大大降低了普通公众和服务对象参与公益的门槛，极大提高他们的参与度、体验感和获得感，从而有助于加快新时期"人人有责、人人尽责、人人享有的社会治理共同体"格局建设。

纵观浦东公益基金会数字化的发展历程不难发现，在互联网公益的数字化发展浪潮的驱动下，已经呈现出公益基金会为主体、多方协同联动、社会公众参与的特点。为了更好推进公益基金会的数字化转型，公益行业内部和行业外部需要在凝聚共识的基础上协同发展，以更协同联动等有效的方式促进公益基金会的数字化发展。

第一，行业内部需要不断发力，在回应公益使命的同时，也要提升行业整体数字化发展能力。

对于公益基金会行业内部而言，公益基金会的数字化实践过程需要更深地思考并触及针对社会问题解决方案的数字化建设，回应公益基金会在整合社会慈善资源，进而解决社会问题方面的使命。因此，公益基金会需要和技术提供方进行有深度的交流和共创，在深度理解和把握社会问题的基础上提出一个好的社会问题的数字化解决方案。此外，需要发挥行业内引领性组织的带头作用，在数字化产品研发、数字化品牌建设、数字化战略展望，以及数字化转型的行业规范制定方面发挥引领作用，体现公益基金会在数字化发展过程中的能动性。此外，公益基金会也需要加强行业内部"数字人才"的培养工作。兼具公益视野和数字化素养的专业人才，对于公益基金会自主进行数字化转型具有十分重要的意义。只有培育公益行业的"产品经理"，才能打破已有数字化产品无法回应公益基金会现有业务痛点的僵局。

第二，整合外部资源，共同助力公益行业数字化转型和发展。

对于公益行业外部而言，政府、互联网企业、慈善枢纽组织等多方主体，在明确数字化趋势不可逆转，且有利于公益行业可持续发展的前提下，需要发挥各自的优势，聚合政策、资源（资金）、专业技术等，搭建行业通用的、以慈善组织为核心的在线平台。公益基金会的数字化基础设施目前仍然是不足的。除了已有的基金会中心网（基金会信息公开透明）、易善数据（追踪善款来源和去向）、灵析（联系人管理系统和月捐技术服务）等工具，还需要有更多的资源投入和行业共建。这样不仅有利于公益组织进行数据化、智能化的业务管理，同时也能实现各公益组织间的有效"数据沟通"，弥合不同公益组织间存在的"数据鸿沟"等问题。

第三，公益行业需要与互联网企业积极合作，通过互联网企业赋能，实现可持续数字化转型实践。

互联网企业在以往的公益数字化转型中，发挥着强势的外部力量推动作用。在未来，互联网企业可以发挥赋能公益组织的作用，通过互联网企业和公益组织的结对支持，发挥各自的独特优势，助力公益组织进行可持续的数字化发展实践；同时，互联网企业可以共享互联网资源，例如数字化工具、数字技术、数字化人才等，并面向公益组织开展有针对性的赋能辅导，让公益组织深入了解数字技术，并尝试将已有业务与数字技术融合发展。

B.5

浦东金融向善发展报告

朱秋霞　郑晓芳　齐新宇　沈群*

摘　要： 本报告描述和分析了浦东新区近年来金融向善的发展背景、含义、功能及其特点，重点介绍了其在慈善金融领域的创新实践，包括发行具有公益属性的金融产品、研发专门的慈善资产保值增值产品、影响力投资、信用卡积分捐赠等。本报告还针对浦东金融向善创新面临的现实困境，提出了完善慈善税收激励机制、营造"鼓励式"慈善资产保值增值生态环境，以及大力推动影响力投资发展三个建议。

关键词： 金融向善　共同富裕　慈善金融

　　金融机构长期以来积极履行企业社会责任，参与公益慈善，因此，从这个角度来看，金融一直在向善，但是从整个行业的角度提出"金融向善"却是近几年才有的提法，作为一个新趋势，研究和分析浦东新区金融向善的发展背景、特点和挑战，有利于进一步发挥金融效能，助力浦东公益慈善事业高质量发展。

　　为了解上海"金融向善"现状、面临困难，以及发展瓶颈，上海真爱梦想公益基金会（以下简称真爱梦想）受上海市委统战部委托于 2021 年 9~12 月在上海开展了"第三次分配"与"金融+公益"专题调研，发现了很多"金融+公益"的新趋势、新动态，金融将是上海助力共同富裕不可或缺的重要且独特的力量。2022 年，真爱梦想联合上海陆家嘴金融城发展基

---

* 朱秋霞，上海市静安真爱梦想教育进修学院副理事长，曾任上海真爱梦想公益基金会副秘书长。郑晓芳，上海真爱梦想公益基金会高级项目专员。齐新宇，上海陆家嘴金融城发展基金会秘书长。沈群，上海陆家嘴金融城发展基金会副秘书长。

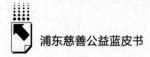
金会发起"金融向善"慈善沙龙，以陆家嘴为起点搭建金融与公益行业跨界交流的平台；同时，也为观察、了解浦东、上海乃至全国在金融向善领域的最新发展趋势与风向提供一个绝佳窗口。

一 金融向善的背景、含义与功能

（一）金融向善的背景

共同富裕是中国特色社会主义的本质要求，是社会主义制度优越性的本质体现。为实现这一目标，改革开放之初，邓小平同志提出让一部分人先富起来，先富带动后富，最终实现共同富裕的发展目标。改革开放 40 多年来成效显著，让一部分人实现了财富积累，部分人先富的目标已经实现，但是由于收入差距和分配不公的存在，社会贫富差距以及由此产生的社会矛盾进一步加剧。为消除两极分化、实现共同富裕，自党的十八大以来，我国开启了脱贫攻坚与乡村振兴的伟大实践，并积极动员社会力量参与，为推动全体人民共同富裕的中国式现代化发挥积极的作用。在此背景下，中国金融资本开始觉醒，意识到不能一味片面追求最大经济回报，需要考虑与利益相关方共赢，将社会、环境等公共利益纳入考量，赋予资本向善的使命，因而，积极参与到推动共同富裕的国家重大战略中。

（二）金融向善的含义

金融向善作为新的发展趋势，还未形成完整的概念内涵，尚未发现有学者对其做出明确的定义。慈善金融作为金融向善的核心内容，有学者尝试对其做出定义，高皓认为慈善金融是指慈善公益资产在形成、管理及运用等全生命周期中各种金融活动的总称。[①] 安国俊认为慈善金融是同时追求财务回

---

① 高皓：《慈善金融：第三次分配的重要制度创新与关键能力建设》，《清华金融评论》2022年第 3 期，第 51 页。

报和社会价值的资本配置活动，强调在主动创造可衡量的社会或环境效应的同时，争取实现正向的财务回报，注重产生社会影响力。慈善金融与可持续金融、混合金融、普惠金融等概念存在一定交集。慈善金融的核心在于"解决社会问题"，即创造或扩大公益慈善效果，强调金融服务的深度。常见的慈善金融形式包括慈善基金、公益创投、公益理财、慈善信托等。[①] 基于浦东金融向善的发展现状以及综合其他学者的已有观点，笔者尝试对金融向善做出如下定义：金融向善是指金融机构等资本管理者、服务者坚持经济效益与社会价值统一的发展理念，在资本投向、金融产品研发中融入慈善基因，发挥金融优势以多种方式如慈善基金、公益资管产品、公益理财、慈善信托、影响力投资等，引导、支持所服务的客户参与公益慈善，联结广泛的金融力量助力公益慈善事业可持续发展，推动社会问题有效解决。

（三）金融向善的功能

金融承载着资本的管理与配置的功能，连接着无数财富人群，而财富人群又是参与公益慈善事业的核心人群，因此，金融是助力公益慈善事业发展，推动共同富裕目标实现的有力抓手。首先，金融可以作为资本向善的倡导者与推动者，引导更多财富人群关注社会公共利益，搭建公益慈善平台，提供便捷的公益参与途径与全方位综合慈善规划服务，满足不同人群的慈善需求，帮助落地公益初心与使命；其次，金融可以放大慈善资产价值，发挥自身产投研优势，积极探索慈善金融，加快创新适合慈善资产的慈善金融服务和产品，做好慈善资产的投资管理顾问，做大做优慈善蛋糕，助推我国慈善捐赠总量取得突破性增长；最后，金融可以搭建跨界合作桥梁，营造更好的公益生态，金融机构的优势在于募集、管理善款，而慈善组织的优势是公益项目的研发、管理，两者合作可以各自发挥所长，提高慈善资产效能，产生更大社会效益；同时，在合作过程中，为公益行业培养一批了解慈善金融的跨界人才，带来更多跨界创新，进一步提高金融向善的影响力。

---

① 安国俊：《慈善金融可持续发展路径探讨》，《中国金融》2023 年第 4 期，第 93 页。

二　浦东金融向善的发展特点

上海是我国首屈一指的国际金融中心，拥有全国最完整的金融要素市场体系、金融产品体系、金融基础设施体系、金融机构体系，以及世界领先的金融市场规模。[①] 2022年，金融业增加值达到约8627亿元，占上海地区生产总值的比重达到19.3%，证券市场首发募资额全球第一，现货黄金交易量、原油期货市场规模均居世界前三，金融从业人员超过47万人；[②] 金融市场成交额达到2933万亿元，在全球金融中心指数排名中，上海已从2015年的第21位升至2022年的第4位。[③] 浦东是上海国际金融中心核心区，2021年7月15日，《中共中央 国务院关于支持浦东新区高水平改革开放打造社会主义现代化建设引领区的意见》发布，这为推动上海建设成为未来的中国社会主义的特色国际金融中心提出了进一步的建设方案。得天独厚的金融优势为浦东以"金融向善，助力共富"奠定了扎实的物质基础，让一批有想法、敢创新的浦东优质金融机构与慈善组织能大胆实践，实现金融赋能慈善，慈善助力金融的双向奔赴，并呈现诸多亮点与创新，彰显浦东引领区建设干事创业精神。下面将从浦东金融机构以政策引领，助推金融向善；携手慈善组织，共创慈善金融产品；牵手客户共襄善举，提升公益影响力，这三个方面重点介绍浦东金融向善的发展特点和创新实践。

（一）政策引领，助推金融向善

中国慈善事业具有鲜明的政治属性，主要体现为坚持党的领导、践行党

[①] 李晓明、乔宏军：《推动浦东引领区金融创新开放》，《中国金融》2021年第19期，第65页。
[②] 陈吉宁：《展望上海国际金融中心建设新愿景》，第一财经官网，2023年6月8日，https://m.yicai.com/news/101777747.html? code=101777232，最后访问日期：2023年9月11日。
[③]《法治保障护航金融开放，上海打造国际金融中心"升级版"》，第一财经官网，2023年6月11日，https://m.yicai.com/news/101780336.html? code=101777232，最后访问日期：2023年9月11日。

的宗旨，响应党的号召等方面。① 近年来，党中央围绕脱贫攻坚、乡村振兴以及新发展理念、"双碳"目标等国家战略，出台了一系列政策，成为浦东金融机构参与公益慈善事业的有效指引，极大激发了其发挥自身资源优势和利用金融工具参与公益、赋能慈善组织的自主性、能动性和创新性。

1. 乡村振兴、共同富裕等政策激发金融向善活力

党的十八大以来，以习近平同志为核心的党中央以前所未有的力度推进脱贫攻坚，经过八年奋斗，2020 年底取得全面胜利；为决战全面建成小康社会、全面建设社会主义现代化国家的重大历史任务，中共十九大作出重大决策部署，提出实施乡村振兴战略，巩固拓展脱贫攻坚成果，接续推进脱贫地区乡村振兴。2021 年 8 月 17 日，中央财经委第十次会议首次提出要构建初次分配、再分配、第三次分配协调配套的基础性制度安排，使全体人民朝着共同富裕目标扎实迈进。党的二十大指出"中国式现代化是全体人民共同富裕的现代化"，需要"规范收入分配秩序，规范财富积累机制"，以及"引导、支持有意愿有能力的企业、社会组织和个人积极参与公益慈善事业"。这一系列政策为浦东金融机构参与公益慈善事业指明了方向，更加关注社会责任，积极思考如何结合自身在相关领域的行业优势，为国家战略目标的实现贡献金融温度。如平安集团旗下的平安租赁积极响应国家乡村振兴的号召，结合自身业务特点和资源优势，发起"金色阳光之路"与"金砖筑梦"两大公益助学项目，以教育助力乡村人才振兴。

案例一 平安租赁践行社会责任，助力乡村教育

2018 年，中共中央、国务院印发了《乡村振兴战略规划（2018—2022年）》，强调要优先发展乡村教育事业，改善薄弱学校基本办学条件、提升乡村教育质量。作为平安集团旗下专业从事融资租赁的子公司，平安租赁积极响应国家政策与集团号召，结合自身业务特点和资源优势，设计符合自身品牌定位、具备可持续性的公益项目，以"租赁+公益"模式为核心，发起

① 宫蒲光：《关于走中国特色慈善之路的思考》，《社会保障评论》2022 年第 1 期，第 124 页。

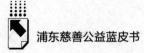

"金色阳光之路"与"金砖筑梦"两大公益计划,助力乡村教育事业发展,贯彻落实乡村振兴战略。

2017年,平安租赁启动"金色阳光之路"公益计划,以村镇、希望小学为基础,通过联合客户向村校捐建光伏屋顶,让绿色能源进入学堂。"金色阳光之路"公益计划按照"自发自用、余电上网"的方案,在增加硬件设施、提高教学环境的同时,既能帮助学校实现电费节约,又能带来余电收入,改善孩子们的生活水平,形成良性循环,助力地方教育的可持续发展。截至目前,该公益计划已走过广西隆林、新疆喀什、甘肃武威、青海同仁、云南漾濞等十站,为学校带去超过119.1千瓦光伏电站的绿色能源,2300余名孩子受益。

2020年,平安租赁启动"金砖筑梦"公益计划,它是"租赁+公益"模式的重要补充和创新实践。通过整合工程建设、制造加工及轻工业务条线资源和业务优势,平安租赁为学校修缮基础设施,改善校园环境。截至目前,该公益项目先后走过湖北五峰、洪湖以及青海尖扎三站,为学校送去崭新的食堂、厨房、卫生间、图书角等,2000余名孩子受益。

(案例来源:本报告作者整理)

2. 新发展理念、"双碳"目标掀起中国ESG浪潮

党的十八届五中全会提出的新发展理念,是以习近平同志为核心的党中央在总结中国40年改革发展经验、科学分析国际发展形势基础上,对我国发展理念的全面创新,是新时期各项工作的行动指南。为贯彻落实新发展理念,我国出台一系列政策举措,2021年3月15日,中央财经委员会第九次会议强调,我国力争2030年前实现碳达峰,2060年前实现碳中和;2022年5月27日,国资委发布的《提高央企控股上市公司质量工作方案》要求"贯彻落实新发展理念,探索建立健全ESG体系……推动更多央企控股上市公司披露ESG专项报告,力争到2023年相关专项报告披露'全覆盖'"①。

---

① 《提高央企控股上市公司质量工作方案》,国资委网站,2022年5月27日,http://www.sasac.gov.cn/n2588030/n2588944/c24789613/content.html,最后访问日期:2023年9月11日。

"双碳"目标的提出以及监管部门对于 ESG 披露的要求，直接推动了我国 ESG 的发展，成为企业参与公益慈善，履行企业社会责任的核心动力。

如为深化 ESG 战略，中国太平洋保险（集团）股份有限公司旗下长江养老保险股份有限公司（以下简称"长江养老"）于 2021 年 5 月成功发行保险资管行业首个 ESG 主题的保险资管产品——金色增盈 6 号，该产品面向陆家嘴金融城的金融机构定向发行，其部分管理费也将捐赠给上海陆家嘴金融城发展基金会（以下简称"陆家嘴基金会"），用于定向资助"绿色天际线"项目。该项目聚焦助力"碳达峰""碳中和"目标，是针对陆家嘴高碳排放量的标志性建筑以及建筑内设施节能改造的创新项目。

目前通过使用长江养老捐赠的资金以及陆家嘴基金会自有资金配套，累计捐赠 143 万元支持落地正大广场"零碳停车场"认证、东方艺术中心节能屏改造、浦东美术馆场馆空调节能改造等项目。其中，浦东美术馆改造后每月节能费用达 7 万余元，预计只需一年就可以将改造成本"节约"出来。此外，经专业碳科技公司测算，此次改造能每年减排 562 吨二氧化碳当量，这对于已经获得 LEED 认证的浦东美术馆来说，相当于向着"碳中和"目标又迈进了坚实的一步。

（二）金融机构携手慈善组织，共创慈善金融产品

2016 年实施的《中华人民共和国慈善法》第一次从法律层面提出慈善信托的概念，使得慈善信托的机制更加灵活、运营监管更加规范，也为金融支持公益事业开辟了一条渠道。在实践中，除了传统的捐钱捐物之外，金融机构还积极发挥专业优势，利用多种金融工具探索设计更加多元的慈善金融产品，如帮助慈善组织进行资产管理、资产管理产品收益捐、开展影响力投资、设立面向高净值人群的捐赠人建议基金等[1]。浦东金融机构也充分发挥金融资本与人才聚集优势，跨界联合新区的慈善组织，积极探索利用金融工具做慈善金融产品的创新实践，助力新区慈善事业的高质量发展。

---

① 安国俊：《慈善金融可持续发展路径探讨》，《中国金融》2023 年第 4 期，第 93 页。

1. 持续创新管理费捐赠模式

金融机构云集的浦东，成为慈善创新的领头雁。管理费捐赠模式最初诞生于浦东，2007年，办公地址位于浦东的兴证全球基金管理有限公司（以下简称"兴证全球基金"）首先从理论切入，开始研究社会责任投资，通过学习海外文献、报告与到成熟市场考察，慢慢积累在社会责任投资领域的知识；随后开启社会责任投资实践：2008年4月30日，成立了境内首只社会责任基金——兴全社会责任混合型证券投资基金，该基金有两个特色：第一，在投资决策中综合考虑经济、法律与道德等因素，在追求投资业绩的同时，影响、推动公司履行社会责任，促进社会发展；第二，每年从该基金管理费收入中计提一定比例用于公益支出，完成企业慈善战略，稳定公益资金来源。2019年底，兴证全球基金成立兴全社会价值基金，该基金与兴全社会责任基金一样，都经过股东会决议，在基金管理费收入中提取一定的比例用于公益支出，这笔资金也成了兴证全球基金开展公益事业资金的稳定来源。

该模式不仅提供了金融机构和投资者便捷地参与公益慈善的渠道，也为慈善组织和公益项目的运行带来了持续的善款，现在已经被很多金融机构复制推广，并不断创新，发挥出更大的社会价值。如2022年8月，深圳证券业首个公益资管产品落地，该产品由第一创业证券股份有限公司（简称"第一创业"）与深圳市创新企业社会责任促进中心合作，第一创业作为管理人，中国农业银行股份有限公司深圳市分行作为托管人，产品将部分管理费收入捐赠给公益基金会，用于乡村振兴地区的教育公益项目，由真爱梦想负责实施落地。

案例二　陆家嘴基金会与万家基金联合探索管理费捐赠模式

为解决成立初期募集资金的难题，2020年，陆家嘴基金会联合理事单位万家基金发行首只区域性公益基金——万家陆家嘴金融城金融债一年定开基金（以下简称"金融城债基"），该基金在合同中约定，万家基金将基金管理费收入的50%以非限定的方式捐赠给陆家嘴基金会，该比例达到了公募基金管理费收入捐赠的上限，成为业内首创。

2021 年，万家基金开始发行募集，在陆家嘴金融城管理局以及理事单位交通银行的大力支持下，区域内多家大中型银行、保险公司等优质金融机构积极出资参与基金首发，最终基金募集规模达到 55 亿元。截至 2022 年 7 月，金融城债基运行已经一年半，按照合同约定，万家基金已将 1000 多万元的非限定管理费捐赠给陆家嘴基金会，支持基金会资助并推动医疗急救、关爱罕见病等特殊人群、绿色环保等多领域公益活动的落地。截至 2022 年底，陆家嘴基金会已经参与发行三只同类型基金产品，已经到位的管理费捐赠，合计超 1600 万元。

这并非万家基金第一次发行具有公益属性的公募基金，2019 年，它首次尝试管理费捐赠模式，发行成立行业首只在基金合同中约定将一定比例管理费用于公益支出的社会责任主题基金——"万家社会责任 18 个月定开基金"。该基金捐赠的管理费用于教育扶贫公益项目，2019 年以来，万家基金联合担当者行动公益组织，已为云南省贫困县镇雄县当地 22 所学校的 152 个班级建立起图书角，捐助图书 1 万多册。

（案例来源：本报告作者整理）

2.定制专属资产管理产品

"慈善资产保值增值水平低"是公益行业长久以来的痛点，虽然民政部在 2018 年印发了《慈善组织保值增值投资活动管理暂行办法》，为慈善组织进行慈善资产保值增值提供了法律保障，但截至 2020 年底，全国 9200 多家基金会共拥有 2000 多亿元净资产，只有三成多的基金会开展了保值增值，[①] 还有大量慈善资产未能成为"能下蛋的母鸡"，慈善存量需要激活。浦东的金融机构已经开始尝试依托其专业能力为公益组织的慈善资产实现保值增值，盘活慈善资产，为社会带来更多福祉。如兴证全球基金在 2016 年

---

① 《上海第一财经公益基金会新公益战略》，2022 年 10 月 26 日，https://www.163.com/dy/article/HKKTOBSB0519DDQ2.html，最后访问日期：2023 年 9 月 11 日。

发起成立社会责任专户产品，专门为公益组织提供慈善资产保值增值服务，不仅帮助社会组织创造良好的投资回报，还在合同中约定把产品的投资收益按一定比例计提入"专项资金"，用于资助大学奖教金、互联网乡村教育等多个公益项目。这意味着作为委托管理人的公益组织不仅能够获得投资收益，还能获得一笔额外的公益专项资金。截止到 2022 年底，一共有数十家公益组织委托兴证全球基金管理慈善资产，包括国内高校基金会、家族基金会以及媒体基金会等。

3. 引领推动影响力投资发展

"影响力投资"最先由洛克菲勒基金会于 2007 年提出。2010 年，摩根大通（J. P. Morgan）和洛克菲勒基金会（Rockefeller Foundation）在一篇名为《影响力投资：一种新兴的投资类别》（Impact Investments：An Emerging Asset Class）的研究报告中首次将影响力投资界定为一种新兴资产类别。相比传统投资，它兼顾经济回报和社会价值，强调投资回报可持续和社会影响的精确测量，动员多元主体共同解决社会问题。[1] 当前全球影响力投资处于发展初期，欧美发达国家是进行全球影响力投资的主体，但在中国还处于起步发展阶段。[2] 国内致力于影响力投资的代表性企业有禹闳资本、恩派和玛娜影响力投资基金，而前两个都来自浦东新区，它们引领推动上海乃至全国影响力投资的发展。

禹闳资本成立于 2007 年，是国内最早一批做一级市场影响力投资的机构，2013 年开始进行影响力投资方面的探索。经过多年实践，禹闳资本确立了一整套基于中国市场的影响力投资标准和影响力主题图谱，架构了相对完整的影响力投资体系，主要投资双碳、循环经济、针对弱势人群的医疗健康服务等领域。比如，投资自闭症儿童康复教育项目，它是第一家开始尝试用 AI 数字诊疗为自闭症儿童做医教服务的公司；投资提供铺设 AED 等公共

---

① 曹堂哲、陈语：《社会影响力投资：一种公共治理的新工具》，《中国行政管理》2018 年第 2 期，第 88 页。

② 第一财经研究院：《资本的血液——中国影响力投资报告 2022》，第一财经官网，2022 年 8 月 29 日，https://www.yicai.com/news/101521094.html，最后访问日期：2023 年 9 月 11 日。

急救服务端的公司；以及赋能小农农业公司等。

上海浦东非营利组织发展中心（简称恩派公益）成立于 2006 年，是中国领先的支持性公益组织，是民政部评定的"5A 级社会组织"和"全国先进社会组织"，多年致力于公益组织孵化与能力建设、社区营造与社区服务规模化、公益资金管理与项目优化、社会企业投资、公共空间运营等业务领域。它从 2016 年开始涉及影响力投资，成立社会创投基金；2018 年注册恩派股权投资有限公司，专注于影响力投资，主要投资公益行业支持服务、社区养老、教育、扶贫和环保 5 个领域。

4. 创新引领"信用卡+慈善"模式

金融机构善于结合自身业务特点和资源优势，探索匹配的公益模式，"信用卡+慈善"模式就来自银行的信用卡中心。该模式以积分为小切口切入，却带来了全民参与的大公益，这种捐赠模式的优势主要体现在：第一，可复制，易推广。对于银行来说，它只是把原本给用户的积分福利变成了给公益受助者的善款和物资，并没有增加额外的成本开支。对于用户来说，他不需要直接捐钱，这部分由信用卡中心根据其捐赠的积分兑换成现金或者物资代为捐赠。该模式从最初只有中信银行信用卡中心、广发银行信用卡中心等少数金融机构参与，如今已经成为银行参与公益慈善的普遍方式。第二，赋予信用卡公益属性，实现了经济效益和社会效益互相影响叠加。它既带来了善款和物资，帮助处于困境中的脆弱人群，也赋予消费公益色彩，有助于建立有温度的金融企业形象，增加用户黏性。第三，提升全民公益意识，实现人人公益的有效途径。公益不是富裕人群的专属，公益行业的发展也不是只依靠大额捐赠，巨量的社会捐赠需要聚沙成塔，需要全民捐助。"信用卡+慈善"模式让公益走入寻常老百姓的日常生活，提供给他们一种便捷、轻量的公益参与方式，普及公益理念，提升公益素养，打开人人公益新局面。

案例三　中信银行信用卡中心与真爱梦想共创积分捐赠

中信银行信用卡中心是"信用卡+慈善"模式早期的重要引领者、推动者、实践者，它与真爱梦想的合作也源于这一模式。2009 年 3 月，双方联合发起"图书捐赠·积分圆梦"公益活动，用户通过捐赠中信银行信用卡积分，兑换图书捐赠给偏远地区的孩子。

为更好联结员工、持卡用户、合作伙伴和公益组织，2011年，中信银行信用卡中心开始搭建"爱·信·汇"公益平台，为用户提供多元的信用卡积分捐赠方式、志愿支教（"真爱梦想"发起的梦想教练计划）等服务，并于2022年对公益平台进行了全新升级，实现了更直观的公益项目进展介绍，更便捷的积分捐赠方式。

每年，"爱·信·汇"公益平台将持卡用户捐赠的信用卡积分兑换为真爱梦想发起的公益项目"梦想中心"所需的物资，用于帮助经济欠发达地区建设"梦想中心"教室及配套素养教育课程，同时对当地学校的教师培训提供支持。截至目前，累计超过130万持卡人通过该公益平台，捐建200间"梦想中心"多媒体教室及配套素养教育课程，遍布在全国28个省市自治区的学校。

（案例来源：本报告作者整理）

（三）金融机构牵手客户共襄善举，提升公益影响力

在乡村振兴、共同富裕等国家政策背景下，越来越多的企业家、高净值人群积极响应国家号召和时代需求，关注并投身公益慈善事业；《民法典》生效之后，婚姻家庭编中把家风传承写进法律里面，高净值和超高净值客户在设计家族企业和财富传承架构的过程中，也更加关注如何通过公益慈善实现家风传承，积累人力资本、文化资本和社会资本。但由于公益认知和财富增长的不匹配，他们缺少将慈善需求进行系统规划和落地的方案，需要专业人士提供服务。浦东金融机构已经关注到这一趋势，将为高净值客户提供战略慈善规划作为一项重要服务内容，如很多大型私人银行，在为高净值客户设计财富传承架构时，会将慈善信托和慈善相关的内容作为一项非常重要的内容进行安排。

1. 平安银行私人银行：推出一站式慈善规划服务

近年来，国内外私人银行、家族办公室一致认为公益慈善事业是超高净值客户实现社会价值及家族精神传承的重要途径。公益慈善投入能够产生帮助财富家族实现价值传承、家族成员价值观塑造、后代子女幸福感提升等重要作用。但要实现善心善用，需要有相关专业法律法规、行业资源和时间精力的投入门槛。

为了能帮助客户更高效、持续地参与公益慈善，实现初心，2021 年，在中央提出以第三次分配推动共同富裕背景下，平安私人银行在业内率先推出了平安乐善一站式慈善规划服务，包括爱心捐赠、公益活动、慈善规划多个层次。其中，慈善规划包括慈善咨询、慈善方案定制、慈善事务执行、社会影响力塑造多个方面。

该服务以"注重捐赠人体验，以捐赠人需求为导向，聚合资源，连接贫富人群"为理念，联合社会公益组织和外部慈善专家，通过乐善公益慈善规划服务为高净值人群定制慈善战略和目标，为高净值人群参与公益慈善事业创造更多可能。截至 2023 年，已服务上千位平安私人银行客户，管理公益慈善资金上亿元。

2. 浦发银行私人银行：推出高净值客户专属的"浦爱公益理财计划"

2012 年，浦发银行联合上海市眼病预防中心、上海市儿童健康基金会共同发起成立第一期（2012~2014 年）"放眼看世界"儿童斜视公益手术项目。① 为了引入更多社会慈善资源，使更多斜视儿童受益，2016 年，浦发银行出资委托上海信托设立《中华人民共和国慈善法》颁布实施后首款慈善信托产品——"上善"系列浦发银行"放眼看世界"困难家庭儿童眼健康公益手术项目慈善信托，定向捐赠用于"上海市困难家庭眼疾儿童免费手术公益慈善项目"。信托资金主要来源于浦发银行私人银行为高净值客户推出的"浦爱公益理财计划"的部分到期收益以及浦发银行的等比配捐；与

---

① 《〈慈善法〉颁布实施后首款慈善信托今天正式发布》，央广网，2016 年 12 月 26 日，https://china. huanqiu. com/article/9CaKrnJZo71，最后访问日期：2023 年 9 月 11 日。

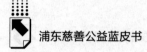

此同时，还包括信托持续期间，银行客户拍卖活动所得以及慈善信托的投资收益。

得益于"浦爱公益理财计划"为慈善信托提供的可持续且多源的捐赠资金，该慈善信托的受益人群除了斜视儿童外，还新增了上眼睑下垂及先天性白内障儿童，受益群体进一步扩大，充分凸显了金融在募集善款扩大公益项目影响力方面的优势。截至2022年底，慈善信托已累计捐赠154.40万元，为381名家庭困难儿童完成斜视以及重症眼疾手术。

3. 中金公司：从一个人的情怀到一个组织的共鸣

中金公司与真爱梦想的公益情缘，离不开一个关键人物，她就是中金公司董事总经理、中金环球家族办公室负责人、家族业务战略管理委员会副主席刘蔓。这位投行专家，亦是真爱梦想的发起人、理事，也是基金会的超级劝募人，自真爱梦想成立，她将工作之余80%的时间都用于基金会的劝募工作。

2009年，刘蔓召集了深圳爱心人士，一手创办了"分享·爱"慈善晚宴。在连续举办14年之后，这个晚宴已经从朋友间的公益聚会，发展成为国内屈指可数的慈善盛会。在我国，每年企业捐赠总额占社会捐赠总额的比例基本保持在70%左右，可以说，企业、企业家是中国慈善事业发展不可或缺的重要推动力量。刘蔓以深厚的商业积累、金融背景和充沛的公益感染力，连接优秀企业、企业家。尤其在真爱梦想作为私募基金会的早期，筹款渠道非常有限，她总是随身携带基金会的年报和画册，抓住一切社交机会进行劝募，带动身边的朋友、同事以及客户来参与、体验公益活动，为真爱梦想带来了充足的、宝贵的发展资源。

真爱梦想成立至今，始终坚持公开透明、专业高效的运作，赢得了公众和捐赠人的信赖与认可。当中金公司希望在公益领域，尤其是教育公益上有所作为时，刘蔓积极向中金公司引荐真爱梦想成为其公益战略合作伙伴。自2011年起，中金公司开始举办"中金公益亲子夏令营"，希望让孩子在家长的陪伴中，了解真实的社会问题，并感受助人的快乐。每一年，中金公司都会组织爱心高管、客户家庭参与由他们带领孩子完成为偏远地区搭建"梦想中心"素质服务体系的联合劝募活动，并在暑假时自费前往项目所在地，与当地的教师和孩子们一起完成"梦想中心"建设、体验梦想课程。迄今为止，"中金公益亲子夏令营"已经累计为偏远地区筹建30间"梦想中心"，足迹踏遍10个省（区、市）。

从最初的个人参与到带动身边亲友、同事、客户大批融入，再到推动真爱梦想与中金公司持续深度合作，刘蔓展现了一个专业公益人如何以自身为杠杆，促成了两个有相同使命愿景的优秀机构的携手合作。

三 浦东金融向善发展存在的问题与挑战

通过上述分析我们发现，得益于优质金融机构、高精尖金融人才、巨量金融资本云集的区位优势，浦东在金融向善领域有诸多创新举措，不仅为浦东慈善事业发展贡献了规模可观的"善资金"，也为上海乃至全国提供了激发"善活力"的浦东模式，成为"金融向善"发展的源泉之地。但我们也注意到，浦东金融向善的发展也面临着慈善税收优惠制度不完善、慈善资产保值增值水平低、影响力投资发展资本供给不足等问题，限制了其慈善创新的步伐，导致其与国际金融核心区的地位相比，其慈善发展水平是不相匹配的，依然还有很大的提升空间。

（一）慈善税收优惠制度不完善

我国现行慈善税收优惠制度并不完善，影响了慈善事业发展的进程。主要体现在：一是非货币性公益捐赠税收优惠激励不足，包括捐赠环节和受赠环节。在捐赠环节，虽然《财政部 国家税务总局关于公益股权捐赠企业所得税政策问题的通知》（财税〔2016〕45号）明确了企业向公益性社会团体实施股权捐赠的企业所得税处理，但尚未出台个人股权捐赠的相关文件，税收优惠存在不确定性，需要与税局一事一议；在受赠环节，虽然现行税法已经明确了企业、个人在进行股权捐赠、房产捐赠时，按照财产原值计算，一定程度上可以激励公众将股权、房产捐赠给慈善组织；但受赠方税收政策没有衔接上，在接受股权、房产等非货币类捐赠后，如果需要将受赠的股权、房产等非货币类资产变现以从事慈善服务，需要缴纳增值税、企业所得税等多项税费，且金额巨大，繁重的税负制约了非货币类公益捐赠。二是慈善信托税收优惠不足。一方面由于慈善法与税法不衔接，除享有公益性捐赠税前扣除资格的社会组织之外，其他组织设立的慈善信托难以享受税收优惠，成为慈善信托发展的最大"瓶颈"；另一方面以股权、房产等非货币性资产设立慈善信托尚未出台相关法律文件，税收优惠具有不确定性。

（二）慈善资产保值增值水平低

慈善资产保值增值水平低一直是公益行业的发展痛点。根据中国基金会投资指数课题组测算，2010～2016年我国基金会全行业的资产收益率仅为1.2%，考虑到通货膨胀等因素，这意味着我国慈善资产事实上面临较大的缩水风险。[①] 主要原因有三点，一是行业可投资产总量大，但个体可投资产总量整体偏小，难以形成规模效应，且市场缺乏适应慈善资产特性的金融产品和服务；二是慈善组织缺乏资产管理人才，理事会投资理念偏保守。大多数慈善组织缺少有金融背景的跨界人才，为了避免投资亏损带来管理经营风险，理事会倾向于选择低利率但安全的银行储蓄，不敢轻易投资；三是政策执行有偏差，年检与审计易受质疑。《慈善组织保值增值投资活动管理暂行办法》的出台为慈善组织进行资产保值增值提供了政策依据和保障，但"名至实未归"。在年检与审计时，会出现审计人员对政策理解不到位质疑投资行为的情况，影响慈善组织年检和审计结果，因此，现有的机制并不鼓励社会组织做好慈善资产保值增值工作。

（三）影响力投资发展资本供给不足

影响力投资作为公共治理的新工具，是推进公共治理体系创新的重要力

---

① 高皓：《慈善金融：第三次分配的重要制度创新与关键能力建设》，《清华金融评论》2022年第3期，第53页。

量，其潜在的发展市场非常大，养老、扶贫、民生保障等领域正是社会发展过程中的聚焦点，同时也是影响力投资的重点投向，有极大的发展潜力。[①]但与旺盛的发展需求相对应的却是资本供给严重不足，成为影响力投资发展面临的最大挑战。

在国外，最初是基金会出资推动影响力投资的发展，而现在，全球主要的共同基金都参与其中，推动其快速发展。根据全球影响力投资网络（GIIN）历年的调研数据显示，2014 年，影响力投资的规模约 106 亿美元，2019 年，已高达 5020 亿美元。而国内，因为影响力投资发展尚处于起步阶段，相关概念还未得到充分普及，目前的关注主体主要为慈善组织，政府和金融机构作为影响力投资的主力军，还处于初步了解阶段，投资规模还不成体系，投资生态还未完全形成，急需政府的支持引导和各市场主体的支撑，如果缺乏治理层面的宏观指导和对市场理性的认知和评估，社会影响力投资或许会陷入资本"堰塞湖"困境。[②]

四　推动浦东金融向善发展的对策建议

党的二十大提出，中国式现代化是全体人民共同富裕的现代化，是人与自然和谐共生的现代化。中国式现代化为全面建设社会主义现代化国家提供了全新的方向与路径指引，成为新时期社会力量参与公益慈善助力共同富裕与践行新发展理念助力"双碳"目标实现的重要理论基础。在浦东"十四五"规划中，将全面推动《中共中央　国务院关于支持浦东新区高水平改革开放打造社会主义现代化建设引领区的意见》落实落地，着力增强浦东金融全球资本配置能力，把浦东新区建设成为与我国经济实力和人民币国际地位相适应的国际金融中心核心区。在中国式现代化的背景下，浦东应充分发

---

① 安国俊、訾文硕、贾馥玮：《影响力投资发展现状、趋势及建议》，《证券市场》2020 年第 9 期，第 87 页。

② 曹堂哲、陈语：《社会影响力投资：一种公共治理的新工具》，《中国行政管理》2018 年第 2 期，第 93 页。

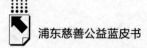

挥优质金融资源集聚的优势，引导、支持资本在规范化发展中注入向善理念，为慈善金融创新提供政策保障，促进浦东成为与国际金融中心核心区地位相匹配的全球慈善资产管理中心，以金融向善引领浦东公益慈善事业发展。

（一）完善慈善税收激励机制，畅通公众依法行善的机制

慈善税收优惠制度的不完善，不仅挫伤了捐赠的积极性，也影响了金融向善的创新空间。浦东新区要打造成为全球慈善资产管理中心，需要进一步畅通各类资产（尤其是非货币性资产）形成慈善资产的制度安排，完善慈善税收激励机制，畅通公众依法行善的机制，允许人们以多种方式参与公益慈善，并享有同等的税收优惠待遇。建议：第一，完善个人股权捐赠政策，明确个人股权捐赠的税收优惠；第二，减免社会组织在接收、持有、变现非货币捐赠全过程中的税负，畅通不动产、股权等非货币资产捐赠的渠道，激发公众捐赠的热情；第三，鼓励以股权、房产等非货币性资产设立慈善信托，推动慈善信托税收优惠政策的落地，进一步释放慈善信托发展活力。

（二）营造"鼓励式"慈善资产保值增值生态环境，发挥金融效能做大慈善"蛋糕"

做大慈善"蛋糕"，推动浦东慈善事业高质量发展，需要充分发挥浦东国际金融中心核心区优势，营造"鼓励式"慈善资产保值增值制度环境。建议：第一，浦东慈善组织及其监管部门需要转变理念，加强金融知识和相关政策的学习，提升政策理解和运用能力，最大限度用好、用活政策，深刻认识慈善资产保值增值的重要性，提升慈善资产管理水平。第二，发挥社会主义引领区建设的制度优势，出台相关引导性政策，支持慈善组织和金融机构积极探索开展慈善资产保值增值，可以参考"尽职免责"的原则，建立适当的容错机制，鼓励创新，提供更为积极、开放的政策保障，打消社会组织的顾虑。如浦东民政可以联合财政、税务等相关部门，鼓励、支持拥有较大资产规模的新区慈善组织做好资产保值增值工作，可以对标国内慈善资产

保值增值做得比较好的清华大学教育发展基金会、中国乡村发展基金会等慈善组织；国际上可对标美国的耶鲁大学基金会、哈佛大学基金会等高校基金会，培养一批优质组织成为典型案例，甚至成为全国标杆。第三，鼓励浦东金融机构创新开发能够满足慈善资产流动性、安全性和增值性等需求的金融产品和提供信息披露完备、可信度高的投资管理服务，提高资产配置的专业性、灵活性和效率，推动浦东慈善金融相关能力建设。如浦东相关部门可借鉴我国在国家主权财富基金、社保基金、大学教育基金会等领域的成功实践，设立具备权威性、专业性的浦东慈善资产管理公司，接受各类慈善组织委托进行慈善资产的投资管理，推进慈善金融和相关项目的创新，如结合中国大部分慈善组织资产规模很小的特点，设立一个统一的基金池，吸引小额资本汇聚形成规模投资等，完善相应的配套政策、人才培养和管理机制。

（三）大力推动影响力投资发展，提供政策支持

政府作为社会影响力投资生态中的重要指导者和引领者，对于推动其成为一种有效的公共治理新工具发挥着重要的作用，他们通过提供政策引导、制度建设、资金支持为社会影响力投资的发展营造了良好的条件。譬如，2010~2012年日本政府出台的"新公共性"政策，由政府出资2.1亿美元支持社会创新，其中8600万美元用于支持800家创业型社会企业，包括提供种子基金和支持能力建设。2014年，英国关于社会企业的立法以及法国颁布的《社会与团结法案》对社会影响力投资的参与主体给予了法律上的承认和规范，为其发展扫除了政策障碍。① 而国内也有地方政府充分发挥这一功能，如2018年，深圳市福田区人民政府办公室印发了《福田区关于打造社会影响力投资高地的扶持办法》，直接推动了深圳影响力投资的繁荣发展，出现诸多创新。

浦东可借鉴国外和其他地市的经验，解决影响力投资发展资金不足的问

---

① 安国俊、訾文硕、贾馥玮：《影响力投资发展现状、趋势及建议》，《证券市场》2020年第9期，第89页。

题，建议：第一，在共同富裕的国家战略背景下，浦东加快制度创新，出台相关政策引导、支持影响力投资发展，吸引浦东金融机构关注并进行战略投资。第二，政府引导基金积极参与影响力投资，吸引民营资本和国有资本参与。借助财政资金的杠杆放大效应，以少量财政资金撬动更大规模的社会资本参与，推动影响力投资的市场参与度。目前，北京已经成立三家百亿级别的影响力投资基金，深圳、广州也开始成立上亿级别的影响力投资基金，这些基金在政府的推动下，吸引了国有资本和民营资本的流入，值得浦东借鉴。

领域报告篇
Field Reports

B.6
"韧性城市"视角下浦东应急
慈善发展报告

周俊　杨鑫源*

摘　要： 应急慈善是浦东慈善事业的重要组成部分。从2021~2022年浦东的应急管理工作来看，慈善公益组织已经成为浦东应急管理的重要力量。慈善公益组织在应急管理中的作用发挥得益于新区党委和政府将慈善公益组织参与纳入"韧性城市"建设总体布局、给予慈善公益组织强而有力的支持，也与慈善公益组织积极发挥主体协同和资源整合作用、善于在参与中进行面向未来的学习成长密切相关。浦东应急慈善的未来发展仍有较大空间，需要多方协同推进。

关键词： 慈善公益组织　应急管理　应急慈善　韧性城市

---

* 周俊，浙江工商大学英贤慈善学院教授，博士生导师，华东师范大学社会组织与社会治理创新研究中心名誉主任，主要研究方向为国家与社会关系、公益慈善。杨鑫源，华东师范大学社会组织与社会治理创新研究中心研究助理。

人类社会已经步入不确定性与复杂性高度交织的"风险社会"时代。[①]现代化的应急管理以具有复杂性的突发事件为对象，以总体国家安全观为统领，由政府主导、各类社会力量协同参与危机应对。[②] 推动社会力量参与应急管理工作、构建主体多元的应急管理体系不仅是国家治理现代化的要求，也是建构现代应急管理体系的必要前提。[③] 2008 年慈善公益组织在汶川地震灾后救援救助中表现突出，体现了慈善公益组织成为应急救援体系重要组成部分的巨大潜力。自此，各级政府大力推动慈善公益组织参与应急管理，逐步确立了政府主导下慈善公益组织参与应急管理的基本格局。

浦东地处东南沿海，经常受台风、暴雨、高温等恶劣天气的影响，加上人口、交通和建筑群密集，属于突发事故多发区。近年来，浦东慈善公益组织快速成长，在应急管理中的作用日益凸显，成为建构韧性城市不可缺少的力量。本报告主要分析 2021~2022 年浦东慈善公益组织在应急管理中的作用，探讨与总结慈善公益组织参与应急管理的经验，为促进慈善公益组织更加有效地发挥作用和推动政府建立现代应急管理体系提供理论借鉴。

一 慈善公益组织参与应急管理的政策与研究新进展

（一）慈善公益组织参与应急管理政策的新进展

早在 2006 年国务院就颁布《国家突发公共事件总体应急预案》，明确指出"动员社会团体、企事业单位及志愿者等社会力量参与应急救援工作"。截至 2020 年，在应急救援领域加强对社会力量的动员、指导、规范、

---

① 范如国：《"全球风险社会"治理：复杂性范式与中国参与》，《中国社会科学》2017 年第 2 期，第 65 页。
② 薛澜：《中国应急管理系统的演变》，《行政管理改革》2010 年第 8 期，第 22 页。
③ 宁超、吴茜：《中国式"社会整合"：危机治理共同体的建构逻辑》，《甘肃行政学院学报》2022 年第 5 期，第 61 页。

支持和协同的政策已经相对完善。在新冠疫情的大背景下，中央政策层面越发重视发挥慈善公益组织在应急管理中的作用。2021 年 7 月 11 日，《中共中央国务院关于加强基层治理体系和治理能力现代化建设的意见》提出要发展公益慈善事业，并吸纳社会力量参加基层应急救援。2022 年 2 月 14 日，国务院印发《"十四五"国家应急体系规划》，提出支持社会力量参与灾害救援。2022 年 10 月 11 日由应急管理部等多个部门联合印发的《"十四五"应急物资保障规划》要求"积极调动社会力量共同参与物资储备，完善应急物资储备模式；建立社会化应急物资协同储备政策，制定社区、企事业单位、社会组织、家庭等主体的应急物资储备建议清单，引导各类社会主体储备必要的应急物资"。2022 年，《中华人民共和国慈善法（修订草案）》中增加了"应急慈善"专章，对"发挥慈善在应急救灾中的作用"与"规范重大突发事件中的慈善活动"作出了明确规定。

2021 年前，上海市对自然灾害防灾减灾救灾中的慈善公益组织参与就有政策规定。2017 年的《上海民政防灾减灾"十三五"规划》和 2021 年的《上海市自然灾害救助应急预案》均指出要探索社会力量参与，发挥非政府组织、志愿者队伍合作开展灾害救援的作用。2021~2022 年，新冠疫情防控背景下的上海亦出台政策推动应急慈善发展。《2021 年上海市社会组织工作要点》提出，引导社会组织强化主体责任，落实常态化疫情防控措施，当好桥梁纽带，发挥行业优势与专业特征，继续投身疫情防控与后续工作。2021 年《上海市民政局关于进一步加强本市民政系统新冠肺炎疫情防控工作的通知》在公益慈善力量参与的领域与方式上给予了明确的指导。2022 年《上海社会组织发展"十四五"规划》提出，要动员引导社会组织参与应对重大突发事件，鼓励提升突发事件发生后慈善公益组织公募善款和捐赠物资应急管理调拨水平，引导社会组织发挥专业优势有序参与疫情防控。

可以看到，2021 年以来，中央和上海市对慈善公益组织参与应急管理都有新的政策规定，都强调慈善公益组织可以发挥专业与资源优势对政府应急管理形成有益补充，这为应急慈善发展提供了良好的制度环境。

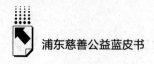

（二）慈善公益组织参与应急管理研究的新进展

21 世纪初期，以"非典"疫情为代表的"自然-社会"复合型危机让国家意识到应急管理的复杂性，单一的政府力量无法有效消解危机风险，自此，有学者开始倡导动员公众、社会组织等进入应急管理体系。① 此后的十余年间，地震、流感等危机的频发与慈善力量的突出表现，使学界开始从整体性治理的视角将慈善力量纳入危机治理体系的构建之中。②

新冠疫情以来，慈善力量在应急管理中的作用与机制得到了更充分的论述。有学者指出，社会力量可以通过专业性支持、信息沟通平台搭建、社会动员与资源整合以及提供多样化的产品和服务等方式支持城市的应急管理，③ 或促进互助网络乃至社区共同体的形成，④ 甚至成为韧性城市建设中的重要组织要素。⑤ 有学者通过对新冠疫情时期的研究发现，慈善力量能够依托其灵活性与资源整合优势，在危机爆发的第一时间开启应急响应程序、调动社会资本以支持政府的应急工作；社会组织能以更灵活、更精准的方式参与应急管理工作，通过不同的组织提供差异化的服务，有针对性地响应复合型危机所产生的复杂社会问题，⑥ 能够填补政府服务的空白，⑦ 以弥补传统应急管理体系的需求覆盖不全面的问题。从总体上看，社会慈善力量已成

---

① 张红梅：《协同应对：公共危机管理中的公众参与》，《长白学刊》2007 年第 6 期，第 68 页。

② 陈秀峰：《公共危机治理中的非政府组织参与》，《华中师范大学学报》（人文社会科学版）2008 年第 1 期，第 76 页。

③ 董幼鸿：《社会组织参与城市公共安全风险治理的困境与优化路径——以上海联合减灾与应急管理促进中心为例》，《上海师范大学学报》（哲学社会科学版）2018 年第 4 期，第 50 页。

④ 朱健刚、邓红丽、严国威：《构建社区共同体：社会组织参与社区防控的路径探讨》，《江西师范大学学报》（哲学社会科学版）2022 年第 4 期，第 48 页。

⑤ 邱玉婷：《信任与韧性：社会组织在基层应急治理共同体中的嵌入逻辑》，《领导科学》2022 年第 7 期，第 124 页。

⑥ 胡冰冰：《公共危机管理中非政府组织的参与——以汶川地震为例》，《北京航空航天大学学报》（社会科学版）2010 年第 4 期，第 13 页。

⑦ 邵任薇、任昱萱：《重大突发公共事件中慈善组织的作用机制及其优化路径——以新冠肺炎疫情防控为例》，《公共治理研究》2022 年第 3 期，第 55 页。

为应急管理的必要主体。①

随着实践与研究的深入,学界与实务界对慈善公益组织的定位逐渐从"应急管理工作中的政府补充"转变为"应急管理体系中的重要参与主体",充分肯定了慈善公益组织在应急管理中的独特作用。

前文提到的"韧性城市"是指城市系统在经历突发事件时能够承受冲击、恢复并在危机中进行适应性调试的能力,要求城市系统一方面能运用资源与机制抵御威胁,另一方面能将"压力"转化为"能力与优势"。② 城市韧性通常在应急响应的"冲击-响应-适应"环节中得到提升。③ "冲击"指城市在危机面前的"脆弱性",即城市系统在应对冲击时受到损害的程度;"响应"指城市对危机的"响应力",即城市应急体系的能力储备及其快速响应危机的能力;"适应"指城市对危机的"适应力",不仅包括城市应急体系对危机响应的效果,也包括减弱城市内部脆弱性要素的能力,还包括学习力——能够将危机压力转变为应对未来危机的预防与抵御能力。④ 慈善公益组织是韧性城市建设不可缺少的主体。在响应力维度,慈善公益组织在资源整合、社区动员以及专业服务上的优势使其能够在危机爆发的第一时间启动相应程序以支持政府应急工作。在适应力维度,慈善公益组织的多样性与差异化使其能够适应复杂性的应急需求和填补政府应急的空白,从而提升社会对危机的整体抗逆力;同时,部分慈善公益组织长期致力于应急实践,积累了丰富经验,能够成为应急响应的能力储备。但现有研究尚未在韧性城市的视角开展慈善公益组织参与应急管理的研究,且多以单案例分析为主,其中基金会是最为主要的案例分析对象。

① 韦孜澄:《社会组织参与应对突发重大公共卫生事件的路径变化研究——基于抗击非典疫情时期到新冠肺炎疫情防控时期的分析》,《领导科学论坛》2021年第12期,第57页。
② 陈利、朱喜钢、孙洁:《韧性城市的基本理念、作用机制及规划愿景》,《现代城市研究》2017年第9期,第18页。
③ Wandel S. J., "Adaptation, Adaptive Capacity and Vulnerability", *Global Environmental Change* 16.3 (2006): 282.
④ Provitolo D., "The Contribution of Science and Technology to Meeting the Challenge of Risk and Disaster Reduction in Developing Countries: From Concrete Examples to the Proposal of a Conceptual Model of Resiliency Vulnerability", *Springer Paris* 3 (2012): 131.

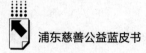

本报告以浦东城市韧性建设为切入点，以浦东 6 家应急类慈善公益组织
和多家参与应急响应的社会组织等为案例对象，探讨慈善公益组织在浦东应
急管理中的功能。

二　浦东慈善公益组织参与应急管理的新实践

（一）浦东城市应急脆弱性分析

2021~2022 年，新冠疫情对居民健康及城市经济社会秩序的影响是包括
浦东在内的各大城市面临的首要风险。同时，浦东地理位置与城市工业布局
也使其高度关注暴雨、台风、高温、危化品安全事故等风险。基于此，本节
将从新冠疫情及其次生灾害的应急管理需求、其他应急管理需求两方面分析
浦东城市脆弱性。

1. 新冠疫情防控及相关次生灾害的应急管理需求

自 2020 年起，抗击新冠疫情及其次生灾害成为全国最重要的应急管理
工作。自 2021 年起，对新冠疫情的防控进入"常态化"时期。作为上海乃
至全中国对外开放的重要关口，身为"东大门"的浦东始终暴露在疫情风
险的红线内，加之浦东住宅与楼宇密集，常住人口数量与日常通勤人流量巨
大，极易成为新冠疫情传染的"放大镜"；同时浦东下辖街镇、村居众多，
老年人口比重高，受到疫病感染后重症的风险也更高。因此，在传染性与致
病性两个层面，浦东都因为其独特的城市地位与人口结构而面临更高风险。

2022 年 3 月至 5 月，上海进入疫情防控的关键时期，应急管理工作面
临多重考验。核酸检测点位的设置与检测秩序的维护、各类场所消杀、隔离
设施置放、生活物资转运、风险人群转运等流程的高强度运作无一不在考验
浦东应急管理的响应力、动员力、资源整合能力及综合管理能力。

2. 其他领域的应急管理需求

浦东地处我国东南沿海、三面环水，夏季高温多雨极易引发台风、城市
内涝，秋冬则多大雾、雨雪冰冻等自然灾害。由于生物制药、化工企业及相

关科研院所的集聚，浦东危险化学品泄漏等安全事故时有发生。根据 2022 年发布的浦东统计年鉴，截至 2021 年底，浦东户籍人口为 321.13 万人，户籍人口密度为 2289 人/平方公里。同时，浦东老龄人口众多，截至 2021 年底，全区 60 岁及以上户籍老年人口 105.28 万人，占总人口的 32.78%。其中，65~79 岁老人占全区老年人口的 59.17%，80 岁以上高龄老人占全区老年人口的 15.10%。① 因此，浦东围绕老年人的应急工作需求量大。

总之，从外部来看，浦东面临传染病、自然气象灾害与危化品安全事故的诸多挑战；从内部来看，浦东城市建筑群与人口结构、密度都成为各类灾害的放大器，城市脆弱性显著。

（二）浦东城市应急响应性分析

本部分②从浦东专业力量储备量与有效性（应急类慈善公益组织的数量、响应速度与效果）、非专业力量储备量与有效性（其他慈善公益组织的参与）两个方面分析浦东应急响应性。

1. 应急救援类组织的参与

截至 2022 年底，浦东已有 6 家应急类慈善公益组织，其在日常应急援助与重大突发公共危机的响应中均发挥了专业优势，为政府的应急管理工作提供助力，用行动证明了慈善公益组织在应急管理中所具有的快速和有效响应的优势。

上海浦东鸿鹄应急救援保障服务中心（以下简称"鸿鹄"）是应急类平台型社会组织。在"大上海保卫战"期间，鸿鹄响应区应急局与社会需

---

① 参见上海市浦东新区统计局 2023 年 3 月 13 日发布的《2022 年统计年鉴》，https://www.pudong.gov.cn/zwgk/tjj_ gkml_ ywl_ tjsj_ nj/2023/72/307915.html。

② 数据来源：探究团队于 2023 年 4 月 21 日前往浦东应急救援实践基地（应急仓）与浦东应急管理局（城运中心）开展实地调研。通过此次调研，初步了解到 2021~2022 年度浦东应急管理工作的整体情况与应急仓的建立、运作及作用机制。自 5 月起，团队派成员进入上海浦东鸿鹄应急救援保障服务中心开展参与式观察，深入了解浦东应急类社会组织情况。实地考察调研、参与式观察与公开信息等多渠道资料形成了三角互证关系，确保了本报告所述内容的可靠性。

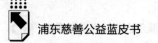

求，依靠园区建设的基础建立浦东新区社会组织应急物资储备库，这是浦东首个由社会组织共同发起的常设型应急库。同期，鸿鹄成立的车辆保卫突击队积极为应急物资调度工作解决"最后一公里"的配送难题。

上海蓝天应急救援服务中心（以下简称"蓝天"）是一家专业的应急救援组织，在自然灾害、安全生产事故、大型活动保障等领域都有活跃的表现，在疫情防控期间积极配合浦东应急局开展消杀、转运等一线抗疫工作。

上海浦东新区三栖应急救援保障服务中心（以下简称"三栖"）是上海唯一一支整合了消防特警、武警、解放军特种大队与国家救援队等多兵种的公益救援队，队伍中的绝大多数队员持有专业证书。不论是上海抗疫还是河南抗洪，三栖队员始终以专业精神义无反顾地支援最危险的灾害前线。

上海浦东新区厚天水域搜索与救援服务中心（以下简称"厚天"）是一支专业的水域救援队，下辖多支中队、配备多种专业设备，协助政府专业力量处置水域警情、抗洪救险、赛事保障、技能培训与安全宣讲等多种任务。

上海浦东新区宏精灵应急救援服务中心（以下简称"宏精灵"）成立于2021年，是上海宏精灵消防安全技术服务有限公司下设的应急救援队，主要开展医药、化工等生产安全事故的救援工作。宏精灵凭借科技企业的技术优势与团队优秀的执行力，在疫情防控中也有出色的表现。

上海浦东新区山锋应急救援保障服务中心（以下简称"山锋"）成立于2022年11月，由企事业单位职工、小微企业主、退役军人等组建。山锋团队的核心骨干成员均参与过"河南郑州7·20特大暴雨抢险救灾""10·5山西暴雨抢险救灾"。

2. 其他慈善公益组织的参与

除上述专业应急类社会组织以外，在近两年的应急事件中也有其他慈善公益组织的活跃身影。如浦东新区社会组织合作促进会、上海联劝公益基金会、浦东新区社会发展基金会等均积极参与相关工作；多家基金会、行业协会商会通过社会网络动员慈善资源，为应急管理贡献力量；社区慈善公益组织也积极响应应急需求。

首先，多家基金会通过直接捐赠或动员、联动企业的方式为浦东危机应对给予了从募资到转运的全流程支持。浦东新区青少年发展基金会于2022年3月底启动"浦东青联助力抗疫"募捐活动，共募集特殊团费2万元、爱心捐款47万余元，紧急采购5800套防疫标准包捐赠给区政协、志愿者与核酸采样点。浦东新区社会发展基金会采购3000张充气床垫与1500只充气泵支援抗疫一线，同时联动浦东国际商会解决物资的跨省市转运问题。

其次，多家行业协会商会对会员企业进行应急动员，积极参与疫情防控。浦东电商协会在2022年3月疫情暴发之初第一时间启动"抗疫指挥部"，会长单位"1药网"迅速开启免费线上会诊、抗原检测供给、慢性病续方等工作。高东镇商会、上海兴化商会浦东分会等通过动员会员担任志愿者、发动社会网络力量对接资源等方式助力社区抗疫。

最后，多家社区慈善公益组织发挥专业优势响应危机需求。浦东新区爱耆益家社区服务中心发起、居民自管理的"微菜园"团队凭借前期微菜园项目的运维，用有限的资源有针对性地缓解了独居老人封控期间的蔬菜需求。三林镇慈善超市成立"林间传送点"项目，在各个社区之间建设物资传送点位，破解了封控期间物资派送"最后100米"的难题，将爱心防疫包和生鲜供应包及时送到了一线志愿者与困难群众手中。

（三）浦东城市应急适应性分析

浦东慈善公益组织参与应急管理显著体现了新区对危机的适应性，主要表现为：通过快速响应以最大限度遏制危机伤害的持续加深；动员广泛的社会网络构建稳定的应急保障物资链；尽其所能地回应弱势群体需求；在应急响应中探索复杂风险社会的城市应急新路径。

首先，快速响应了应急管理需求。应急救援类社会组织在应急救援的专业性层面具有显著优势，稳定的救援人员、专业化的装备以及长期且规模化的志愿者队伍都使其能够在危机发生后以最快的速度启动响应程序。蓝天与三栖就实现了对应急救援的最快响应，不仅在疫情防控期间快速地完成大量

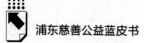

的场所消杀、物资转运工作，更是在跨省支援河南暴雨时体现出令人称赞的响应速度。蓝天成员紧急备勤连夜出发驰援、三栖完成了 7 天转战 3 个重灾区的艰巨任务，成功转移河南受困群众 6000 多人。

其次，有效实现了应急整合资源。一方面，慈善公益组织长期致力于构建志愿者网络，在危机发生时能够快速地联系与动员志愿者参与应急响应。如蓝天利用其规模庞大的志愿者队伍与成熟的跨省域动员机制助力上海浦东各街镇的疫情消杀工作。封控期间，各慈善公益组织的从业人员、志愿者也化身社区的志愿者投身社区抗疫工作。另一方面，慈善公益组织在与各类组织的合作中构建了关系网络，借助关系网络及其产生的差序格局效应，浦东慈善公益组织撬动了来自基金会、企业和社会个人的数千万元捐赠，为疫情防控提供了重要支持。

再次，弥补了政府应急管理的缺口。"政府负责宏观的危机应对，我们（慈善公益组织）提供针对性、个性化的支持与服务"是浦东新区社会组织合作促进会对应急响应中慈善公益组织作用的定位。慈善公益组织（尤其是非应急类的慈善公益组织）具有多元使命、服务多元人群，故在应急响应中能够为不同的人群提供有针对性的服务。疫情期间，许多基金会、社区社会组织为行动不便的独居老人、语言不通的海外友人和心理尚不成熟的青少年提供服务，使这些十分重要但政府关注不足的需求得到了有效回应。例如，浦东 5 支心理援助志愿服务队伍共同发起居家隔离期间的心理咨询与疏导公益服务，动员百余名专业志愿者参与，帮助众多青少年走出了疫情阴影，为构建上海应急心理救助体系贡献了宝贵经验。

最后，推动了应急慈善的快速发展。虽然应急慈善力量在危机时期能够利用社会网络与情感链接动员社会资源参与应急响应，但是，这种非正式的"冲击-响应"的做法缺乏应对危机的前期准备，无法成为常态化、规范化的应急参与模式。为破解这一难题，浦东成立了第一家由社会慈善力量联合发起、自主运营的常设型应急物资储备库，倡导和组织慈善公益组织常态化捐赠应急物资，通过平台整合的方式实现了应急物资的规模化储备，提升了慈善公益组织应急参与的整体能力。

三　浦东慈善公益组织参与应急管理的新经验

（一）将慈善公益组织参与纳入"韧性城市"建设总体布局

将慈善公益组织参与应急管理纳入"韧性城市"建设的总体布局是浦东应急管理的重要经验之一。韧性城市建设不仅要求城市系统能对危机进行快速响应，更强调城市各主体能在应急过程中有机调适以抵御危机冲击乃至提升危机应对能力。浦东意识到韧性城市建设需要政府引导下的社会参与，尤其是代表多元需求与公共利益的慈善公益组织的参与。在制度层面，新区政府不断赋予慈善公益组织参与应急管理的合法性，扩宽与引导慈善公益组织应急响应中多领域、多环节的参与，支持成立新的应急类慈善公益组织。在实践层面，新区政府积极引导与支持慈善公益组织发起与建设具有全区乃至全上海战略意义的应急资源储备仓与调度中心；在消杀、转运等重要应急环节优先考虑慈善公益组织并发挥慈善公益组织的专业优势；推动浦东城运中心（应急管理局）与慈善公益组织合作，打造以慈善公益组织为平台的应急响应流程，构建"政府支持-慈善平台对接-慈善公益组织响应"的应急响应流程与慈善公益组织参与应急管理的机制模式。不仅如此，新区政府还特别重视对慈善公益组织参与应急管理的社会宣传，扩大应急类慈善公益组织与在应急管理中有卓越表现的社会慈善力量的社会影响与社会认可，引导与激励志愿者参与，构建政府、企业、慈善公益组织与公民有机整合的大应急体系。

（二）党和政府为慈善公益组织参与提供强而有力的支持

浦东持续推动应急类慈善公益组织发展和加强应急慈善体系建设，为慈善公益组织参与应急管理提供了良好的制度环境。首先，浦东响应中央政策号召，疫情期间针对慈善公益组织参与发布了多项政策。其次，浦东应急管理局支持成立了平台赋能型的数字化应急组织——鸿鹄，并支持鸿鹄建立浦东应急类社会组织公益园。园区面向全市应急类慈善公益组织提供场地支持与赋能培育服务，吸引了多家组织加盟，成为浦东慈善应急的重要力量，也成为浦东应急慈善的一张亮丽名片。最后，浦东民政在坚持"政社分开"原则的基础上对应急类慈善公益组织进行规范性指导，以民政下属的浦东新区社会组织合作促进会为"社社合作"端口，引导慈善公益组织开展规范性的资源整合、对接、分配和应急仓的管理调度工作，探索构建慈善公益组织参与应急响应的"社社合作"协同机制。

（三）慈善公益组织积极发挥主体协同和应急资源整合作用

一方面，浦东慈善公益组织善于借助社会网络为应急响应提供人力、资金、物资与社会关注度的支持。例如，在疫情防控期间，众多基金会、企业或慈善个人通过联系浦东社会组织合作促进会为应急仓提供捐赠；依托社会组织间的线上交流网络为应急期间政府救援无法涵盖的特殊群体给予点对点的援助。另一方面，浦东慈善公益组织在应急响应中分工明确，发挥各自优势进行协调，以使资源配置效率最大化。疫情期间，具有不同功能的多家基金会密切合作，将舆论传播、社会动员、物资供给、物流配送等方面的功能进行融合，实现了优势互补，及时地收集到了危机需求，快速地完成了资源对接和物资配送，保证了应急响应效率。

（四）慈善公益组织主动响应应急需要和进行调适性参与

浦东慈善公益组织在应急管理中展现了主动响应和调适性参与能力。例如，新区6家应急类慈善公益组织中，除响应疫情需求成立的山锋救援队外，其他5家均有各自的专业领域。但在新冠疫情期间，6家组织均在第一时间参与到疫情防控中来，尽其所能地适应防控需求发挥作用。鸿鹄依托前期园区建设的基础，积极提供场地用于应急库建设；蓝天动员其庞大的志愿者队伍就近开展社区援助，同时号召各地蓝天力量支援上海；三栖、厚天和宏精灵则投入转运、消杀等大规模、高强度工作中。其他慈善公益组织在危机面前，同样根据社会需求主动调适组织功能，积极发光发热。

（五）慈善公益组织善于在参与中进行面向未来的学习成长

慈善公益组织不仅参与应急管理，而且在应急管理中进行组织学习和自我赋能，实现了应急慈善发展和城市韧性发展的良性循环。浦东慈善公益组织能够从应急响应实践中不断进行总结提炼，并在此基础上探索建立常态化的应急响应协同机制，以提升未来应急响应的能力和效率。例如，由鸿鹄负责建立的应急库兼具资源调度中心的职能，鸿鹄在应急库的基础上进一步思考建立社会力量参与应急管理的协同机制，希望能够从组织协同的层面提升慈善公益组织应急能力。在这一过程中，鸿鹄积极推进数字化赋能应急协同的相关工作，正在建设一个能够向上对接政府或社会的应急需求，向下派发应急任务的慈善公益组织应急管理平台。

四　浦东慈善公益组织参与应急管理的展望

慈善公益组织在浦东应急管理中发挥了引人注目的作用，是现代应急管理体系的重要组成部分，也是提升新区城市韧性不可或缺的力量。从未来发展的角度看，浦东慈善公益组织参与应急管理仍然存在一些不足，还有进一步提升的空间。

（一）当前存在的不足

首先，政策支持有待加强。当前浦东缺乏针对慈善公益组织参与应急管理的总体性政策文本。2022 年发布的应急管理总体预案中尚未体现慈善公益组织参与应急管理的角色和功能。政策的缺席一方面会使慈善公益组织参与应急管理面临合法性不足的质疑，另一方面也会模糊政府与慈善公益组织间的职能边界，不利于现代应急慈善体系的建设与发展。

其次，政社制度化互动不足。当前政府与慈善公益组织之间亟须探讨更具契合性的应急管理合作模式。政府与应急类慈善公益组织、其他慈善公益组织之间尚未形成稳定的、规范化的合作模式。当前，应急管理部门购买慈

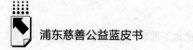

善公益组织服务的经费不足、项目较少，面向应急类慈善公益组织的专业指导缺少，政社互动多在非正式层面进行。

再次，慈善公益组织间缺乏正式合作。当前浦东应急管理中慈善公益组织间、慈善公益组织与其他主体间的合作更多依靠非正式、私人关系开展，建立在稳定的制度或机制上的正式合作较少，合作主体间的适配性与资源整合的持续性较弱，不利于形成适用于常态化应急管理的稳定协同合作关系，亦难以形成可持续的合作经验与机制。

最后，应急类慈善公益组织的多样性欠缺。浦东现仅有6家应急类慈善公益组织，与浦东面临的潜在公共危机的复杂性不相匹配，既无法有效涵盖复杂多变的应急需求，也无法体现慈善公益组织的专业性。比如没有以公共卫生危机预防与应对为宗旨的应急慈善公益组织，因而，三栖等应急组织在疫情防控期间只能承担消杀、转运等非专业性工作，慈善公益组织应具备的专业能力得不到充分体现。

（二）促进慈善公益组织作用发挥的建议

第一，完善慈善公益组织参与应急管理政策。降低应急类慈善公益组织登记注册门槛，鼓励多领域多类型应急慈善公益组织发展，织密织牢浦东应急管理网。制定出台政府购买慈善公益组织应急管理服务政策，明确政府可以向慈善公益组织购买的应急服务范围和慈善公益组织应具备的资格条件。通过制定出台专项政策引导慈善公益组织参与社区应急管理体系建设，发挥慈善公益组织在社区应急管理教育、提高居民救援救护能力、建立社区应急资源储备等方面的作用，通过常态化建设夯实基层应急管理、提升城市韧性。完善危机时期慈善公益组织参与应急管理的政策，为慈善公益组织作用发挥提供交通、物流和进入社区等支持。

第二，建立制度化的政社互动关系。加大政府购买慈善公益组织应急管理服务力度，将应急管理中的一些专业性、技术性和辅助性职能外包给慈善公益组织；将购买服务列入相关政府职能部门工作预算，使每年购买服务经费能够保持在一定水平。将应急类慈善公益组织接入政府应急呼叫平台，浦东可以借鉴一些地方的做法,在110、119、120平台中接入符合资格要求的慈善公益组织,充分发挥它们协助政府处理应急事件的能力。加强应急管理部门对应急类慈善公益组织的专业指导和服务,并建立健全相应的制度,比如针对慈善公益组织在危机现场如何服从统一管理和开展协同行动进行培训。

第三,鼓励慈善公益组织联合参与应急管理。建立或支持慈善公益组织建立慈善公益组织应急管理信息平台,鼓励新区具有应急功能或乐于参与应急管理的慈善公益组织入驻,通过平台统一发布应急需求、对接应急资源和公开应急行动相关信息。允许和鼓励慈善公益组织在常态化时期围绕应急功能的发挥开展联合行动和建立应急管理联盟,以发挥慈善公益组织优势互补、协同行动以提高城市韧性的作用,同时为慈善公益组织在危机时期切实发挥联动作用奠定基础。

B.7
浦东志愿服务走向高质量内涵式发展报告

裘晓兰*

摘　要： 近年来，浦东新区通过开展形式多样、内容丰富的志愿服务活动和项目，动员和凝聚起广泛社会力量共同参与，志愿服务发展呈现从数量规模提升阶段向高质量内涵式发展新阶段稳步推进的基本趋势，但同时在制度化保障、规范化管理和社会化发展等方面也呈现一些不足。立足新时代，浦东新区要紧扣新要求、展现新作为，将"奉献、友爱、互助、进步"的志愿精神，转化为提升引领区软实力、促进高质量发展的生动实践。

关键词： 志愿服务　高质量内涵式发展　社会治理

志愿服务是社会文明进步的重要标志。2023年5月21日，习近平总书记向上海市虹口区嘉兴路街道垃圾分类志愿者回信，[①] 在对推进垃圾分类工作提出殷切期望的同时，也高度认可了志愿服务在基层治理中的良好作用和为推进生态文明建设、提高全社会文明程度贡献的积极力量。作为上海创新发展的"领头羊"，浦东新区在推进高水平改革开放打造社会主义现代化建设引领区过程中，坚持以习近平新时代中国特色社会主义思想为指导，深入学习贯彻党的二十大精神，积极践行社会主义核心价值观，全面弘扬"奉

---

* 裘晓兰，上海社会科学院社会学研究所助理研究员，主要研究方向为志愿服务、青少年问题等。

① 《推动垃圾分类成为低碳生活新时尚》，2023年5月24日，中央文明网，http://www.wenming.cn/wmpl_pd/ht/202305/t20230524_6608578.shtml，最后访问日期：2023年6月30日。

献、友爱、互助、进步"志愿精神，倡导"人人都做志愿者"的社会风尚，让志愿服务成为汇聚社会正能量推动深化改革开放的强大动力。

一 浦东志愿服务发展状况

近年来，浦东新区动员和凝聚起广泛社会力量共同参与志愿服务，在志愿队伍持续壮大、志愿组织有序发展、志愿阵地稳步拓展的同时，也显现出志愿者活跃度提升、活动项目日趋丰富、平台效应全面显现的整体特征。总体来看，浦东新区的志愿服务发展呈现从数量规模提升阶段向高质量内涵式发展新阶段稳步推进的基本趋势。

（一）志愿队伍持续壮大，志愿者活跃度提升

1.注册志愿者的数量和结构分布

志愿者是志愿服务不可或缺的重要力量。根据《志愿服务条例》规定，志愿者指以自己的时间、知识、技能、体力等从事志愿服务的自然人。2007年上海在全国首次实行志愿者实名注册制度，2017年全国志愿服务信息系统正式上线，伴随中国注册志愿者制度走向规范，实名认证注册志愿者人数不断增长，注册志愿者也成为衡量志愿者数量和质量的核心指标之一。截至2022年12月31日，浦东新区在全国志愿服务信息系统"上海志愿者网"实名认证注册志愿者达到130万人，较2021年增长了20万人，增长率达到18%。从2017年的54万人，2019年的62万人，到2021年的110万人，再到2022年的130万人，浦东新区的注册志愿者人数持续保持增长态势，显示出强大的社会动员力。

从注册志愿者的性别分布看，注册志愿者中男性占48.9%，女性占51.1%，相较2021年男性注册志愿者比例略有上升，性别结构更趋向平衡。从注册志愿者的年龄结构看，18岁以下占比2.4%，18~34岁占比23.6%，35~59岁占比40.1%，60岁及以上占比33.9%。与2021年相比，注册志愿者中60岁及以上的比例降低了3.2个百分点，60岁以下的比例有所增加，其中

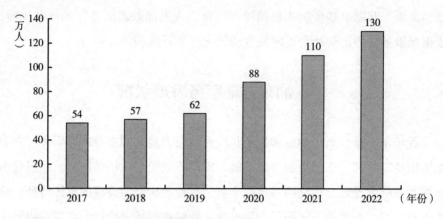

图1 浦东新区实名注册志愿者人数

数据来源：全国志愿服务信息系统上海志愿者网。

35~59 岁的比例上升幅度最大，达到了 2.3 个百分点。总体来看，注册志愿者中高龄者居多的情况在慢慢改善，中青年群体正逐步成为主体力量。

2. 活跃志愿者和星级志愿者

在志愿者队伍规模扩大的同时，志愿者对志愿服务的参与度也有了进一步提升。据统计，注册志愿者中参加过"上海志愿者网"志愿服务项目且志愿服务时长记录大于 0 的实名注册志愿者占比达到 56.4%，比 2021 年增加了 0.2 个百分点；其中，2022 年参加过"上海志愿者网"志愿服务项目且有志愿服务时长记录的注册志愿者人数为 25.6 万人。这也表明，有近五分之一的注册志愿者在 2022 年至少参与了一次志愿服务活动，属于活跃志愿者。

为进一步激励回馈广大志愿者，激发民众参与志愿服务热情，增强志愿服务荣誉感和社会认同感，2020 年 11 月 1 日起施行的《上海市学雷锋志愿服务激励嘉许实施办法（试行）》创新设立了志愿者星级认证制度：注册志愿者可以依据"上海志愿者网"记录的累计志愿服务时长，自主在网上申请星级认证；志愿服务记录时长累计达到 100 小时、300 小时、600 小时、1000 小时和 1500 小时的注册志愿者，可分别认证为"一星志愿者"、"二星志愿者"、"三星志愿者"、"四星志愿者"和"五星志愿者"。根据"上海志愿者网"统计数据，截至 2022 年 12 月 31 日，浦东新区的星级志愿者认证人数达到 11982 人，其中"一星志愿者"6636 人，"二星志愿者"3723 人，"三星志愿者"1096 人，"四星志愿者"282 人，"五星志愿者"245 人，体现了志愿者积极参与志愿服务的热情。

同时，浦东新区也涌现出一批优秀志愿者，并获得了诸多的荣誉表彰。如合庆镇阳光俱乐部志愿服务队朱萍、高行镇东沟二居志愿服务站张兰婷、东方医院志愿服务队边海桢、南汇新城社区体育俱乐部志愿服务队姚渊、川沙新镇社区志愿服务中心朱振康、上钢街道雷锋驿站傅余贤六人荣获 2021 年度"上海市优秀志愿者"称号；三栖应急救援保障服务中心徐俊、爱心树生命关爱中心蔡玉梅等获评 2021 年度"上海市志愿服务优秀组织者"；上海交通大学医学院附属仁济医院青年志愿服务站蒋碧薇、上海农商银行浦东分行青年志愿服务队景子芸、浦东新区健康促进志愿者分队刘汉昭、浦东新区出入境志愿者服务队周子皓等获得"第四届中国国际进口博览会优秀志愿者"称号；区府办青年志愿服务队高广飞、浦开青春志愿者服务队高晶晶、浦东新区医疗急救中心王洪官、陆家嘴街道志愿者协会施建民获得"第五届中国国际进口博览会优秀志愿者"称号等。

（二）志愿组织有序发展，活动项目日趋丰富

根据《志愿服务条例》规定，志愿服务组织指依法成立，以开展志愿服务为宗旨的非营利性组织。志愿服务组织是凝聚广大志愿者、推进志愿服务持续健康发展的重要载体。截至 2023 年 5 月，浦东新区在全国志愿服务信息系统"上海志愿者网"登记的各类志愿服务团体数达到 4399 个，比两年前增加了 574 个，保持持续增长趋势。在区文明办、民政局等多部门协同合作下，通过支持志愿服务组织的启动成立、助力志愿服务组织的规范运作、促进志愿服务组织的能力提升等多元举措，浦东新区成功孵化培育了一批优秀志愿服务组织。其中陆家嘴街道志愿服务中心、张江 Ifor 外籍人士志愿服务队、浦东巴士课堂志愿服务队、浦东新区红领巾讲解员志愿服务队等获评 2021 年度"上海市志愿服务先进集体"；区府办青年志愿服务队和浦

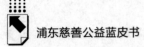

东公交进博会青年志愿服务队荣获"第四届中国国际进口博览会志愿服务先进集体"称号，浦东新区青年志愿者协会荣获"第五届中国国际进口博览会志愿服务先进集体"称号。

志愿服务项目化运作，是拓展和提升志愿服务时效性和影响力的有效途径，也是促进志愿服务常态化制度化发展的重要内涵。近年来，浦东新区致力于推动志愿服务项目建设，推出了一批系统性、持续性、长久性的志愿服务项目。截至2023年5月，浦东新区在全国志愿服务信息系统"上海志愿者网"上登记的经常性开展的志愿服务项目已经达到了5.7万个，志愿服务项目总时长达到1.1亿小时。其中，2022年度新增的志愿服务项目有8644个，涉及理论宣讲、垃圾分类、疫情防控、社区便民、敬老帮困、助残助学、医疗卫生、环保科普、文化体育、心理咨询、应急救援等广泛领域，项目总时长超过3600万小时。依托项目化运作，浦东新区积极推动一次性、活动化的志愿服务向持续性、品牌化的志愿服务发展，并在规范对志愿服务项目监督管理的基础上，进一步加强了对优秀项目和具备发展潜力项目的支持保障。如在区民政局指导下，浦东新区慈善事业和社会工作发展中心携手浦东新区社会组织合作促进会结合年度公益基地赋能计划，联动4家"公益基地赋能伙伴"量身定制了沪东公益地图打卡线和康桥社区便民服务体验线两条"公益基地打卡路线"。又如2022年度，经由浦东新区志愿者协会推荐，包括"百年党史路 奋斗新征程"党史学习教育巴士课堂志愿服务项目、"洋泾·记忆咖啡馆老宝贝"志愿服务项目、浦东新区关爱女性独居老人陪聊志愿服务项目等在内的九个项目获得了"2021~2022年度上海市新时代文明实践和学雷锋志愿服务项目资金扶持项目"的支持。与此同时，浦东新区也积极发挥优秀志愿服务项目的引领作用，培育了一批得到群众广泛认可、具有地域特色的志愿服务项目，其中，公益组织上海绿洲开展的"绿洲食物银行"项目被评为2020年全国"四个100"志愿服务先进典型最佳志愿服务项目，浦东图书馆的"黑暗中的阅读"和上海东方医院"无声有爱"助聋门诊两个项目入选了2022年全国"四个100"先进典型最佳志愿服务项目。

（三）志愿阵地稳步拓展，平台效应全面显现

阵地是志愿服务活动开展和项目落实的基础。近年来，浦东新区通过对资源的深度挖掘和有效整合不断夯实志愿服务阵地建设，营造出"人人志愿，处处可为"的社会氛围。

一方面，浦东新区积极推进文明实践志愿服务阵地建设。根据全市统一部署，浦东新区全面推进志愿服务与文明实践中心建设相融合，打造了"1+36+1400"的文明实践志愿服务阵地格局，实现了区级、街镇、村居新时代文明实践三级阵地网络全覆盖。同时，因地制宜地依托园区、商区、厂区、校区、景区、街区、楼宇、滨江岸线、交通枢纽、服务窗口、教育基地、公园绿地等区域资源打造特色阵地，目前以望江驿为基础的东岸滨江新时代文明实践带已逐步形成，联动陆家嘴、世博等地共同组成了新时代文明实践志愿服务特色阵地联盟；以学雷锋集市（广场）为基础的雷锋驿站和街镇常态化学雷锋阵地业已基本建设完成，各类志愿便民服务和公益活动蓬勃开展。

另一方面，浦东新区积极拓展志愿服务基地和公益基地建设。在区文明办的推动下，截至2022年底，浦东新区共建有包括浦东图书馆、东方医院等在内的市区两级志愿服务基地71家，涵盖医疗机构、交通枢纽、文化场馆、科普基地、城市服务站点等多类公共场所；其中，2021年度新增10家，2022年新增6家。与此同时，区民政局结合"上海市长者数字技术运用能力提升行动"实事项目，自2021年起全力推进各养老机构、局系统事业单位等落实公益基地创建工作，持续推动区内公益版图建设进程和公益基地服务能级提升，截至2022年底，浦东新区已建公益基地（含公益网点）超过2400家。分布广泛、各具特色的基地不仅成为志愿服务的重要阵地和平台，也成了浦东新区传播社会主义核心价值观、弘扬城市精神的示范窗口。

二　浦东志愿服务实践特色

中国志愿服务一方面吸纳了现代慈善公益价值理念和实践经验，另一方

面也在继承传统"中华美德"和当代"雷锋精神"基础上的不断"改革创新"①，发展并形成了具有中国特色的志愿服务事业。从浦东新区志愿服务的发展来看，通过完善体制机制、融入社区治理、服务发展大局，在实践中不断深化推进，在探索中寻求创新发展成为其主要特征。

（一）建立健全体制机制，加强内涵长效发展

健全的体制和机制是志愿服务持续健康发展的核心保障。党的二十大报告提出"完善志愿服务制度和工作体系"目标要求，这也是新时代志愿服务的发展方向和主要任务。在此背景下，浦东新区积极推进志愿服务机制完善和内涵建设，为推动志愿服务制度化、常态化、规范化发展提供保证。

1.加强统筹，志愿服务组织架构不断完善

近年来，浦东新区坚持文明办的统筹规划、协调指导原则，着力完善志愿服务发展架构，优化志愿服务运行机制。一方面，进一步完善志愿服务组织架构和工作体系。在持续推进文明办和民政局"双向协同"，各相关部门协作，企事业单位、社会组织、各类媒体等社会多元主体"共同参与"的志愿服务发展架构的基础上，全面夯实区级志愿者协会—社区志愿服务中心—村居志愿服务站三级志愿服务组织网络，推动志愿服务工作网络在社区、居村层面的全覆盖。另一方面，着力促进枢纽型组织功能发挥。以区志愿者协会为例，作为浦东新区志愿服务的枢纽型组织，区志愿者协会承担着规划、组织、指导、协调全区志愿服务活动的职责，先后培育打造了"小志有约"家庭式志愿服务体验项目、"助力志愿·爱在浦东"创新性志愿服务项目征选活动、"牵手浦东志愿，助力儿童成长"关爱困境儿童暖心包项目、"志愿从心出发"志愿服务组织者成长工作坊等特色志愿服务品牌，为提高区域市民素质和城区文明程度作出了积极贡献。2022年，区志愿者协会圆满完成换届选举，为今后进一步发挥枢纽组织的统领作用和平台优势提供了支持。

---

① 谭建光：《中国特色的志愿服务理论体系分析》，《青年探索》2015年第1期，第1~2页。

2. 立足长效，志愿服务能级持续提升

一是拓展平台，提高服务效能。2020 年 12 月 5 日，浦东新区新时代文明实践中心全新亮相。作为全区新时代文明实践中心三级阵地体系的核心和枢纽，区新时代文明实践中心既是区级新时代文明实践重要理论宣传展示阵地，也是志愿服务信息发布、活动交流、充电学习、对接资源的综合性平台。同时，浦东新区积极推进了新时代文明实践"志慧"云平台开通，并成功登录浦东观察 APP 和浦东文明微信公众号，通过线上线下互动，实现了志愿组织+志愿者+群众的快速链接，也让区域内志愿服务的供需对接变得更加精准。

二是专业赋能，助力组织成长。由区文明办主办、区志愿者协会协办的"志愿从心发展——志愿服务组织者成长工作坊"是专门为志愿服务阵地和团队的组织者提供参观、互动交流、专家论道的全方位学习平台，2021～2022 年"工作坊"组织进行了上海市志愿服务信息系统和志愿者星级认证的操作指导、新时代文明实践资源服务配送培训、"二十大"精神学习体会等专题培训，并通过志愿服务基地实地考察等推动志愿服务组织者进行相互学习和共同探索。2021 年由区民政局主导推进的"浦东新区公益基地赋能计划"则以区内公益基地和社区志愿服务团队为主要对象，通过组织实施公益理念和信息系统培训等专题培训与交流讲座为志愿服务组织者和管理者赋能。上述行政主导的专业化培训不仅有效提升了基层管理人员的业务水平，进而也促进了志愿服务组织者及志愿者的成长，为助力浦东新区志愿服务的高质量内涵化发展提供了有力保障。

三是发挥优势，培育特色品牌。近年来，浦东新区积极延展资源优势，立足区域的自然地理资源和人文历史资源，在特色上下功夫，孵化打造了一批彰显浦东特色的志愿服务品牌。如团区委带动广大青年群体积极参与志愿服务，形成了"青"系列青年志愿服务常态化品牌；区退役军人事务局凝聚退役军人力量积极参与社区治理、国防教育相关志愿服务，打造了独具特色的"戎爱东方"退役军人志愿服务品牌。此外，"手牵手生命关爱""雷锋驿站""爱心树生命教育""东方医院志愿服务队"等百余支品牌志愿团队，"绿洲食物银行"、"人之老"新沪商社区助老服务、"你是我的眼"助残服务、"一个鸡蛋的暴走"等一批有吸引力和影响力的志愿服务项目的成功孵化和成长，也使得以品牌项目汇聚服务力量、推进新时代志愿服务向纵深发展成为常态。

（二）全面融入社区治理，彰显志愿现代价值

党的二十大指出，要建设人人有责、人人尽责、人人享有的社会治理共同体。随着国家治理体系和治理能力现代化的全面深入推进，志愿服务作为推进治理体系现代化的有效途径，全面纳入国家发展战略。[①] 社区是社会治理的基本单元，从浦东新区的发展来看，志愿服务呈现出积极参与社区建设，全面融入基层治理的实践特征。

1. "社工""志愿"联动联建，推进社区共建共治

"五社联动"是以居民需求为导向，以社区为平台，以社会组织为载体，以社会工作者为支撑，以社区志愿者为辅助，以社会慈善资源为助推的新型基层治理机制。2021年出台的《中共中央 国务院关于加强基层治理体系和治理能力现代化建设的意见》将"五社联动"正式上升为国家政策安排，各地也加强了"五社联动"的实践落实与探索创新。

浦东新区从20世纪90年代中期就开始社会工作的探索实践，经过多年的深入推进，不断完善党建引领下的基层治理机制，形成了"1+7+29"整体格局。其中，"1"为2021年推出的1家"社会工作转介平台"，"7"为7家街镇社工站示范点，"29"为紧跟示范站推进全覆盖建设的其他29家街镇社工站。在社区建设和基层治理中综合社工站积极发挥作用，于"兜底保障、服务民生"、"链接资源、多元参与"、"专业赋能、深化治理"和"搭建平台、孵化培育"等方面显现了显著效能。在此过程中，浦东新区充分整合志愿服务资源，探索社会工作与志愿服务共建联建的常态化模式，涌

---

① 上海市精神文明建设委员会办公室：《上海志愿服务蓝皮书（2020）》，上海人民出版社，2020，第36页。

现出康桥镇"爱心银行"志愿服务项目、"情暖夕阳"日托长者情感陪伴项目、"扬帆起航，为爱助力——'爱的风帆'特殊人员未成年子女成长关爱行动"等一批特色服务项目。通过打造联动队伍、共享阵地资源、推动服务融合等方式，浦东新区不断推进社会工作和志愿服务的提质升级，在充分释放"1+1>2"的协同效应的同时，也使得"社会工作+志愿服务"模式成为促进基层社会治理效能提升的有力抓手，构筑了"项目共育、优势互补、资源共享"的合作共赢新局面。

2. "文明""志愿"走深走实，打通基层治理"最后一公里"

浦东新区积极探索创新，以群众在哪里，文明实践志愿服务就在哪里为宗旨，依托三级新时代文明实践阵地激发"文明实践+志愿服务"新动能。一方面，以"3·5"（学习雷锋纪念日、中国青年志愿者服务日）、"12·5"（国际志愿人员日）等重要纪念日为依托，通过开展帮困扶弱、便民助民、环境整治、交通文明等各类志愿服务活动，回应社区焦点问题、应对居民"急难愁盼"问题。以推进生活垃圾分类为例，浦东新区深入开展社会动员宣传引导，目前已组建有1支区级垃圾分类志愿服务队和36支街镇垃圾分类志愿者队，参与志愿者达到16万人。另一方面，支持和鼓励扶弱济困、敬老助老、法律咨询等各类民生志愿服务项目在文明实践中心落地生根，推动各街镇每月至少开展一次定期定点的志愿便民服务活动；依托景区、景点、交通口等设立陆家嘴雷锋驿站、上钢街道雷锋驿站、张江爱民岗等岗亭站点开展常态便民服务等，打通志愿服务"最后一公里"，精准回应居民多样化、多层次需求。"文明+志愿"模式在提升了文明实践的向心力、统领力和号召力的同时，也丰富了志愿服务的形式和内涵，充分发挥了志愿服务在社区治理中的独特作用。

（三）围绕中心服务发展，弘扬城市精神品格

志愿力量积极投身中心工作，展现凝心聚力功能。浦东新区立足培育和践行社会主义核心价值观，鼓励引导志愿者、志愿服务团队围绕中心工作、紧扣发展主旋律，参与和组织开展各类志愿服务活动，形成了

"我为人人，人人为我"的良好氛围。如疫情期间，广大志愿者凝聚起同舟共济、共克时艰的坚实力量保障。据统计，2022年新冠疫情期间，浦东新区新注册志愿者70000多名，在"上海志愿者网"发布疫情防控志愿服务项目超过2000个，参与一线疫情防控的志愿者达到15万人，其中八成以上为党员，包括1万多名机关干部，用实际行动诠释了党员和干部的先锋模范作用。又如2022年第五届中国国际进口博览会期间，区文明办和团区委以需求为导向，在全区指导设置了25个城市文明志愿服务站，招募600余名青年志愿者全面参与城市文明志愿服务站和浦东分论坛的服务保障工作，为进博会的圆满召开贡献了力量。此外，2022年底，浦东新区成立了由区百人团、青年团、张江科创等一批有底气、接地气、聚人气的"宣讲员"组成的学习宣传贯彻党的二十大精神新时代文明实践宣讲志愿服务学习领队，广泛深入各类文明实践阵地，用百姓喜闻乐见的形式把党的二十大精神送到千家万户。2022年12月至2023年3月，围绕"奋进新征程 投身新实践 建功新时代"主题，全区15个区级部门36个街镇聚焦学习阅读、基层宣讲、展览展示、文化演艺、实事惠民等五大文明实践行动推出100多项重点项目；以浦东群艺馆文艺志愿者团队为主的学习宣传贯彻党的二十大"双百大篷车"运行三个月已开展服务150多场次，引领带动全区各部门、各系统宣讲团累计开展学习宣传活动3300多场，全面推动了习近平新时代中国特色社会主义思想深入人心。

三 浦东志愿服务面临的挑战和未来发展

近年来，浦东志愿服务稳步发展，呈现从阵地拓展向内涵深化迈进，从夯实基础向提档升级迈进的整体特征，但也存在一些问题和不足。今后，浦东新区要立足新时代、紧扣新要求、展现新作为，更加广泛地凝聚力量，更加充分地激发活力，将"奉献、友爱、互助、进步"的志愿精神，转化为提升引领区软实力、促进高质量发展的生动实践。

（一）浦东志愿服务发展面临的问题与挑战

当前，浦东新区的志愿服务发展依然面临一些现实问题和发展挑战，主要体现在以下几个方面。

1.志愿服务制度化保障有待进一步提升

中国志愿服务制度发展整体落后于实践发展，[①] 这也成为阻碍志愿服务发展的要素之一。从制度建设出发进一步推进志愿服务走向规范化、法治化，并以此为基础整合资源促进有效贯通是志愿服务健康发展的重要保障。从浦东新区的实际情况来看，志愿服务硬件建设处于较高水平且地区差距不大，然而在志愿服务内涵发展和服务能级等软件建设方面，不同地区和行业间表现出显著差异。如受经济、文化和自然条件等因素影响，相较中心区域，偏远地区在志愿服务的参与度、组织化程度以及资源获取等方面均存在明显的不足。如何通过完善制度进一步加大中心城区的辐射效应，如何通过优化制度促进城乡志愿服务的均衡发展，是浦东志愿服务发展必须思考的课题。

2.志愿服务规范化管理有待进一步加强

规范管理是推动新时代志愿服务事业有序发展的保障。随着经济社会的发展，民众参与志愿服务的热情不断高涨，上海充分拓展系统平台作用，实现了志愿服务网上注册认证、需求对接、时间记录、团队管理、数据统计的常态化管理，但在实际操作过程中仍存在不少问题。如出现志愿者和志愿服务组织注册程序不规范、信息不准确，志愿服务项目发布、志愿服务时长记录、星级志愿者认证不严谨、不及时等情况，这些问题在浦东新区也有不同程度的体现。依据《志愿服务条例》的要求，在提高市区两级志愿服务综合服务平台的使用率基础上，注重平台信息的更新维护和客观准确，进一步推进对志愿者招募、权利保护、能力培训、服务安排、激励回馈、经费保障、信息记录等的规范化管理，是浦东新区志愿服务发展必须落实的工作。

---

① 田丽娜：《论新时代中国特色志愿服务的整体性发展》，《思想教育研究》2021 年第 3 期，第 123 页。

3.志愿服务社会化拓展有待进一步充实

近年来，浦东新区注重宣传普及志愿服务理念，培育、引导社会多元力量参与志愿服务，形成了较为浓厚的志愿文化氛围，这些从志愿者队伍和组织的增加、志愿服务活动和项目数的上升等统计数据中也可见一斑。但在志愿服务的社会化动员方面也还存在一些现实问题。如基层志愿服务人财物等资源的保障尚有不足，特别是一些"老小旧远"社区，在广泛撬动社会资源，推动志愿服务资源和力量的组合和整合、联动和互动，吸引年轻力量加入等方面仍显薄弱；又如在促进区域多元化资源有效对接，志愿服务供给与百姓需求精准匹配等方面仍有提升空间等。今后，如何进一步汇聚社会资源、凝聚社会力量激发志愿服务活力，如何进一步推进资源整合和供需对接，推动优质资源下沉基层，是浦东新区志愿服务发展必须解决的问题。

（二）浦东志愿服务的未来发展

结合发展过程中的新情况和新要求，立足敢于实践、勇于探索、善于创新，全面推动志愿服务参与社会治理提升治理效能，努力打造具有引领区气质的志愿服务名片，是浦东新区下一阶段的主要方向。

1.健全体系，搭建志愿服务多元平台

2022年底，中共中央、国务院印发《扩大内需战略规划纲要（2022—2035年）》，指出要"发展社会工作服务机构和志愿服务组织，壮大志愿者队伍，搭建更多志愿服务平台，全面提升志愿服务水平"。遵循中央的整体部署，今后浦东新区要在注重顶层设计的基础上，通过健全制度体系、统筹协调资源和深化平台建设，推动志愿服务事业迈上新台阶。一是要进一步推进制度化建设，通过建立健全志愿服务的规范管理、激励保障和文化宣传制度体系，实现"以制度规范志愿服务行为、以制度保障志愿者合法权益、以制度深化志愿文化传播"[①]的良性发展格局。二是要进一步加强资源统

---

① 田丽娜：《论新时代中国特色志愿服务的整体性发展》，《思想教育研究》2021年第3期，第123页。

筹，通过导入优质资源、挖掘优秀资源、整合优势资源对接基层需求，推动资源下沉，促进区域志愿服务的均衡健康发展。三是要进一步推进平台搭建，通过拓展线下平台发展、强化线上平台建设建立志愿服务线上线下协同运行机制，并结合"项目化"运作、"品牌化"引领、"专业化"服务，打造多维度、深层次、广覆盖的志愿服务新常态。

2. 提升能力，促进志愿服务专业发展

浦东新区的志愿服务已经历了快速增长期正进入平稳增长阶段，其主要发展目标也从量化建设向内涵式发展迈进。如何深入实施志愿服务赋能行动，通过加强自身建设提升服务能级，是下一阶段的主要方向和任务。一是要推进"志愿+云"管理机制，依托"上海志愿者网""上海市新时代文明实践综合服务平台"等平台，在志愿服务招募注册、时长记录、学习培训、激励保障、查询认证等方面全面发挥数字化管理优势，提升数据应用能力和管理效能。二是要加强"志愿+专业"培训机制，积极发挥浦东新区志愿服务协会、浦东新区社会组织合作促进会、浦东新区慈善事业和社会工作发展中心、浦东新区社区服务促进会等骨干组织的培育孵化、统筹辅导和培训指导功能，全面提升基层志愿服务的服务能级。三是要推进"志愿+激励"关爱机制，进一步落实和完善评选表彰、宣传激励、信用激励、资助帮扶、保险保障、礼遇优待、资金扶持"七位一体"的志愿服务激励嘉许机制，结合区域优势资源切实做好星级志愿者和优秀志愿者的服务保障和激励嘉许，进一步充实"好心人"关爱帮扶制度，形成崇德向善、见贤思齐的良好社会氛围。

3. 围绕中心，强化志愿服务文化涵育

浦东新区应深入贯彻落实人民城市建设理念，发挥资源综合效益，进一步强化志愿服务精神的全方位整体宣传，通过拓展与传统媒体和新媒体的广泛合作、加强线上与线下资源深度融合，多种形式和多元渠道提升志愿精神辐射面和影响力，形成"人人争当志愿者，人人都是志愿者"的生动局面。一是育品牌，结合区域禀赋资源特征构建线下孵化支持平台和线上展示平台，支持和培育特色品牌，打造一批具有广泛号召力、影响力和发展潜力的志愿服务"精品阵地""品牌项目""优秀团队"。二是聚人心，紧扣发展主旋律，积极选树、表彰、宣传志愿者、志愿服务团队、志愿服务阵地先进典型，发挥志愿服务桥梁纽带作用凝聚奋发向上正能量，促进形成全民参与、全民共享志愿服务良好社会氛围。三是展形象，进一步加强"爱志愿空间"微信公众号、浦东志愿者家园网等的宣传、传播力度，与浦东文明、浦东发布微信、浦东时报、浦东电视台等主要媒体展开深度合作，共同打造立体化、分层化、全方位的宣传矩阵，通过宣传志愿文化、弘扬志愿精神，营造志愿服务文化高地。

4. 融合发展，推动志愿服务助力社会治理

2023年2月，党的二十届二中全会审议通过《党和国家机构改革方案》，决定组建中央社会工作部，明确中央社会工作部"划入中央精神文明建设指导委员会办公室的全国志愿服务工作的统筹规划、协调指导、督促检查等职责"。这一优化机构设置和职能配置的举措，对于从中央层面解决志愿服务的多头管理问题，推进志愿服务工作体系完善和推动志愿服务高质量发展具有重大意义。今后，浦东新区要立足广阔舞台，通过和民政的社会治理工作的融合，进一步发挥志愿服务在社会治理中的积极作用，推进志愿服务发展新篇章。一方面，要配合上海市创新打造文明实践"一圈一带一群一园"工作，积极建设东岸滨江新时代文明实践带、锦绣浦东新时代文明实践核心圈、五大自贸区新时代文明实践特色阵地联盟等特色阵地，并引导和推动一批具有动员力和影响力的文明实践志愿服务队伍和项目落地扎根，通过阵地、队伍、项目汇聚社会治理新力量。另一方面，要聚焦民生需求和城市精细化管理，将志愿服务作为创新社区治理的重要社会力量，通过"社工+志愿者"模式以及"五社联动"整体统筹，推进志愿服务与文化、科技、卫生、法律等与群众息息相关的民生事业相结合、与为老助困助残等关爱弱势群体事业相结合，构建公共服务、便民利民服务、志愿互助服务相融汇的社区服务体系和精细化志愿服务网络，形成共建共治共享的社会治理新格局。

B.8
浦东慈善力量助力乡村振兴发展报告

朱志燕*

摘　要： 慈善力量在乡村振兴中有着重要价值意义。2022 年浦东社会组织参与对口帮扶，持续巩固拓展脱贫攻坚成果，全面完成对口支援地区乡村振兴帮扶工作。在浦东新区乡村振兴中，慈善助力浦东乡村振兴案例频出，主要表现为社会组织品牌项目助力浦东乡村振兴；区域化党建与公益慈善相结合为乡村振兴注入动力；"村社合作"合力探索浦东乡村振兴模式。今后应探索"小慈善"到"大慈善"的格局转变，慈善力量助力乡村振兴深度提升和力度加强。

关键词： 慈善力量　乡村振兴　对口支援

一　慈善事业助力乡村振兴的背景与意义

（一）慈善事业是实现巩固拓展脱贫攻坚成果同乡村振兴有效衔接、全面推进乡村振兴战略的要求①

在解决绝对贫困问题之后，中国进入实现巩固拓展脱贫攻坚成果同乡村

＊　朱志燕，上海社会科学院社会学研究所助理研究员，主要研究方向为社会组织党建、乡村治理等。

① 根据国家"十四五"规划等文件对慈善事业的要求，结合《中华人民共和国慈善法》有关规定，新时代下的"慈善"已不仅限于传统的救助社会特困人群活动，还扩展到教育、科学、文化、卫生、体育、防治污染、保护和改善生态环境等领域。本文使用的正是这个意义上的"大慈善"概念。

振兴有效衔接、全面推进乡村振兴战略的新阶段。习近平总书记在全国脱贫攻坚总结表彰大会上充分肯定了包括社会组织在内的社会力量参与脱贫攻坚的历史性贡献，提出要在乡村振兴中坚持和完善社会帮扶制度。① 2021 年中央一号文件《中共中央 国务院关于全面推进乡村振兴加快农业农村现代化的意见》要求"接续推进脱贫地区乡村振兴"，并特别提出"坚持和完善东西部协作和对口支援、社会力量参与帮扶等机制"。《中共中央 国务院关于做好 2022 年全面推进乡村振兴重点工作的意见》提出，要广泛动员社会力量参与乡村振兴。《"十四五"民政事业发展规划》设立"实现巩固拓展脱贫攻坚兜底保障成果同乡村振兴有效衔接"专节，强调"鼓励引导社会组织、社会工作者和志愿服务组织积极向乡村提供民政公共服务，共同推进乡村振兴"。《中华人民共和国乡村振兴促进法》也积极鼓励和支持社会组织等社会各方面参与乡村振兴促进相关活动。党的二十大报告提出，要全面推进乡村振兴，坚持农业农村优先发展，加快建设农业强国。2022 年 3 月 1日，《民政部 国家乡村振兴局关于动员引导社会组织参与乡村振兴工作的通知》发布，要求深入开展社会组织助力乡村振兴专项行动、加快建设社会组织参与乡村振兴对接平台、认真做好社会组织参与乡村振兴项目库建设、大力培育发展服务乡村振兴的社会组织、着力完善社会组织参与帮扶合作机制、持续优化社会组织参与乡村振兴支持体系等。② 国家乡村振兴局、民政部于 2022 年 5 月 7 日制定印发了《社会组织助力乡村振兴专项行动方案》，以进一步动员社会组织积极参与巩固拓展脱贫攻坚成果和全面推进乡村振兴，加大对国家乡村振兴重点帮扶县支持力度，更好发挥示范带动作用。③

---

① 《在全国脱贫攻坚总结表彰大会上的讲话（2021 年 2 月 25 日）》，《习近平谈治国理政》第四卷，外文出版社，2022。
② 《民政部 国家乡村振兴局关于动员引导社会组织参与乡村振兴工作的通知》，中国政府网，https://www.gov.cn/zhengce/zhengceku/2022-03/01/content_ 567 6306. htm，最后访问日期：2023 年 9 月 18 日。
③ 《国家乡村振兴局 民政部关于印发〈社会组织助力乡村振兴专项行动方案〉的通知》，全国工商联网站，https://baijiahao. baidu. com/s? id=1734505813995944779&wfr=spider&for=pc，最后访问日期：2023 年 9 月 18 日。

（二）慈善事业是建构城乡一体化公共服务体系的重要一环

义务教育、医疗卫生、社会保障以及公共就业等构成了公共服务的基本内容。我国长期的城乡"二元"公共服务供给体制将社会发展的成果主要集中在部分社会成员——城镇居民手中，提高了城镇居民的公共服务水平，却逐渐加大了城乡居民之间享有公共服务的差距。公共服务通常被认为是市场解决不了的且没法提供的，民众迫切需要的具有公共性质的事务只能运用政府或者慈善力量去实现。城乡公共服务一体化就是在政府或者慈善组织提供公共服务的基础上，让城乡民众共同享受，缩小差距。由于长期存在的"城乡二元"体系，到今天在广大的农村仍然有相当多的弱势人群，农村慈善事业发展带来乡村公共服务供给方面的改善，对于政府没有能力进入的最薄弱的农村内的弱势人群而言尤为重要。浦东经过 33 年的发展，经济社会面貌焕然一新，取得了举世瞩目的成就，但城乡发展相对不平衡、区域发展相对不充分的现象仍旧存在。充分发挥慈善事业在构建城乡一体化公共服务体系方面的作用就显得至关重要。

（三）慈善公益事业是发挥第三次分配作用、实现共同富裕的重要路径

党的十九届四中全会提出了要"完善相关制度和政策，合理调节城乡、区域、不同群体间分配关系。重视发挥第三次分配作用，发展慈善等社会公益事业"[①]。党的十九届五中全会提出了要使"全体人民共同富裕取得更为明显的实质性进展"的目标，并指明了"扎实推进共同富裕"的具体要求。[②] 2021 年 6 月，《中共中央 国务院关于支持浙江高质量发展建设共同富裕示范区的意见》指出，充分发挥第三次分配作用需要"完善有利于慈善

---

① 《中国共产党第十九届中央委员会第四次全体会议文件汇编》（白皮书），人民出版社，2019。

② 新华社：《中共中央关于制定国民经济和社会发展第十四个五年规划和二〇三五年远景目标的建议》，人民论坛网，https：//baijiahao.baidu.com/s？id＝1682336360956718101&wfr＝spider&for＝pc，最后访问日期：2023 年 9 月 18 日。

组织健康有序发展的体制机制"①。党的二十大报告指出,"坚持按劳分配为主体、多种分配方式并存,构建初次分配、再分配、第三次分配协调配套的制度体系","引导、支持有意愿有能力的企业、社会组织和个人积极参与公益慈善事业","全面建设社会主义现代化国家,最艰巨最繁重的任务仍然在农村"。②《上海市乡村振兴"十四五"规划》指出,"建立健全有效激励机制,鼓励和引导社会组织、有志青年和成功人士、社会公众积极参与乡村振兴工作"③。这表明了党对第三次分配以及乡村振兴的重视上升到一种新高度,第三次分配是党新时代治国理政的重大命题,在乡村振兴大背景下,第三次分配是适应时代发展的要求,也是推进国家治理的需要,对于推进慈善事业发展、促进社会公平与改善收入和分配格局有着重大的意义。由此,促进第三次分配助推共同富裕的实现成为国家顶层设计的重要一环。④而慈善公益事业正是第三次分配发挥作用,实现共同富裕的重要路径。

(四)农村地区社会力量的培育需要借助慈善力量

首先,当前广大乡村发展的现状在于自我发展的内生动力不足。一方面是集体经济和合作经济弱小,资源发掘和整合困难;另一方面则是缺乏一大批能够带领村庄发展的优秀带头人组成领导核心带领群众共商共创共富。缺乏好的带头人和领导核心,村庄的组织力、规划力、执行力就一直处于羸弱的态势。其次,目前的乡村体制,经济与社会,从组织到功能都被分解、分

---

① 《中共中央 国务院关于支持浙江高质量发展建设共同富裕示范区的意见》,2021 年 6 月 10 日,中国政府网,https://www.gov.cn/zhengce/2021-06/10/content_ 5616833.htm,最后访问日期:2023 年 9 月 18 日。

② 《习近平:高举中国特色社会主义伟大旗帜 为全面建设社会主义现代化国家而团结奋斗——在中国共产党第二十次全国代表大会上的报告》,2022 年 10 月 25 日,中国政府网,https://www.gov.cn/xinwen/2022-10/25/content_ 5721685.htm,最后访问日期:2023 年 9 月 18 日。

③ 《上海市人民政府关于印发〈上海市乡村振兴"十四五"规划〉的通知》,2021 年 7 月 20 日,上海市人民政府网,https://www.shanghai.gov.cn/nw12344/20210720/046782b10d21 45c0b201c41aca762196.html,最后访问日期:2023 年 9 月 18 日。

④ 刘旭雯:《乡村振兴目标下第三次分配促进共同富裕的整合作用及其实现》,《岭南学刊》2023 年第 2 期。

离甚至分裂、无法统合，多龙治水、相互掣肘成为现实。再次，面对乡村人口老龄化，青壮年缺乏，创造和创新能力难以弘扬。而"慈善"正是通过具体的项目和活动进行落地和实践，社会工作者可以在其中发挥专业的力量。社会工作者既是慈善服务的直接提供者，也可以是慈善资源的链接者。这股力量的注入对于培育和激活乡村自身的社会力量起到了关键的组织与引领作用，有助于培育农村地区的社会力量。

总之，乡村振兴战略对于慈善事业的内在需求决定了慈善在乡村振兴中的巨大价值与重要意义。

二　浦东慈善力量助力乡村振兴的发展状况

国家乡村振兴战略接续的是脱贫攻坚事业，慈善力量是助力脱贫攻坚的重要力量，上海浦东作为东部沿海经济发达地区之一，按照中央的部署，多年来勇于担当，不辱使命，探索形成了具有上海浦东特点的东西部扶贫协助、对口支援的工作机制，这一工作机制在乡村振兴战略中继续运用和服务于边疆地区的对口受援乡村，极大助力了对口支援地区的乡村振兴发展。

另外，浦东作为上海现代化的桥头堡，现代农业快速发展，农村改革不断深入，美丽乡村建设扎实推进，农民收入显著增加，农村社会各项事业快速发展，不断探索现代化背景下乡村振兴的浦东样本。其中，浦东慈善在助力本区内部乡村振兴中起到很大作用。

（一）浦东对口帮扶地区的乡村振兴

2022 年是巩固拓展脱贫攻坚成果同乡村振兴有效衔接的关键年。为认真贯彻落实区委区政府东西部协作和对口支援工作部署，由区民政局、社会组织管理处等处室参加的对口支援与合作交流工作领导小组，对照《2022年浦东新区东西部协作和对口支援工作要点》（浦合组办〔2022〕1 号）的通知要求，积极动员引导全区各类社会组织参与帮扶，强化担当、接续奋

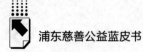

斗，发挥专业优势，结合对口帮扶地区实际，持续巩固拓展脱贫攻坚成果，全面完成了社会帮扶任务，实现了改善民生、凝聚人心，振兴乡村，助力稳边固边，促进民族交往交流交融的初心使命。

1. 基本情况

依托浦东新区科技、人才、金融等优势，拓宽社会组织参与对口帮扶深度和广度，发挥行业协会、商会、基金会延伸带动效应，加大产业协作、劳务协作、消费协作，大力开展助学、助医、助困及捐物捐款活动，据不完全统计，2022 年度在浦东共有 30 多家各类社会组织及其会员单位参与开展东西部协作及对口支援项目 30 余个，相关投入资金超 2026 万元，其中对口云南地区的投入资金超 1584 万元（见表 1），对口支援地区超 6 万人口受益，形成了浦东社会主义现代化建设引领区社会组织支援帮扶建设样板。

表 1　2022 年部分浦东新区社会组织及其会员单位参与
东西部协作及对口支援工作展示*

序号	单位名称	社会组织类型	开展项目类型	帮扶地区	投入资金数（万元）
1	上海浦东外商投资企业协会	社会团体	消化道肿瘤筛查项目	云南省怒江州贡山独龙族怒族自治县	40
2	上海市浦东新区高行镇商会	社会团体	社会帮扶;消费协作	云南省怒江州福贡县	9
3	上海市浦东新区石油制品行业协会	社会团体	捐赠(物资及资金)	云南省迪庆藏族自治州	2.5
4	浦东新区光彩事业促进会	社会团体	签订帮扶协议	云南省怒江州	371
			2022 年度"携手兴乡村"企村结对帮扶资金		76
			捐赠教育设备提升项目		50
5	上海真爱梦想公益基金会	基金会	教育公益	云南省大理州的弥渡县、漾濞县、巍山县,怒江州的福贡县、兰坪县、泸水市、贡山县	800

序号	单位名称	社会组织类型	开展项目类型	帮扶地区	投入资金金数（万元）
6	上海市慈善基金会浦东新区代表处	基金会	歙县霞坑希望小学援建项目	安徽省	6.4
			大美青海,公益助学项目	青海省	8.6
			对口援建云南省大理州宾川县孤儿非义务制教育阶段助学项目	云南省大理州宾川县	5.95
			云南大理祥云县物资捐赠	云南省大理祥云县	17.8451
			先天性心脏病救助项目	贵州省遵义绥阳县	1.5
7	上海浦东新区社会发展基金会	基金会	新疆莎车县教育系统乒乓球、围棋运动推广培训项目	新疆维吾尔自治区莎车县	28.8
8	上海仁德基金会	基金会	"亲亲禾苗,营养一餐"公益项目	云南省	100
9	上海浦东新区乐耆社工服务社	社会服务机构	社会帮扶;文化浸润	云南省	10
10	上海公益社工师事务所	社会服务机构	社会帮扶	甘肃省陇南市	20
11	上海浦东新区康桥镇民联企业服务中心	社会服务机构	捐赠(物资及资金)	云南省怒江州兰坪县兔峨乡果力村	5
12	上海百特教育咨询中心	社会服务机构	"阿福童"儿童财智成长项目	云南省怒江州	25.35
13	易盟集团	协会商会会员单位	劳务协作	中西部地区	20
14	上海振华重工(集团)股份有限公司	协会商会会员单位	社会帮扶;消费协作;捐赠(物资及资金)	云南省怒江州	30
15	上海鼎信投资(集团)有限公司	协会商会会员单位	捐赠(物资及资金)	云南省怒江州兰坪县通甸镇下甸村	10

续表

序号	单位名称	社会组织类型	开展项目类型	帮扶地区	投入资金数（万元）
16	环旭电子股份有限公司	协会商会会员单位	捐赠（物资及资金）	甘肃省,青海省,河南省	56.7917
17	协和麒麟（中国）制药有限公司	协会商会会员单位	捐赠（物资及资金）	新疆维吾尔自治区,贵州省,江西省,安徽省,湖北省,甘肃省,河北省等地	300
18	上海联拓生物科技有限公司	协会商会会员单位	捐赠（物资及资金）	云南省	1.805
19	汇纳科技股份有限公司、恒泰期货股份有限公司	协会商会会员单位	捐赠怒江州兰坪县第一中学多功能媒体教室建设项目	云南省怒江州兰坪县	30
总　计					2026.5418

* 表格数据由上海市对外合作交流办提供。

2.主要做法及成效

（1）党建引领动员社会组织广泛参与乡村振兴

第一，发挥组织功能，突出党建引领。克服疫情防控带来的不利影响，区社会组织综合党委采取线上线下相结合的方法，先后召开了动员部署会和需求对接交流会，全区社会组织的 2 个党委 3 个党总支 107 个党支部，有810 多名党员积极投入行动，充分发挥社会组织党组织的政治核心作用，通过支部结对、深化党建品牌等方式，积极与援助地区党支部沟通，把准方向，对准需求，以党建带动促进社会组织与当地各项生产、生活需要精准匹配，确保帮扶接地气、有温度，体现党的关怀。例如：上海市浙江商会党委、浦东新区光彩事业促进会党支部等党组织率先垂范，整合行业资源，聚力两地企业合作交流，开展"携手兴乡村"企村结对帮扶活动，带动对口地区整体经济可持续性增长。

第二，发布倡议，汇聚公益力量。充分运用"互联网+党建"模式，发挥社会组织综合党委微信公众号、"学习强国"等平台优势，通过"浦东公益网"、浦东融媒体等多渠道发布倡议书，积极动员社会组织立足优势、依托专长、撬动资源，深耕细作项目点，浸入式为东西部及对口支援地区提供持续性帮扶。例如：浦东新区养老服务行业协会党支部，深入动员会员单位，利用浦东智慧养老经验做法，持续开展养老护理员培训项目，深受当地欢迎。

（2）政策支持激励社会组织继续参与乡村共建

第一，营造共建氛围。组织召开浦东新区社会组织"稳经济促增长，助力东西部协作"工作推进会，动员行业协会商会汇集会员单位力量，基金会吸纳社会力量，共同参与到东西部协作战略中。通过财政扶持政策引导，对注册地在浦东的社会组织积极参与扶贫救助等国家战略并作出重大贡献的给予特殊奖励，鼓励社会组织发挥社会服务效能，深耕对口帮扶地区，助力实现共同富裕。加强政策宣传，《上海市对口支援与合作交流专项资金资助社会力量参与对口支援工作的实施细则》为社会公益项目提供政府配比资助，动员满足条件的社会组织积极申请，调动社会组织参与对口帮扶的积极性，有效撬动社会资金投入。同时，选树一批"立得住、叫得响、可推广"的乡村振兴典型案例进行宣传分享，继续讲好具有浦东特色、体现浦东温度的对口帮扶故事。

第二，协调搭建平台。延续以往"浦东社会组织牵手前方公益项目"的工作模式，深化"区民政局-区合作交流办-前方派驻机构"三方联动平台。2022 年，共梳理汇总当地需求 16 个，社会组织可提供项目 11 个，完成项目实施 30 余个。

（3）专业服务助推当地社会事业发展

第一，捐资捐物，助力项目开展。积极响应推进东西部协作的号召，上海市慈善基金会浦东新区代表处立即行动，捐资捐物近 40 万元，用于云南、青海等地援建希望小学、公益助学等项目。上海浦东新区社会发展基金会认领资助新疆莎车县教育系统乒乓球、围棋运动推广培训项目，促进乒乓球、围棋项目在莎车县的普及，充分发挥体育运动在文化润疆、增进民族团结中的重要作用。上海仁德基金会发起"亲亲禾苗，营养一餐"公益项目，提供 1 个孩子一学年营养餐费，仅 2022 年就投入此项资金 100 万元，截至 2022 年底已在各地支持了 45 所学校，约有 6297 名孩子受益。

第二，社工服务，提升"软实力"。积极贯彻落实《民政部关于印发〈社会工作服务机构"牵手计划"实施方案〉的通知》，浦东专业社工机构开展造血式帮扶，通过搭建社会工作服务协作平台，推动社会工作专业力量在保障和改善民生中催发新的能量。多年来，上海市浦东新区社会工作协会、上海浦东新区乐耆社工服务社、上海乐群社工服务社、上海公益社工师事务所等多家社工机构深入云南、甘肃、新疆各地推动本土社会工作的专业化发展以及对当地困境家庭、留守老人、留守儿童等群体提供关爱服务，链接更多的社会资源输入当地，改善民生。截至 2022 年底，浦东共有 10 余家社工机构与云南、甘肃等地社会组织结对，为超过 50 名专业社会工作者提供线上线下服务，累计达 500 多天。2022 年，浦东 2 家社工机构与甘肃的社会组织成功牵手结对，助力乡村自治能力的发展。

第三，教育帮扶，面向未来。真爱梦想公益基金会将"梦想中心"带到了云南大理州的弥渡县、漾濞县、巍山县，怒江州的福贡县、兰坪县、泸水市、贡山县等地，让孩子们可以在"梦想中心"内阅读、使用电脑，教师们也可以通过使用多媒体教具上课，这为边远山区的孩子们提供了一个通往外界、链接世界的平台，也让他们可以更加自信、从容、有尊严地成长。

（4）产业帮扶助力推动当地可持续发展

第一，旅游帮扶。上海市浦东新区旅游业协会践行走出去、请进来的模式，在会员单位强有力的支持下，先后组织浦东旅游企业赴新疆、云南等地开展旅游精准援建，就两地文旅融合发展、旅游产品定制、旅游资源整合、运营效率提升、人才培养、民宿产业探索等多方面开展对接联动。例如：在赴云南怒江交流协作期间，与当地文旅代表共同探索研究推动当地文旅市场发展路径，有机整合旅游要素及资源形成可操作性强的旅游产品，协同开展形象推介，在浦东发布等宣传阵地推送旅游介绍，联合打造高品质文化旅游品牌。

第二，农业帮扶。针对农业发展需求，上海市浦东新区农协会拟以"南汇甜瓜""南汇 8424 西瓜"两大品牌特色，面向云南开展送指导、送技术、送专家、送资料书籍、对接销售等活动，培养一批农业技术人才，授人以渔，实现可持续性长效发展。

第三，电商帮扶。近几年，上海市浦东新区电子商务行业协会开展电商协作行动计划，发挥电子商务平台的产业优势，动员会员单位积极开展东西部协作，将产品与服务通过电商渠道融入上海以及全国大市场。

（二）慈善力量助力浦东乡村振兴

1. 社会组织品牌项目助力浦东乡村振兴

浦东新区民政局系统谋划、积极搭建供需对接平台，推动不同层级、不同类型、不同领域的社会组织参与乡村振兴，激发社会组织的意愿和积极性。在乡村振兴浪潮的推动下，众多浦东社会组织不断挖掘乡村发展潜力，推出了一批品牌项目。如惠南镇"寻找最美乡创人"品牌项目。浦东新区惠南镇社区基金会从社会化层面出发，于2022年启动"寻找最美乡创人"小微资助行动，经过前期乡创人发掘招募、项目方案共创筛选等过程，最终资助支持5个乡创项目实施落地。比如，"定格乡创人最美瞬间"展示宣传由一个大学生创业团队发起，通过对各类乡创瞬间进行拍摄记录，以"小"视频实现"大"宣传。"寻找最美乡创人"行动各项目的完成历时约5个月，共计开展活动16场，通过扶持个人、企业和组织开展乡创项目，链接慈善资源，丰富乡创元素，汇聚社会力量，进一步推动本地城乡融合、平衡共治，激发乡村经济、文化等多方面发展的新活力。

2. 区域化党建与慈善力量相结合为乡村振兴注入动力

（1）泥城镇公平村"爱心午餐"助老服务

上海临港公益基金会于2018年3月由上海临港集团发起，并于2018年11月27日正式揭牌成立。基金会致力于探索"产业园区办慈善"的新模式，充分发挥园区示范引领效应与资源整合优势，依托上海临港集团开发园区8800多家入驻企业，带动40多万名职工共同投身慈善事业，让"慈善"成为企业文化的重要组成部分，让园区成为汇聚爱心、传递爱心的新天地。自2018年上海临港公益基金会对泥城镇公平村开展"为老服务项目和老龄状况"调研起，至 2019 年正式启动"爱心午餐"助老服务项目，上海临港公益基金会已累计捐赠 50 万余元用于优化泥城镇公平村"自治老宅"老年人服务空间，为 1120 位老人定期开展便民服务及文娱活动，为 90 周岁以上高龄独居老人提供免费午餐，累计送餐 16000 余份，送餐服务满意率达到 100%。

2021 年，上海临港公益基金会再次捐赠 30 万元，为公平村 31 位 90 周岁以上高龄独居老人提供 365 天免费爱心午餐，同时结合"情暖夕阳红"主题持续提供理发、修面等便民惠民服务，让老人们感受到人间真情、社会温暖，打通为老服务的"最后一公里"。

（2）助力新场镇乡村振兴示范村建设

区属国企浦开集团沟通对接镇企结合推进乡村振兴工作，启动新场镇 3 个村（众安村、金建村和仁义村）创建镇级乡村振兴示范村。在浦开集团的帮助下，新场镇全面开展美丽庭院建设。实现 13 个村美丽庭院非核心队组建设全覆盖，完成杆线序化整治工作，推进 2022 年新场镇农村人居环境优化工程各项任务，实施工程进展月调度制度，完成农民集中居住 77 户。积极推动农用土地合规化，强化田间窝棚整治力度，开展"大棚房"整治后续管理专项治理行动，推进乱占耕地补备案工作。启动全域土地整理方案设计。

3. "村社合作"合力探索浦东乡村振兴模式

按照浦东新区中部乡村振兴示范带规划要求，新场镇新南村以"乡创+"为路径，以乡、创、文、旅为主线，发展乡村产业新业态新模式。① 以保持江南水乡风貌为原则，引进同济大学等专业设计力量，提升乡创品位。

伴随着秀丽的田园风光，新南村围绕"乡创"的一系列功能性项目也同步实施。以"乡创+"为路径，新南村建成了上海市第一个乡村创客中心——"新南乡创学苑"。乡创中心是发展集体经济的新探索。该中心由镇

---

① 唐玮婕：《"乡创+"走出乡村振兴新路！新场古镇之南，新南村迎来乡创学苑，吸引培育更多年轻人回乡创业》，文汇客户端，https://wenhui.whb.cn/third/baidu/202106/01/407436.html，最后访问日期：2023 年 9 月 18 日。

集体企业和新南村、众安村、王桥村组建，并引入社会资本。在运转和使用方式上大胆探索，引入社会服务机构"上海浦东新区新场乡创乡村振兴促进中心"负责运作。乡创中心采用"返乡青年+创客"的模式，成为返乡青年和乡村有志的年轻创客集中办公、活动交流的场所。目前已吸引5家创客团队入驻，吸引返乡青年约50人。2019年被评为浦东新区创业孵化实验基地、浦东新区巾帼文明岗。"新南乡创学苑"将深入推进院政、院社、院企间的交流合作，前期已与浦东新区农业农村委、团区委、教育局、人社局、上海城建学院、五加二青少年公益服务中心等单位合作，研发出了多门培训类、实践类课程，首期开设村民大课堂、学生社会实践、青年乡创人才营、乡创人才试验班、5G直播电商运营等课程。[①]

三 浦东慈善力量助力乡村振兴的未来展望

目前慈善力量助力浦东乡村振兴主要还停留在传统的"小慈善"帮困层面。与对口支援下慈善事业在乡村振兴发挥的重要作用相比，浦东慈善助力本区乡村振兴工作重点更多仍以关爱农村弱势人群，特别是老人、残疾人、学生等群体为主，是一种扶危帮困的小慈善。当然这些困难村民救助、孤儿救助、扶残救助、安老救助、医疗救助等项目，对于全面建成高质量小康农村，促进乡村治理具有重要意义。建议在探索从"小慈善"到"大慈善"的格局转变上，慈善力量助力乡村振兴的深度和力度应进一步提升和加强。

（一）更新观念，认识到国家力量与社会力量合作是大慈善助力乡村振兴的基本方式

由于绝大多数公益慈善组织源自城市，以往接受的是以城市为主体的公

---

① 唐玮婕：《"乡创+"走出乡村振兴新路！新场古镇之南，新南村迎来乡创学苑，吸引培育更多年轻人回乡创业》，文汇客户端，https://wenhui.whb.cn/third/baidu/202106/01/407436.html，最后访问日期：2023年9月18日。

益慈善理念，对如何助力乡村振兴在认识上感到迷惘，无法从惯常的思维中跳脱。许多旧有认识已经不符合乡村振兴中慈善应承担的角色和作用，如强调公益慈善组织和行为必须独立于政府、独立于乡村合作社等，很难转变为协同的角色；再如经常将村集体视为一级行政组织，对其历史和现状的演变不了解、不关心，在乡村工作中形同陌路；特别是视公益慈善为百分百的纯粹的社会事业，与经营无涉，认为产业振兴纯属经济工作，与公益慈善毫不相干等片面甚至错误的思想观念或认知。在中国当前的新阶段、新格局、新理念下，公益慈善界需要认清政府公益与社会公益多样式组合的"大公益"是国家力量与社会力量合作的乡村振兴基本方式，从而放开视野，思想破圈，更新观念，将社会力量助力包括产业振兴在内的乡村五大振兴纳入与政府公益相配合的公益慈善领域，才能自觉地将自己融入乡村振兴大潮，为实现乡村振兴战略贡献公益慈善应有的力量。

（二）慈善事业应与提振乡村文化文明深入结合，以培育和激活乡村自身的内生动力

乡村之于城市的优势在于其和美的乡风、浓郁的人情味，所以乡村振兴的路径和城市发展的路径是有差别的。过去几十年的城市发展经验是先发展经济，后解决社会问题，而在乡村则应该是两者并举的路径。[1] 慈善凝聚人心，可助力乡村产业发展走向成功，是无形的生产力，理应成为乡村振兴的重要目标。历史上优秀的乡村几乎都有公益慈善的传统和机制，比如传统的义庄、善堂、义仓以及集资修建文脉建筑、庙宇等一系列具有公共价值的项目。在乡村振兴中，越早对公益慈善制度进行安排，甚至先于政府力量和产业力量，越利于乡村的平衡可持续发展。[2] 今后具有浦东地域特色和乡土风情的乡村文明需加快构建，物质、非物质文化遗产仍需加强保护和传承。在

---

① 汤敏：《慈善对于乡村振兴至关重要》，公益时报，https://baijiahao.baidu.com/s? id=1595511917043868680&wfr=spider&for=pc，最后访问日期：2023 年 9 月 18 日。
② 汤敏：《慈善对于乡村振兴至关重要》，公益时报，https://baijiahao.baidu.com/s? id=1595511917043868680&wfr=spider&for=pc，最后访问日期：2023 年 9 月 18 日。

具体做法上，可结合浦东"非遗"项目特点，鼓励社会力量对上海绒绣、三林刺绣、三林瓷刻等有一定文化功能和商业开发价值的项目进行前期投入和策划运营，开发系列"非遗文创产品"，依托"文化浦东云"平台，打通线下线上展示销售体系。鼓励开展文化结对帮扶。支持"三农"题材文艺创作生产，鼓励文艺工作者推出反映农民生产生活尤其是乡村振兴实践的优秀文艺作品。鼓励各级文艺组织深入农村地区开展惠民演出活动。引导开展群众性节日民俗活动，支持文化志愿者深入农村开展丰富多彩的文化志愿服务活动。同时，公益慈善的根本在于凝聚人心、培养美德，村庄里的公益慈善项目应以广泛激发本村村民和外出人才参与为目的，广泛调动群众的参与性，而不是单纯地捐款捐物。村志、村史馆、乡贤馆一类有关村庄集体记忆和集体荣誉的公益项目可以形成这样的效果；乡村助学、养老、环保等公益慈善项目，都可以成为广泛动员和凝聚村民和外出人才的办法。[①]

（三）意识到乡村社会组织的重要性，加大乡村社会组织孵化和培育力度

目前，社会组织分布的地域结构与乡村振兴公益行动的需要不匹配。拥有公益资源较多的组织大都集中在城市，而在乡村发展难点和重点的中西部偏远地区，公益组织较少且资源不足。以县域为界，县及县以下的公益组织较之县以上的组织占比太低。据统计，全国社会组织数量 2020 年底达 89.4 万家，而县级及以下参与乡村振兴的社会组织仅有 21.5 万家，乡镇及以下的社会组织 19.02 万家，分别占全国社会组织总量的 24.0%和21.3%。按照中国现有村庄总数 50.2 万个计，平均每个村只有 0.43 家社会组织。浦东的情况也不例外。另外，无论外部公益力量还是乡村内部公益力量，最适合乡村工作需要的是提供服务的组织即社会服务机构。但现在的社会服务组织也大都服务于城市，服务乡村的县及以下的社会服务机构，无论组织的个数、

---

① 汤敏：《慈善对于乡村振兴至关重要》，公益时报，https：//baijiahao.baidu.com/s？id＝1595511917043868680&wfr=spider&for=pc，最后访问日期：2023 年 9 月 18 日。

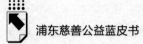
人力和资金，都无法满足乡村的需求。因此，公益慈善力量要想在乡村振兴中有所作为，就必须加强对乡村社会组织特别是县级及以下组织的孵化和培育。比如，应以规划、备案、免税等配套政策推动乡村社会组织发展壮大；大力发展助力乡村振兴的县域基金会；大力加强区域化的村乡集体、社会服务机构、基金会、涉农企业等多方资源整合；专项孵化和培育村级带头人和村级领导核心集体。

（四）在具体工作措施上进一步深化"慈善进乡村"工作

结合《上海市乡村振兴促进条例》以及《上海市慈善条例》中有关推动慈善文化"进乡村"规定，进一步发挥慈善组织作用，深化"慈善进乡村"工作可从以下维度进一步展开：第一，要充分利用科技力量等措施助力乡村振兴工作。拓展出一些涉及技术类、助力类的慈善帮扶项目。第二，"慈善四进"工作要大力弘扬乡村慈善文化。市慈善基金会的"慈善四进"工作已经开展了十二年，"四进"的内涵也从"进机关、进学校、进楼宇、进社区"，逐步延伸拓展至"进乡村"等其他各个社会领域。今后，每年在开展"慈善四进"工作中要继续创新完善，践行"帮助他人，阳光自己"的理念，把慈善文化和慈善理念传播到社会的每一个角落，让更多的爱心人士、更多的爱心企业能够参与到慈善公益事业当中来，把参与慈善作为一种生活习惯。第三，建立完善社会力量参与乡村振兴长效机制。区民政部门应重点聚焦助力搭建社会组织参与乡村振兴的长效机制，打造品牌项目，真正把项目做实做好、示范和引导更多的社会力量投入乡村振兴，助推社会组织助力乡村振兴高质量发展。如开展农村社区创建，推进多元治理共建共享格局，并引入社会组织广泛开展社区文化、基层自治、外来人员融入等活动，营造社区生活共同体。

B.9
浦东社会力量参与服务型社会救助
"3A"体系发展报告

许艳萍　张慧敏　苑玮烨*

摘　要： 浦东高度重视社会力量参与服务型社会救助的探索，以需求为导向，积极构建浦东服务型救助的"3A"体系。通过设计援助系列、陪伴系列及成长系列的分层次、有梯度、有导引的服务型救助体系，开发系列精准救助项目，浦东构建了社会力量多元参与社会救助的格局，从而帮助救助对象实现自信、自立与自强。

关键词： 社会力量参与　服务型救助　"3A"体系

一　社会力量参与服务型社会救助"3A"体系简介

社会救助作为社会保障体系主要组成部分之一，具有保障基本民生、促进社会公平、维护社会稳定的重要作用，是国家治理体系中重要的制度安排。[1][2]"十四五"规划提出，全体人民共同富裕取得更为明显的实质性进

---

* 许艳萍，高级社会工作师，上海交通大学国际与公共事务学院博士研究生，上海公益社工师事务所总干事，主要研究方向为社会救助社会工作、家庭社会工作、社会政策等。张慧敏，上海交通大学国际与公共事务学院博士研究生，主要研究方向为老年照护、养老服务、社会救助与社会政策等。苑玮烨，社会工作师，上海公益社工师事务所副总干事，主要研究方向为家庭社会工作。

[1] 徐月宾、刘凤芹、张秀兰：《中国农村反贫困政策的反思——从社会救助向社会保护转变》，《中国社会科学》2007年第3期，第40~53、203~204页。

[2] 林闽钢：《我国社会救助体系发展四十年：回顾与前瞻》，《北京行政学院学报》2018年第5期，第1~6页。

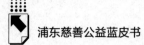

展。在扎实推动共同富裕的历史阶段，社会救助必然要适应新形势的需要，构建保障型与发展型相结合的新型社会救助体系，从根本上提高社会救助对象的生活能力，让人民群众共享社会发展的多方面成果。

社会救济并非解决贫困的长效措施，在消灭绝对贫困转向改善相对贫困的新时期，需要寻找社会救助的长效机制。①② 2020 年 8 月，中共中央办公厅、国务院办公厅印发《关于改革完善社会救助制度的意见》，强调创新社会救助方式，积极发展服务类社会救助，形成"物质+服务"的救助方式。《"十四五"民政事业发展规划》明确指出，"要改革社会救助制度，扩大社会救助服务供给，积极发展服务类社会救助，拓展'物质+服务'的救助方式"。社会救助体系也由生存型向发展型转变，③ 服务型社会救助在其中发挥着不可或缺的重要作用。服务型救助以帮助受助对象实现自我发展为理念指导，为困难群体提供社会支持、增能赋权、情感关怀、专业服务等多重支持。作为现代社会救助体系的重要组成部分和前沿发展方向，发展服务型救助对于贫困救助体系的发展有重要的意义。④

不同于以往"低保"等制度性安排来托底保障的物质型救助，服务型救助以专业服务来修复受助对象的自我发展能力。同时，服务型救助通常会在充分吸纳社会多元力量的基础上整合社会资源。⑤ 借助社会力量深入群众，精准了解救助需求，提供多元化和专业化的救助帮扶，提高救助效率。还能带动更多民众关注弱势群体，营造支援弱势、同情友爱的社会氛围。⑥

---

① 关信平：《当前我国反贫困进程及社会救助制度的发展议题》，《陕西师范大学学报》（哲学社会科学版）2019 年第 5 期，第 28~36 页。

② 张浩淼、仲超：《新时代社会救助理念目标、制度体系与运行机制》，《西北大学学报》（哲学社会科学版）2020 年第 4 期，第 99~107 页。

③ 谢勇才、丁建定：《从生存型救助到发展型救助：我国社会救助制度的发展困境与完善路径》，《中国软科学》2015 年第 11 期，第 39~49 页。

④ 田蓉、周晓虹：《社会救助服务：欧盟经验与中国选择》，《学习与探索》2018 年第 11 期，第 43~50 页。

⑤ 黄晨熹：《新时代社会救助高质量发展的内涵和路径》，《人民论坛》2021 年第 18 期，第 72~75 页。

⑥ 李健、成鸿庚：《慈善组织参与社会救助：功能价值与效用机制》，《中州学刊》2023 年第 1 期，第 70~78 页。

帮助弱势群体感受到社会温暖广泛支持，恢复社会自信。通过专业知识、情感支援等，帮扶困难群体逐渐自立。在发展型脱贫的理念引领和社会力量参与服务型社会救助的长效规划下，通过改善自我与代际的发展，帮助困难群体逐步寻找发展机会，实现群体自强。

（一）"3A"体系的设计背景

上海积极构建了广覆盖、有梯度、相衔接的"9+1"现代社会救助体系。近年来，立足新区社会主义现代化建设引领区的定位，浦东新区社会救助工作深入践行"人民城市"的重要理念，不断夯实工作基础，织密筑牢"9+1"社会救助制度安全网。在完善各项基础制度功能的同时，浦东新区社会救助工作仍然面临服务对象数量多、贫困人口类型多、服务需求种类多的特征。截至2022年11月底，浦东新区组织各街镇社区救助服务、社会力量线下走访排查共计33421人。其中，已纳入民政救助对象21887人，包括低保对象12290人、低收入对象8073人、特困供养人员425人、支出型贫困生活救助对象68人、临时救助对象1031人；未纳入救助的其他困难对象11534人。在承载上海市近三分之一数量的救助对象工作下，浦东新区持续开拓创新，不断提升救助工作的服务水平，聚焦相对贫困、聚焦特殊群体、聚焦群众关切，完善双向认领工作机制，努力实现"人找政策"向"政策找人"的转变。更加关注服务型救助，为困难群众提供多样化、个性化的分层分类救助服务。[①]

相较于刚性制度安排下的社会救助，社会力量具有联系面广、动员能力强、对接救助对象灵活、服务专业的特点。积极推动社会力量参与社会救助有利于促进政府救助和社会救助良性互动，提升社会救助的整体水平和综合效益，推动社会救助工作高质量发展。为此，浦东新区在发挥社会救助"兜底保障"功能的基础上，以提升服务群体的社会能力为工作目标，积极

---

① 林闽钢：《分层分类社会救助体系的发展现状和健全思路》，《行政管理改革》2023年第1期，第4~11页。

探索社会力量参与服务型社会救助的"3A"体系。通过引入社会力量分层分类地参与社会救助服务，推动浦东新区服务型救助体系不断升级。

社会力量参与服务型社会救助的"3A"体系，核心还是在修复困难群体的可行能力。在服务型社会救助体系的实践下，上海浦东新区社会救助设立援助服务、陪伴服务和成长服务三个层次，通过多层次救助体系下专业的服务型救助，帮助能力剥夺下的困难群体恢复各个方面的社会功能，走上自信、自立、自强之路。尤其对处于相对贫困的群体，重点激发相对贫困群体的自我成长能力和持续发展能力，增强自身信心，争取帮助服务对象在自我成长、家庭成长等方面取得长足发展。

（二）"3A"体系的理论支撑

推动社会力量参与服务型社会救助，首先要理解受助对象贫困产生的深层次原因。在新时期，需要推动社会救助体系从"生存型"向"发展型"转变，帮助受助群体提升社会发展能力。发展型社会救助以人的发展能力为基础，以修复家庭、个人的基本社会能力为路径，以实现社会融入与可持续发展为最终目标。[1]

1. 贫困的核心是能力贫困。"可行能力理论"认为贫困不仅仅是在收入和基本生存物资上缺乏基本的保障，实际是"能力贫困"，实现真正的脱贫则需在能力平等的基础上，提高贫困者的可行能力，使其摆脱贫困。[2] 个体在社会中获取生存资源、获取发展机会的一系列可行性能力越大，生活的自由越大。需要社会救助的群体，其贫困的深层次原因是基本生存发展能力的匮乏。

2. 相对贫困是多维剥夺。中国已经消除绝对贫困，相对贫困还会长期存在。汤普森认为，贫困不仅仅是缺少生活必需品的绝对剥夺，而且是被排除在正常社会活动和生活方式之外的相对剥夺。[3] 在健康、教育、社会关系、生活和娱乐在内的多个维度上都可能出现相对剥夺，不同维度的相对剥

---

① 苑晓美：《发展型社会救助的理念实践及其启示》，《中州学刊》2018年第5期，第80~85页。

② 〔印〕阿玛蒂亚·森：《以自由看待发展》，任赜、于真译，中国人民大学出版社，2002。

③ Thompson, E. P., *The Making of the English Working Class*, Vintage Books, 1963.

夺是导致贫困的隐藏因素。在此基础上，社会救助也需要从"经济一维"到解决相对剥夺的"形式多维"的转变。服务型社会救助工作的开展，应在多层次能力提升的基础上从多个维度来开展，充分利用社会力量的资源与专业服务能力来维持服务对象的社会功能，促进边缘人群的社会融合。①

3. 服务型救助的重心是多层次能力的提升。要解决好分类管理和分层救助的关键问题，核心人群是低保对象和特困人员；其次是低保边缘家庭和支出型困难家庭；最外圈层是纳入低收入家庭数据库动态监测的对象。针对不同类别的救助对象，需要提供分层次供需匹配的精准救助，充分发挥兜底保障和促进发展的双重功能。结合双重功能与社会组织服务特点，可以将服务型社会救助划分为保障基本生活、存续社会功能、激发发展能力三个层次。保障基本生活是支援具有生存困难与突发性困难的个人与家庭，维持其基本生活秩序；存续社会功能是帮助维持其身心灵健康与基本社会融合能力，增加其社会网络支持；激发发展能力是注重激发救助对象摆脱贫困的内生动力，促进其个体与家庭的可持续发展。

（三）"3A"体系的主要内容

以上海市民政局的社会救助框架为指导，浦东新区积极构建了"3A"体系（见图1）来指引社会力量参与服务型救助建设："Assistance"援助、"Accompany"陪伴、"Advancement"成长。

"Assistance"援助系列：通过援助型服务保障受助对象的基础生活，维持个体或家庭的基本生活秩序。主要分为基本生活援助与健康医疗保障。

"Accompany"陪伴系列：通过陪伴型服务存续个体、家庭、社会功能，在陪伴服务中逐步增进受助对象的基本社会融合能力。主要包括对个体身心健康修复、家庭能力修复以及社会融合修复。

"Advancement"成长系列：通过成长型服务激发受助群体自我发展的内

---

① 王世强：《强化赋权式介入：社会工作参与社会救助的实践进路》，《学习与实践》2022年第2期，第101~111页。

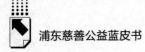

生动力，在个体层面促进就业，实现自我发现。从代际出发，改善下一代的教育机会与社会支持，阻断贫困代际。

按照马斯洛需求理论，个人在社会生活中的需要具有梯度和层次。个体的需求从基础的生存需要逐步向自我价值实现需要过渡。在"3A"体系的分层支撑下，通过援助、陪伴与成长系列服务，为处于相对贫困的服务群体构筑多层次的服务型救助保障，逐步推动受助群体实现其自信、自立、自强的生存与发展需要。

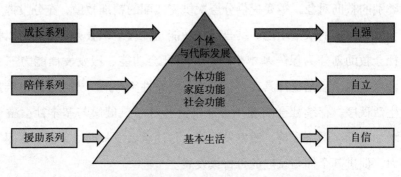

图1　社会力量参与服务型社会救助"3A"体系

二　浦东援助系列服务型社会救助的实践与经验

援助系列以帮助困难群体维持个体或家庭的基本生活秩序为目标。主要通过链接社会资源、引入社会力量来给予困难群体生存质量提升与医疗健康保障。其受益对象主要分为两类，一类为具有生存质量提升需求的困难群体，即基本生活水平处于困难状态，需要一定外部援助来维持基本生存需要。另一类为具有医疗健康保障需求的困难群体，即有收入来源，但因医疗等刚性支出过大，导致人均可支配收入低于低保标准的人员，以及遭遇突发性灾害而生活陷入困境的社会成员。

援助系列的主要举措，一方面是引入各项社会资源来提升困难群体的生存质量。积极构建多项爱心项目，注入各类社会物资来改善困难群体的基本生活需要。另一方面是开展多类型医疗援助项目，链接爱心医疗保障资金，为困难群体的生命健康提供保障。针对上述两类对象，依据一人一档，结合个人情况进行个案分析，制定合理的、个性化的救助方案，持续跟进服务中的困难对象，对其进行定期动态监测。

通过援助系列服务，有效保障受助对象的基本生活需要，并减少受助对象维持生计的焦虑与压力。同时，援助系列服务的实施让社会弱势群体感受到社会关怀和温暖，帮助受助对象树立生活的信心与信念。此外，对社会边缘群体的援助能减少其他社会问题的产生，维护社会稳定。

面向第一类有生存质量提升需求的困难群体，上海浦东新区民政局联合社会组织和企业等多方力量，在实施最低生活保障制度的基础上，面向不同受助群体的需求开展了多个项目帮扶。如联合上海市慈善基金会开展爱心帮扶（鸡蛋牛奶）项目，通过牛奶券和赠送鸡蛋等方式，改善困难群体的营养摄入。在2021年9月至2023年项目发放对象累计16000多人次，价值金额达942万元。同时动员光明乳业、宏士达、万家基金等多家组织，充分调动社会各方力量，针对不同人群开展"冬日暖阳""微心愿""爱心券"等多项基本生活援助项目（见表1）。

表1 援助系列基本生存型与因病致贫型救助项目类型

项目层次	项目目的	项目类型	项目内容
援助系列	生存质量提升	困难未成年物资帮扶	为困难未成年对象提供牛奶、鸡蛋等高品质物资帮扶
		困难老年人物资帮扶	为低保、低收入及其他特殊困难家庭中60周岁以上老人提供牛奶、鸡蛋等物资帮扶
		困难老年人环境改善	为低保、低收入及其他特殊困难家庭中60周岁以上老人提供微环境改造
	医疗健康保障	困难重病家庭经济帮扶	为困难重病患者的困难家庭提供一次性/过渡性经济救助
		困难患病家庭志愿服务	为患病困难家庭提供陪医陪护等志愿服务
		困难人群保险帮扶	为低保、低收入对象购买大病类综合性保险

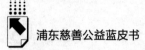

面对具有医疗健康保障需求的困难群体，浦东新区开展多项医疗健康保障帮扶项目，帮助受助群体尽快摆脱因病致贫等困境。如搭建慈善助医等多个项目，为大重病造成家庭经济困难的贫困患者提供资助，在一定程度上缓解医疗健康负担带来的支出型贫困。同时积极动员上海市各企业勇于承担企业的社会责任，联合中微半导体等企业为大重病家庭和个人签署提供医疗援助。通过链接社会爱心企业，以援助系列社会救助帮助受助群体重建社会联系，重振生活信心与活力。

三　浦东陪伴系列服务型社会救助的实践与经验

陪伴系列以存续个体、家庭、社会功能，逐步增进受助对象的基本社会融合能力为目标。主要内容包括对个体身心健康修复、家庭能力修复，以及社会融合能力修复等多项专业服务型救助项目。陪伴系列服务对象主要分为两类：一类是因为身体疾病、心理健康等问题社会活动减少，社会功能缺失的人群；另一类是因家庭状况，而处于社会边缘化的人群，如失独家庭、留守儿童家庭、贫困家庭等的抗风险能力较弱的家庭成员。

在主要内容举措方面，围绕修复身心健康与社会能力为核心，以专业陪伴服务为工具开展多类型服务型救助项目。一是在身心健康修复方面提供情感支持和关怀，帮助困难青少年及老人应对因身体或心理问题而带来的挑战。如，对困境老人提供照护陪伴服务，为低保、低收入及特殊困难家庭中60周岁以上老人提供日常与康复后照护、常态化陪伴，以及家属喘息服务，减轻因这些老人身体不便带来的家庭负担，并为老人及其家庭成员提供心理安慰和鼓励。二是在家庭能力修复方面，帮助社会弱势群体建立稳定、健康的家庭环境。如提供困难特殊家庭心理帮扶等服务，为失独、大病等特殊困难家庭提供心理健康检测与监测、开展团体干预活动及个体心理综合干预，提高家庭功能。三是在社会融合修复方面，帮助边缘人群、困难优抚对象及困难特殊家庭更好地融入社区和社会。如，为因残疾或涉刑等陷入困难的人员提供社会融合指导与陪伴服务。通过社交活动、培训课程等，提供机会让他们与其他人互动、建立联系，减少孤立感和排斥感。在身心健康修复、家庭能力修复和社会融合修复方面，通过陪伴型服务来帮助困难群体，以改善他们的生活质量，重构生活意义感并增强社会融入感。

陪伴系列大多数为专业服务供给，具备特有的工作步骤。首先，通过服务组织系统专业地识别和评估困难群体的需求，找寻其社会功能缺失之处。很多困难群体之所以陷入困境，是因为某些社会功能被破坏或丧失。例如生活不能自理，失去劳动能力，社会基本人际关系破裂等。其次，通过评估，确定困难群体的社会功能缺失情况，制定切实可行的方案，帮助逐步恢复这些功能。如生活自理训练、心理辅导、人际交往技巧培训等。再次，当社会功能逐步恢复时，帮助其重返社会，融入各种社会关系网和支援系统，获得更多资源，为自立奠定基础。通过情绪管理、沟通技巧、权利维护等陪伴服务帮助困难群体提高适应社会的能力。在恢复过程中，要注重发掘和运用困难群体自身的力量，鼓励他们参与制订计划和自我康复。在此基础上建立后续跟踪机制，确保社会功能的恢复能够持续，困难群体真正重返社会、自信自立。陪伴系列以修复个体、家庭与社会功能为目标，提供各类关爱服务（见表2）。浦东新区通过购买服务、项目合作等多种形式，引入多类型社会力量积极参与，为困难群体提供超过20项陪伴型服务。

由区民政局主导开展的"一米书桌"居家学习环境微改造计划（项目时间为2021~2023年），整合各界社会力量，从资金支持、书桌定制、课业辅导、家庭教育和居家收纳等方面，引入社会力量参与社会救助。通过基金会、社会募集等渠道，与爱心企业合作，项目开展以来，累计提供资金42万元，已为42名有需求的浦东新区困难家庭青少年提供学习环境微改造，帮助他们与父母改善亲子关系，增强他们的学习动力，从而提升学习成绩。项目以学习环境打造为手段及切入点，在改造的过程中逐步加入亲子关系改善辅导、青少年课业辅导、居家收纳指导等服务内容，关注家庭及青少年在改造过程中的改变。在服务中逐步培养服务对象养成良好的生活习惯、独立的学习能力及正向的家庭氛围，增强青少年的学习动机和学业成就，进而促进其日后有良好的职业选择空间，改变贫困现状。

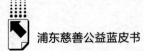

由浦东新区民政局主导，上海浦东新区华福社会服务发展中心承接的"心希望"社区心理救助与家庭成长动力提升项目（项目时间为2021~2022年），以面向有青少年的困难家庭为主，同时结合特殊个案，为困难家庭提供心理健康指导，促进提升社会融入能力。项目通过调研规划、专家交流、培训动员、入户探访和总结经验等过程，对浦东新区的七个街镇（包括浦兴路街道、潍坊新村街道、塘桥街道、北蔡镇、惠南镇、书院镇、川沙新镇）的青少年困难家庭提供陪伴服务。通过家庭教育讲座、家庭探访与咨询和重点个案服务等方式，为困难家庭870名青少年提供疗愈、疏导和赋能服务。同时为街镇及居村社区救助顾问和志愿者提供社区工作心理增能培训，通过该项目的开展，实现了救助人群心理筛查全覆盖，并对救助群体青少年开展了其急需的专业心理咨询辅导。同时建立了一支社会心理救助专业有经验的队伍，在缓和救助对象家庭关系与家庭氛围，赋能救助对象情绪、行为、社交和学习能力方面产生了明显提升的效果。

表2　陪伴系列服务项目类型

项目层次	项目目的	项目类型	项目内容
陪伴系列	身心健康修复	困难青少年关爱计划	为困难家庭儿童及青少年提供课业辅导、心理咨询、生活关爱等志愿服务
		困难特殊家庭心理帮扶	为失独、大病等特殊困难家庭提供心理健康检测与监测、开展团体干预活动及个体心理综合干预
	家庭能力修复	困难老人照护陪伴	为低保、低收入及特殊困难家庭中60周岁以上老人提供日常与康复后照护、常态化陪伴以及家属喘息服务
		困难特殊家庭亲职服务	为失独、大病等特殊困难家庭提供家庭沟通、子女教育技巧辅导等综合服务
		困难特殊家庭未成年子女看护	为困难的需羁押/服刑涉刑人员家庭中的未成年子女提供过渡性照护、心理减压等服务
	社会融合修复	边缘人群社区融合	为因残疾或涉刑等陷入困难的人员提供社会融合指导与陪伴服务
		困难优抚对象关爱计划	为困难优抚对象提供常态化关爱及社区融入服务
		困难特殊家庭社会融合	为部分特殊的困难家庭（失独、残障、大病家庭等）提供心理疏导、康复治疗等综合康复和社会融合活动

四 浦东成长系列服务型社会救助的实践与经验

成长系列服务以激发受助群体自我发展的内生动力为目标。从个体层面出发，通过促进就业自立自强，实现自我发现；从代际角度出发，改善下一代的教育机会与社会支持，阻断贫困代际传递。社会力量参与成长系列服务救助的救助对象主要分为两类，一类是拥有劳动能力缺少就业技能和机会的群体，另一类是因家庭原因缺少教育机会或良好教育资源的群体。

所采取的主要举措包括：一方面，在促进个体发展中开展就业帮扶政策，对拥有劳动力和就业意愿的弱势群体，提供职业技能培训，开展就业帮扶，促进就地就近就业，增强自身的成长能力。让受助群体认识到其具有社会价值创造的能力，增强其自我效能感与获得感，激发内生动力。另一方面，从促进代际成长出发，通过教育扶贫为困难家庭的青少年创造更多的学习机会与就业可能，通过下一代教育和发展，切断相对贫困的恶性循环传播链条。

具体来讲，成长系列服务通过促进个体发展就业，帮助困难群体获得经济收入，提高生活质量，实现经济自立。并且，困难群体能够投身工作还可以增强其成就感和自信心，引导其自我发现，认识自身价值，发掘自身潜力，建立自尊和动力。通过改善下一代教育机会，增强受助家庭子女的知识技能，有利于实现向上流动，对于切断贫困代际传递具有关键作用。为下一代提供更多社会支持，可以使受助家庭子女获得更公平的成长环境，建立自信。成长型服务注重激发弱势群体内生动力和潜能，而不是简单依赖外来帮助，减少社会救助的依赖性和恋助情绪，促进其实现自立，同时锻炼受助群体的自我管理和问题解决能力，实现自强。

成长系列落地项目以促进个人发展与促进代际成长为主要目标（见表3）。以"青云腾飞"项目（项目时间为2021~2022年）为代表，项目投入帮扶资金110万元，受益人数达1000人。项目通过开设青少年教育专项家庭发展账户，培养对教育投资的理念和行为习惯；通过对参与家庭在家庭关系与教育、理财规划及管理、青少年成长与生涯规划、家庭管理等方面的培训与指导，启迪贫困家庭青少年的成才梦想，提升其自我效能感，期待帮助贫困家庭实现"资产惠享未来、知识成就希望"的美好愿景。根据项目持续跟踪的反馈数据发现，参与该项目家庭的青少年在自我教育期望，家长在家庭教育、养育孩子的观念与实践方面有显著的正向变化。青少年的自我认知更加清晰，对未来有了更深度的思考和憧憬。家长更深切地了解了子女成长阶段的心理特征，以及如何与子女更有效地沟通。

成长系列服务旨在赋能困难群体与帮助代际成长，帮助受助群体逐步建立社会适应能力和成长发展动力。个体与代际的自我成长不仅能更加可持续地改善困难群众的生活状况，也有利于社会资源的优化配置与社会环境的积极发展。通过个体成长帮助困难群体由生存走向发展，通过代际成长给予困难青少年家庭更多的教育机会，能够有效激励相对贫困家庭向上流动，形成"外生力推动和内生力加速"的减贫长效机制。

表3 成长系列服务项目类型

项目层次	项目目的	项目类型	项目内容
成长系列	促进个体发展	困难人群就业帮扶	为拥有劳动能力的困难人群提供就业培训、链接社会就业资源等服务
		困难学生助学帮扶	为困难家庭中的学生提供助学金
		困难家庭学习激励计划	对困难家庭中品学兼优学生给予激励
	促进代际成长	困难家庭成长计划	为困难家庭提供系列专业服务(家庭风险诊断、家庭发展规划、家庭财商指导以及家庭管理提升等)，赋能家庭整体成长

五 浦东社会救助"3A"体系的总结与展望

（一）"3A"体系的总体建设进度与经验

2022年，党的二十大报告明确提出"健全分层分类的社会救助体系"。

浦东新区立足引领区建设定位，积极探索高质量社会救助体系，通过构建"3A"体系推动社会救助的高质量发展，构建浦东新区社会力量参与服务性救助的特色体系，积极打造服务类救助的浦东样本。

我们回顾浦东新区社会力量参与服务型救助的体系与实践建设，可看出其在以下方面有积极作为。

援助系列为具有生存质量提升需求和医疗健康保障需求的困难群体链接社会物资资源，解决生存难题，帮助其树立对生活的信心。面对具有生存质量提升需求的家庭，尤其是低保老人、特困老人、低保或困难家庭中的青少年提供物质援助，帮助其改善健康营养状况，改善其生存需要的质量，共计投入资金超过 5800 万元，累计救助超过 30 万人。面向具有医疗健康保障需求的困难群体，提供帮扶资金超过 240 万元，累计帮扶超过 4700 人次。通过提供经济支持，缓解其经济压力，增进困难群体摆脱困境的勇气，坚定对未来美好生活的信心。援助系列社会救助服务通过链接大量社会资源，直接改善了困难群体的生存质量，帮助其建立基本的生活信心。

陪伴系列从丰富精神世界、解决心理问题、提高生活质量、促进困难群体身心健康等方面的角度出发，提供各类关爱与陪伴的专业性服务。浦东新区引导社会力量积极参与，为困难群体提供了 20 余项专业服务，共提供了受助对象超过 3 万人次的陪伴型服务。面对困难家庭的青少年，开展结对服务，充分利用网络服务平台，线上线下地开展学习辅导、心理疏导和生活关爱等服务；鼓励失独家庭、重病患者家庭和残疾人等弱势群体参加文娱活动、兴趣拓展、心理疏导，提高其社会交往能力、提升心理健康水平，增强其自我认同感，使其更加有信心和自理能力来参与社会生活。

成长系列的救助以促进困难群体的自强能力为目标，培养有劳动能力的受助者增强就业技能，进入劳动力市场，彻底实现脱贫。同时加大对困难家庭子女的教育和就业帮扶，通过改善代际贫困，增强受助家庭的可持续发展能力。上海浦东新区在成长系列的救助中累计投入资金超过 500 万元，共计服务超过 4000 人。面向特殊困难家庭群体开展了一系列的就业帮扶项目，不仅体现了社会的包容与开放，也使弱势群体感到社会温暖，增进其社会融入。同时也培养了弱势群体的知识与技能，提高其社会资本与人力资本，增强其社会创新与发展的活力。同时成长服务的重点在困难家庭子女的教育支持，通过教育帮扶激发贫困群体的内生动力，切断相对贫困的恶性循环传播链条。社会各服务单位为困难家庭子女提供教育资金支持、心理关爱支持、家庭整体发展服务，构建困难家庭的综合成长能力，实现受助家庭最终的可持续发展。

总体来看，浦东新区社会力量参与服务型社会救助取得以下实践经验：

1. 建立健全以需求为导向的精准救助

面向具有不同救助需求的困难群体，"3A"体系坚持以差异化的需求为导向，最大限度地保障精准救助，提高救助帮扶的效率。综合调查和精准评估低收入困难家庭的家庭状况和救助需求，有效识别各种贫困原因和状态，展开多维度的预判，让困难家庭在生存、医疗、个体与家庭修复、教育、就业等方面得到更加精准和全面的帮扶。

2. 形成了分层次的梯度救助格局

"3A"体系形成了三级服务救助格局，面对不同困难程度和救助需求的群体，由低到高的分层助于精准的救助帮扶。针对具有生存质量提升需求和医疗健康保障需求的困难群体，提供基本生活救助为主的帮扶与医疗帮扶，使其更好地摆脱困境。对于具有个体身心健康障碍、家庭功能缺失以及社会融合困难的人群，提供陪伴系列的日常关怀与专业辅导。在解决生存与社会功能恢复的基础上，激发困难群体的内生动力，提供就业创业帮扶、教育帮扶等救助服务。通过构建分层次救助的格局，不仅仅只解决特困人群的生存问题，同时也从长远发展角度出发，为社会困难群体提供自立、自强与自信的自我成长道路。

3. 构建了多元社会力量共同参与的救助体系

"3A"体系在以精准帮扶和分层次救助格局的前提下，引入多元社会力量共同合作参与社会救助。以上海浦东新区政府为主导，制定相关救助政策法规，提供资金保障，监管政策实施情况。同时，上海浦东新区政府积极鼓励社会力量参与，协调和整合社会服务组织、社会慈善资源，以及社会慈善个人等各种资源，以更加高效、更加灵活的形式提供社会救助服务，实现多元社会力量共同参与社会救助。

（二）未来发展方向

上海浦东新区在社会救助服务中，政府和社会各方力量积极作为，更精准、更全面地保障和改善民生，补齐民生"短板"。但仍存在一些不足：一是在陪伴系列服务和成长系列服务部分，社会救助项目的设计与运营精细化管理有待完善，项目效果与品牌效应有待提高。二是各层级项目存在衔接度、配合度不足，服务不连贯等问题。三是在社会救助服务中社会资源利用不充分，慈善公益组织和志愿者力量参与力度有待提高。这些不足制约了"3A"体系实施的广度与深度，需要进一步优化"3A"体系的建设，最大限度发挥服务型救助的专业作用。

1. 打造服务型救助的品牌项目

服务型救助以各类社会专业服务为着力点，具有科学性、技术性，以及理论与实践相结合的融合特征。一是建立专业的服务型救助的科学管理流程。项目启动前，明确服务对象及其需求。通过调研确定服务的目标人群及其在生活、就业、心理等方面的需求，做到精准救助。其次根据目标人群需求，设计提供专业化服务内容。在满足受助者当下需求下，还要考虑提高其自立能力，实现其自我发展能力。最后，设立量化的评估指标，为后续评估和品牌建立奠定基础。通过定期收集项目相关数据，监测项目进展情况和结果产出，并进行系统的内部或第三方评估，发现项目存在的问题，并及时优化和改进。二是注重品牌响应，打造有持续性作用的项目。服务性项目成效往往具有较长的反馈周期。在实践中精炼优秀经验，建立"示范项目案例库"，结合项目发展实际和需求变化，不断优化和升级项目。同时，借助媒体和网络等渠道加大对项目具体成果、受助群体故事等的报道力度，广泛宣传项目的社会影响力、知名度和公信力。优秀的品牌建设不仅具有广泛的借鉴作用，还有利于社会力量更加关注慈善公益事业，凝聚各方力量。

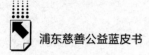

2. 加强分层次项目间的协同与衔接

目前不同社会救助项目之间协同不足，难以实现连贯和深入服务，需要加强项目之间的衔接与配合。一是构建信息共享机制，建立项目之间的信息交流平台。加强项目进展、遇到的困难、解决方案等的共享，避免项目的重复投入和空转。强化对服务全过程的跟踪评估，明确项目定位。建立项目合作机制，理顺不同层级服务的衔接关系，构建统一的服务平台，实现项目间目标人群、标准和信息的对接，实现资源优势互补，实现资源利用的最大化。二是增加项目衔接间的对象连续性，帮助受助对象获得多渠道多层次的连续救助服务。制定项目协作的标准流程，降低项目衔接的行政壁垒以及服务对象的项目申请手续。增强项目交流，强化项目的统筹协调。设立专门的项目协调机构或工作岗位，负责不同项目之间的整体规划和协调，指导项目之间如何实现有效衔接，避免项目离散和资源浪费。三是建立整体评估机制，提高项目评估的系统性，整合服务型救助的总体效应。在项目评估时，不仅评估单个项目的效果，还要评估项目之间的协同效应。通过加强顶层设计和制度建设，促进各层次服务救助项目形成良性循环、提质增效，更好地服务受助群体。

3. 增强社会力量参与服务型救助的资源投入

目前社会资源的利用还有较大提升空间，可以创新机制吸引更多企业、慈善公益组织和志愿者参与社会救助。首先，要充分发挥政府主导作用，引导各方参与救助事业，形成合力。发挥慈善公益组织作用，专业化开展针对性强的救助项目，带动更多资源投入。制定优惠政策，鼓励和规范企业及慈善公益基金会开展针对性救助项目。积极联合高校及科研机构，开发信息平台，提高救助工作的精细化运作能力。加强跨界合作，实现政府、企业、慈善公益组织、志愿者等方面资源有效配置，通过构建开放、包容、多元的参与合作格局，形成强大的社会合力，共同推进服务型救助事业的发展。其次，建立政府与慈善公益组织的常态化合作机制。设立政府与社会公益组织合作的常设沟通机构，倾听慈善公益组织的诉求，寻找合作机会，提供更系统和规范的参与渠道。在此基础上，相关项目监管制度也需同步建立健全，提高公众对公益力量的信任，并推动慈善公益组织提高项目管理水平和透明度，从而参与更多社会救助项目。政府和慈善公益组织应共同努力，通过媒体宣传等方式，提高社会关爱服务项目的知名度和社会影响力，这也将吸引更多社会资源参与社会救助事业。

浦东新区"3A"体系立足于社会救助的援助、陪伴与成长三个层次，使相对贫困群体在生存、社会融入、自我发展不同阶段的被帮扶需求都能得到较为精准的满足，这将促进其更好更快地实现自我的社会价值。上海浦东新区将进一步鼓励社会力量参与社会公益项目，打造公益示范品牌，推动社会服务体系的优质发展，增强受救助群众的社会参与感、幸福感、获得感。

B.10

浦东残疾人事业创新发展报告

唐有财　梁土坤*

摘　要： 残疾人事业是中国特色社会主义事业的重要组成部分，扶残助残是社会文明进步的重要标志。浦东在推进残疾人事业高质量创新发展的过程中，呈现助残服务社区化、助残运行社会化、助残管理数字化、助残活动专业化、助残项目品牌化的特征，在创新型的助残服务载体、多元化的助残服务主体和整合性的助残服务模式方面提供了重要的启示。

关键词： 残疾人　助残　高质量发展　模式创新

一　浦东残疾人事业发展研究的缘起与意义

中国残联公开数据显示，截至 2022 年，我国残疾人总数逾 8500 万人，占全国总人口比例 6.34%，涉及 2.6 万亿个家庭。如何服务好这一规模庞大的弱势群体是对党和政府社会治理能力的重大考验。党的十八大以来，党中央一直秉持着人民至上的崇高理念，保持着对广大残疾朋友的亲切关怀，制定和出台了多项服务残疾人的制度和政策。如 2015 年 9 月创建了首个国家层面的残疾人专项福利制度——残疾人两项补贴制度，直接惠及 1000 万名困难残疾人和 1000 万名重度残疾人。此后，又出台了一系列重要文件，就

* 唐有财，华东理工大学社会与公共管理学院教授、博士生导师，主要研究方向为城市基层社会治理；梁土坤，华东政法大学政府管理学院副教授、硕士生导师，主要研究方向为残疾人社会政策。

促进残疾人就业创业、康复服务、文体工作、无障碍环境建设等作出了一系列部署。习近平总书记高度重视残疾人事业的发展，就维护残疾人权益、做好残疾人服务作出了一系列重要指示，提出了"残疾人是人类大家庭的平等成员，也是人类文明发展的一支重要力量""让广大残疾人安居乐业、衣食无忧，过上幸福美好的生活""促进残疾人全面发展和共同富裕"等重要论述。[①] 党的二十大报告中也进一步强调，要完善残疾人社会保障制度和关爱服务体系，促进残疾人事业全面发展。

国内学者对残疾人事业进行了多元化的研究，主要包括以下几个方面。一是残疾人就业问题研究。残疾人就业仍然存在就业层次低、收入水平低和发展不平衡等问题。[②] 残疾人集中就业普遍存在"挂靠"的"假就业"现象，而按比例就业则存在用人单位更偏好缴纳"残疾人就业保障金"而不是雇佣残疾人的"缴费偏好陷阱"等现实困境。[③] 影响残疾人就业的因素包括残疾人的身体状况、受教育水平、社会保障状况、地区经济发展水平等方面。[④] 必须以消除社会性障碍为政策重心调整残疾人就业政策，以全面促进残疾人就业。[⑤] 二是残疾人教育问题研究。我国残疾人受教育状况仍然存在结构性困境，其平均受教育水平相对较低，农村残疾人受教育水平低于城镇残疾人，性别、残疾类别、残疾程度、家庭收入、区域经济发展水平等是影

---

① 三段论述分别来自 2014 年 5 月 16 日《习近平在会见第五次全国自强模范暨助残先进集体和个人表彰大会受表彰代表时的讲话》、2014 年 3 月 20 日《习近平致信祝贺中国残疾人福利基金会成立 30 周年》、2017 年 11 月 30 日《习近平向 2013—2022 年亚太残疾人十年中期审查高级别政府间会议致贺信》，转引自《学习语 | 残疾人也可以活出精彩的人生》，党建网，2023 年 5 月 26 日，https://www.dangjian.cn/shouye/sixianglilun/xuexiyuandi/202305/t20230526_6610406.shtml，最后访问日期：2023 年 6 月 30 日。
② 张建伟、胡隽：《中国残疾人就业的成就、问题与促进措施》，《人口学刊》2008 年第 2 期。
③ 薄赢、丁金宏：《农村残疾人就业意愿和就业困境研究——基于上海市金山区农村残疾人调查的实证分析》，《西北人口》2017 年第 3 期。
④ 赖德胜、廖娟、刘伟：《我国残疾人就业及其影响因素分析》，《中国人民大学学报》2008 年第 1 期。
⑤ 马珆宁：《残疾人就业障碍及促进残疾人就业的路径选择——残障社会模式的视角》，《济南大学学报》（社会科学版）2022 年第 5 期。

响残疾人受教育程度的重要因素。[1] 需要建构残疾人受教育权的防御权功能、受益权功能和客观价值秩序功能以完善残疾人教育政策，以提高残疾人教育水平和质量。[2] 三是残疾人康复及其服务问题研究。残疾人康复存在职业康复人才严重短缺、康复知识宣传不到位、康复医疗体系混乱等问题。[3] 需要发展以需求为导向的个性化服务的精准康复，形成多层次的康复服务网络，以精准康复为重点，促进残疾人康复事业发展和满足残疾人康复需要。[4] 四是无障碍环境相关问题研究。目前无障碍环境建设面临需求不准确、人群覆盖有限、个性化改造内容指引不明确、资金保障有限等问题。[5] 需要更新无障碍环境建设立法理念、明确受益群体、规制立法内容、提升立法价值，以推进残疾人相关无障碍环境建设等。[6] 这些研究为我们残疾人事业及其发展提供了重要参考。然而，也可以看到地区经济、社会、文化等方面发展状况不同，残疾人事业发展存在明显的区域差异，因此需要因地制宜，总结、归纳和分析残疾人事业高质量发展的成功经验，以不断推进残疾人事业发展。

作为社会主义现代化建设引领区，浦东新区在推动残疾人服务方面承载着示范引领的功能。根据浦东新区残疾人动态更新数据，截至 2022 年 11月，浦东新区持证残疾人总数为 111544 人，位列全市第一。从年龄分布来看，65 周岁以上残疾人数量最多，占比 52.60%，残疾人老龄化问题突出。从残疾类别来看，肢体残疾人占比最多，为 42.02%，呈现残疾类别集中化倾向。从残疾等级来看，一二级与三四级的人数比约为 3∶7，残疾人以三

---

[1] 许巧仙、詹鹏：《公平正义与弱有所扶：残疾人教育结构性困境及服务提升研究》，《中国行政管理》2018 年第 11 期。

[2] 刘璞：《以基本权利功能理论完善我国残疾人教育法律制度》，《教育发展研究》2018 年第23 期。

[3] 孙树菡、毛艾琳：《我国残疾人康复需求与供给研究》，《湖南师范大学社会科学学报》2009 年第 1 期。

[4] 陶慧芬、江传曾、唐利娟：《中国特色残疾人康复事业发展道路探析》，《残疾人研究》2018 年第 2 期。

[5] 余艳萍、贾馨林：《我国家庭无障碍改造政策研究——基于五个省市的比较分析》，《残疾人研究》2022 年第 1 期。

[6] 王阳、孙计领、陈功：《无障碍的概念和相关问题研究》，《人口与发展》2023 年第 4 期。

级四级中轻度残疾为主。① 以家庭为分析单位，浦东新区特殊家庭率为18.01%，其中，一户多残家庭最多，共15077家，占残疾人家庭总数的13.58%，需要格外关注关心。② 为贯彻落实党中央和习近平总书记关于残疾人事业发展的重要指示精神，浦东新区始终坚持"财力有一分增长、民生有一分改善"的发展理念，探索超大城市残疾人事业高质量发展的实践创新，推进残疾人基本保障、康复文体、劳动就业、融合教育、权益维护等领域从均衡发展走向优质供给，切实满足残疾人不同领域、不同层次的服务需求，共享引领区建设发展成果，为推进残疾人事业高质量发展、残疾群众高品质生活提供典范引领。所以，深入研究浦东残疾人事业发展模式，不仅能够充实我国残疾人事业研究内容，也能够为其他地区残疾人事业发展提供必要参考，具有重要的理论和实践价值。

二　浦东残疾人事业的创新实践与探索

为做好全区11万多残疾人的服务工作，浦东新区既遵循着上海市残疾人事业发展的轨迹，也在建功浦东改革开放和社会主义现代化建设排头兵、先行者的征程中开辟出了一条残疾人事业高质量发展的浦东道路，让助残服务的变迁之路呈现"助残服务社区化，助残运行社会化，助残管理数字化，助残活动专业化，助残项目品牌化"的特征，通过前沿探索和创新实践不断丰富着残疾人事业的发展内涵，拓展助残服务的外延，让残疾人拥有更多的获得感和幸福感。

（一）助残服务社区化

一是建立"三阳基地"推动服务下沉至社区。2002年，上海获得2007

① 各类残疾按残疾程度分为四级，即残疾一级、残疾二级、残疾三级和残疾四级。残疾一级为极重度，残疾二级为重度，残疾三级为中度，残疾四级为轻度。
② 特殊家庭包括一户多残家庭、独居残疾人家庭、老养残家庭等，特殊家庭率指的是特殊家庭数与全区残疾人家庭总数的比值。

年世界特殊奥林匹克运动会（以下简称"特奥会"）主办权。① 为了迎接特奥会的到来，在上海市政府的号召下，浦东新区残联于 2005 年推动 36 个街镇建立了"阳光之家"，专门为具有生活自理能力的 16~35 周岁智障人士提供日间照料、康复服务和特奥训练等。2009 年，浦东新区残联先后指导建立 36 个街镇级"阳光基地"和全市首家区级"阳光基地"，作为推动残疾人就业保障工作的服务阵地和关键力量，让残疾人获得职业康复、快速融入社会的机会。② 2010 年初，浦东新区残联按照《上海市创建全国残疾人工作示范城市实施方案（2007~2010）》要求，与浦东新区精神卫生中心联合建立了以"阳光心园"命名的街镇康复站，建立"医院-社区"一体化管理模式，充分发挥社区医疗机构、患者家属以及社会力量，为病情相对稳定且有康复需求的精神障碍患者提供日间照料和康复训练，促进他们融入主流社会。阳光之家、阳光基地、阳光心园（合称"三阳基地"）在各街镇的建立，是助残服务下沉至社区、提升残疾人及其家庭对助残服务感受度的里程碑事件，弥补了残疾人享受社区福利服务的缺口，缓解了精神和智力残疾人家庭的照护压力。

二是率先建立全国首家专属于残障群体的党群服务阵地。浦东新区残联联合张江镇党委、人民网上海党支部、中兴健康党支部、喜马拉雅党委形成五大党建联盟，众筹打造了国内首家特殊领域党建示范阵地——浦东新区残疾人党群服务中心（以下简称"中心"）。中心以习近平总书记提出的"中国梦是民族的梦，也是每个中国人的梦"③ 为思想根源，分设"创梦、筑梦、享梦、逐梦"四大板块，因此被冠以"谱梦空间"品牌名。其中，"创梦"是协助残疾人创造梦想的空间，以为残疾人提供创业就业、法律援助服务为主，助力残疾人实现创业就业梦、合法维权梦；"筑梦"即融合残工委成员单位、社会各界力量为残疾人共筑梦想的空间，为实现人人参与残疾

---

① 世界特殊奥林匹克运动会是专门面向智障人士举办的体育盛会。
② 阳光基地全称为"残疾人阳光职业康复援助基地"。
③ 中共中央文献研究室编《习近平关于实现中华民族伟大复兴的中国梦论述摘编》，中央文献出版社，2013。

人事业发展，助推残障朋友拥有更多更实的获得感和幸福感；"享梦"即为孤独症儿童、脑卒中残疾人、脊髓损伤患者打造康复项目以及为老年人提供陪护康养的空间，以实现人人享有康复服务的目标，让残障朋友共享有品质的生活；"逐梦"板块通过社区残健融合，筹建了一个鼓励残疾人大胆追逐艺术梦想、全民共享文化、艺术盛宴的"融舞台"。在"全周期、一站式"理念的指导下，中心打造了融建、数智、法援、就业、康养、文体六大服务平台，分别由残工委单位牵头引领，系统性推进助残服务，构建助残公益事业协同发展的运行生态。中心的建成，不仅是对现有党建阵地体系的有益补充、对特殊领域党建工作的有益探索，也是浦东首创精神与浦东发展新阶段民生成果的重要体现。

（二）助残运行社会化

一是探索助残服务的社会化运行机制。2008年7月，浦东新区残联率先在上海市开展重残人员居家养护试点工作，通过委托专家制定重残人员居家养护需求评估表，针对不同类别残疾人的养护特点制定具体参数指标，由医务人员上门"打分"评估制定个性化养护方案，实施分级居家养护照料，并委托两家民非组织进行日常运作管理，使社会组织在良性竞争中推动残疾人康复服务专业化、个性化发展。2009年，南汇区并入浦东新区，残疾人工作面临服务对象增多、问题矛盾复杂、工作任务加重等挑战，传统的残疾人工作模式和既有的助残工作队伍已无法应对复杂的工作环境。主动求变才能赢得主动、开创新局。浦东新区残联抓住浦东新区大力培育社会组织的机遇，以问题导向、需求导向、项目导向为原则加快探索政府主导、社会力量多元参与的残疾人工作社会化模式，通过社会公开招投标逐步将辅助器具配发、阳光基地和阳光心园管理、阳光之家能力建设等委托给专业社会组织参与管理，探索完善专业的社会化运作机制，形成了多元主体参与的福利服务供给结构，使残疾人获得了更优质的专业服务。

二是引入专业社会组织提供多元服务内容。社会组织是助残服务供给的重要主体，具备专业性、公益性、灵活性，能满足残疾人及其家庭个性化、

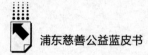

多元化的服务需求，是推进助残服务多元供给结构形成的重要力量。据上海社会组织公共服务平台公开数据显示（见表1），浦东新区明确以助残服务为主要业务的社会组织共有48家，均为社会服务机构。

表1 浦东新区助残社会组织发展规模及服务领域分布

单位：家

创办时间	总量	职业康复	文化艺术	家政护理	综合服务 （康复、就业、文体等）	特定人群帮扶 （自闭症、渐冻症等）
2001~2009 年	13	10	0	1	2	0
2010~2019 年	33	24	2	1	4	2
2020 年至今	2	0	0	0	1	1
合　计	48	34	2	2	7	3

数据来源：浦东残联。

三是建立多层次的志愿服务网络。志愿助残服务为满足残疾人个性化需求、共享社会发展成果提供了有力支撑，是加快社会化助残、持续提升残疾人幸福感的有力抓手。为解决残疾人的特殊需求，推进志愿助残工作向纵深发展，浦东在上海助残志愿服务总队下形成了纵向到底、横向贯通的"大十字架式"志愿助残治理体系，以浦东新区残联志愿服务总队统筹浦东志愿助残服务工作、浦东新区助残（志愿者）服务中心负责助残志愿服务日常运作、36 个街道（镇）志愿助残服务队开展街镇志愿服务工作、村居助残服务联络点推进"家门口"志愿助残服务为纵向网络形成"区级-街镇-村居"三级志愿服务全覆盖格局；在浦东新区助残（志愿者）服务中心主导下，横向连接浦东新区五大残疾人协会了解残疾人需求，高效集聚社会组织、院校机构、爱心企业、热心市民等志愿助残资源，充分发挥志愿助残项目"孵化器"功能，推动志愿助残服务走向规范化、项目化、精准化。为了提升助残志愿者的专业性，浦东新区助残（志愿者）服务中心组织开展了"益行无声"手语技能、助盲出行引导技能等培训，开设了"助残文化及志愿服务技能分享"课程。为创新正向激励方式，精心设计了星级评价体系，对服务时长超过 50 小时、100 小时、150 小时、200 小时、300 小时的志愿者分别给予 1~5 星荣誉称号，颁发星级徽章，并在浦东新区残联、浦东志愿等微信公众号进行报道宣传，提升助残志愿者声望，树立志愿者的良好形象；组建助心圆梦志愿者读书会，举办"闪亮的你"助残志愿者团建赋能等活动，促进助残志愿者之间的情感交流，获得身心愉悦，推动志愿服务从"单向付出"到"双向获益"转变。为提升志愿服务管理效能，浦东新区残联志愿者服务总队将浦东新区划分为东西南北中 5 个区域，建立助残志愿者档案管理系统，定期给予志愿者助残培训、督导及协助，提高服务成功率和服务对象满意度。

（三）助残管理数字化

一是开发信息化平台满足残疾人多重需求。浦东新区着力推动残疾人事业融入信息化、科技化、智能化发展大潮，充分发挥科创引擎优势，以技术赋能推动助残服务智能高效。2015 年，浦东新区残联将"互联网+"概念融入助残服务，打造了全市首个残疾人智慧公共服务平台，实现了手机、PC、微信等各个版本全面融合，便于残疾人一站式获取办事指南、辅具租赁、康复咨询、教育就业等各类服务信息以及爬楼机预约、应急保障、安全定位等多元化助残服务。2020 年，浦东新区残联打造了浦东新区残疾人综合大数据平台，以"融入大平台，对接大数据，做实精细化"为总基调，实现了与上海市辅具中心、浦东人社、浦东民政等部门相关数据实时对接，精准呈现残疾人个体现状。

二是依托大数据实现助残服务精准化。浦东新区残疾人综合大数据平台通过利用信息化手段实现残疾人需求精准掌握、服务精准提供。以残疾人就业服务为例，浦东新区残联以浦东新区残疾人党群服务中心为平台，在"人社就业服务 APP"建立"一人一档"的残疾人就业数据库，依托区级阳光基地，为数据库内残疾人提供专业的就业辅导和职业技能培训，再根据区人才中心就业指导师的精准推荐，为片区内残疾人匹配就业岗位，就业联盟企业录用后由平台继续跟进稳定就业的残疾人就业"闭环"管理模式。此外，通过运用大数据和区块链技术，搭建残疾人就业数据库和网络信息平台，将残疾人的基本情况、择业偏好、特殊要求等就业相关信息全部上链，由平台统一管理。同时，打通企业、事业单位的岗位需求信息库，运用互联网和移动互联等现代信息技术，实现残疾人就业的供需匹配。

（四）助残活动专业化

一是注重以人为本的服务理念。在开展助残服务中尊重每一位残障人士在助残工作中的主体性与能动性，讲求以人为本的人性化关怀，关注残障人士在新时代下的多样化、多层次需求，针对每个人的残疾情况、性格特征与现实需要对残障人士开展个别化工作。比如上海新途社区健康促进社（以下简称"新途"）在开展精障患者社区康复试点服务项目时，运用专业的社会工作理念和方法，从"更有能力的患者，更团结的患者/家属社群与更友好的社会环境"三个维度介入，促进社区严重精神障碍患者恢复社会功能，帮助他们融入社会。在开展项目中，新途总结提炼了一套针对精障患者社区康复服务的初期分层研判工具，根据电话或上门访问了解精障患者家属、个人及其他情况，将约2000名服务对象分为四类，根据类别确定针对性服务。比如，针对无监护或弱监护患者，增加电话访问和上门访视频率，链接对应资源增加家庭支持、生活保障等；针对有意向参与社区康复或家属支持服务的患者，以兴趣为导向吸引患者或家属参与各类活动。

二是强调助人自助的发展理念。浦东新区残联秉持"授人以鱼不如授人以渔"的原则为残障人士提供高质量的就业服务，根据残障人士的需求和特点，为残障人士匹配合适的就业岗位，提供全流程的技能培训，不仅保障了残疾人的基本生活，还为残疾人的自我价值的实现提供了技术支持。浦东新区树立了一批自立自强的残疾人典范，在推动残疾人自助服务中发挥了示范带动效应。比如，浦东"十佳"自强模范杨建林，克服渐冻症带来的影响，于2010年创建了运动神经元互助家园论坛，为全国渐冻症患者搭建了一个分享抗病经验与知识、互相勉励的平台。2017年，他创立了"浦东新区蒲公英渐冻人罕见病关爱中心"，以凝聚更多力量为爱"解冻"。第六届全国自强模范的高位截瘫患者柯水昌，从绝望中"站"了起来，以左手技艺、右手公益"重启人生"，在 2013 年创办了"锦昌公益"，为全国慕名而来的伤友免费提供电子产品维修培训。[①] 上海市自强模范姚建静，身高虽定格在 1.29 米，但人生的高度却在以茶助残的善行中不断提升，其于 2016 年创建了上海市第一支残疾人茶文化服务队伍"沐春茶学社"，用奉茶施茶建起传统文化与社会公益之间的纽带，帮助更多残障人士调养身心、涵养德行。

三是探索专业化的资源链接方式。浦东新区残联依托浦东新区残疾人党群服务中心，根据残疾人的实际需要，帮助残疾人链接所需的资源，和浦东新区司法局合作建立残疾人法律援助平台，为残疾人提供周期性、常态化的法律援助服务，与星巴克、熊爪咖啡合作为聋哑的"无声咖啡师"提供咖啡教学服务，与喜马拉雅合作，为对播音有兴趣的残障人士提供学习、展示、就业的平台等。浦东新区还探索各种链接资源的方式，由浦东新区残联牵头成立的全市首家全部由残疾人经营的园区助残公益基地——"张江展想广场号"谱梦空间，该空间吸引爱心企业免费入驻，由入驻企业吸纳残疾人驻点就业，以公益价开展盲人按摩、无声美甲、非遗美食、无声咖啡、数智文创等便民服务，开启新经济业态下"爱心企业驻点+残疾人公益反哺"的扶残就业新模式，在展示残疾人自强风采、助力残疾人实现高质量就业的同时引领商业向善，提升园区温度。

（五）助残项目品牌化

一是建立助残服务阵地品牌。目前浦东新区残疾人党群服务中心已呈现法律援助一站式服务平台、天使融媒体中心、儿童早期干预公益服务站（孤独症）、文化艺术融舞台、党员党组织为民办事实践基地等一批全国首

---

① 锦昌公益是 2019 年 10 月 9 日在浦东新区民政局登记注册为民办非企业单位，全名为上海市浦东新区潍坊社区锦昌公益服务中心。

创功能性品牌。

二是培育志愿服务品牌项目。浦东新区以残疾人的实际需求为导向培育志愿品牌项目，创设志愿活动载体，激活转化志愿者资源，为残疾人提供助残服务。浦东图书馆发起的"黑暗中的阅读"志愿服务项目在20多年中让近2000名视障者学会了使用智能手机和电脑。上海市东方医院成立的全国首家"无声有爱"助聋门诊在10多年来为万余名聋人提供了绿色就医通道。这两个项目均荣获2022年度全国学雷锋志愿服务"四个100"先进典型荣誉称号。浦东新区助残（志愿者）服务中心依托浦东新区残疾人智慧服务平台首创助残志愿者在线服务系统，开通"我是你的眼"助盲出行项目，实现盲人出行需求与陪护服务实时对接，满足盲人外出购物、就医配药、探亲访友等需求。浦东新区助残（志愿者）服务中心还创设了助心圆梦项目，以浦东新区助残（志愿者）服务平台为媒介紧密连接心智障碍群体和企业、高校、专业机构及个人等社会助残资源，通过文体活动、融合交友、互助交流等形式，为心智障碍群体创设走出家门、接触他人、融入社会的机会，提升心智障碍者的生活品质，缓解家属的照护压力和焦虑心理。该项目荣获"浦东新区2021~2022年度十佳志愿服务项目"称号。

三是依托社会组织研发服务品牌。社会组织在参与助残服务过程中通过专业的社会工作方法培育了一系列具有影响力的助残服务品牌项目，代表性的包括梦工坊咖啡吧、"斯迪克计划——林鸟行动"。梦工坊咖啡吧是专门针对心智障碍人群（亦称"心青年"）的服务项目。2018年，上海市浦东新区辅读学校结合职业课程创设"梦工坊咖啡吧模拟厅"，为学生提供练习的场所。2019年，在政企社三方合作下，承载着"心青年"的"就业梦"的上海市首个心智障碍青年支持性就业基地——梦工坊咖啡吧正式面向社会试运营，实现教育与职业的联动。该项目配备运营团队和技术团队，创新可持续运营模式，在浦东新区共开出了2家门店，共卖出64848杯咖啡，培养了7名"心青年"咖啡师，为10名"心青年"提供了就业机会。2021年，浦东新区三林镇梦工坊残疾人服务中心凭借该品牌荣获第三届上海社会组织公益创业大赛银奖。"斯迪克计划——林鸟行动"是专门为精神障碍患者提供社区康复服务的项目。项目通过摸底排查对精障患者实施分类管理，建立线上活动群开展主题动员活动，让患者及其家属在网名的保护下降低戒备心、病耻感等进行分享交流、共学互助；在同伴理论支持下组建了患者俱乐部和家属俱乐部，让患者和家属在同质群体中找到共鸣，释放压力，获得同伴的正向支持，汲取有效的知识经验，让家属更有动力和能力照料患者，让患者更加积极参与社区康复。为了提升俱乐部成员参与活动的兴趣，设计系列贴近成员生活的手工活动，让俱乐部成员在生活中找到美好，激发对生活的热情。

三 浦东残疾人服务创新实践的经验启示

浦东新区残疾人事业坚持以残疾人为核心的服务原则，立足区域化发展大局加强顶层设计，创新服务方式，逐渐形成了示范阵地有方、志愿服务有道、社会组织有为、品牌项目有质、助残活动有效的"五有"合力，实现了更高层次的服务供给和更加精准的供需匹配，开启了系统科学的扶残助残新实践，营造了全社会扶残助残的新风尚，回应了残疾人多层次、多元化的服务需求，让"平等、参与、共享"的现代残疾人观成为一幅生动的现实图景，其主要的启示在于以下几方面。

（一）创新型的助残服务载体

党建引领是做好残疾人服务的根本政治保障。浦东新区残联将党中央赋予浦东的新定位"排头兵中的排头兵，先行者中的先行者"贯彻落实到残疾人事业具体工作中。针对群团改革提出的"强三性"（即政治性、群众性、先进性）要求，浦东新区残联党组主动强化政治责任，积极探索践行政治担当的有效载体，通过党建引领，调动一切社会助残资源发展残疾人事业。如浦东新区残疾人党群服务中心充分发挥价值引领、组织引领、队伍引领和行为引领的功能。一是通过先锋育人、扶残助残、提质增能、反哺社会四大工程，宣传党和政府关于残疾人事业的方针政策，展示残疾人事业的发展成就，提升残疾人的认同感和价值感，实现价值引领。二是以点带面，统筹管理，纵向形成区、街镇、村居残联（协）的联动机制；横向与区域资源对接，链接就业、康复、教育、文体、法律、心理等各类阵地和资源，实现组织引领。三是培养各级残疾人干部、骨干，培育志愿者队伍，已成为五大协会活动阵地、志愿助残总基地，实现了队伍引领。为残疾人提供展示、互动、交流平台，充分发挥残疾党员、达人先锋模范作用，实现队伍引领。四是凝聚引入各类社会优质资源，孵化、培育高质量助残品牌，做强社会助残，实现行为引领。

（二）多元化的助残服务主体

残疾人事业需要全社会共同的努力。浦东新区以"自助、互助、他助、助他"为方向整合全社会助残资源，打通浦东新区人社局、浦东新区卫健委、浦东新区民政局、浦东新区教育局等部门之间的政策保障壁垒，为残疾人提供全口径政策支持，真正形成党建引领、政府牵头、全社会共同参与的残疾人工作新格局。一是通过吸引社会共建资源，将个人与企业捐助的爱心资金引入上海市残疾人福利基金会浦东新区代表处，转而投入就业援助、助残志愿、康复服务等残疾人公益项目中，使广大残疾人在社会爱心的滋养下有更多的获得感和幸福感；二是浦东新区残疾人党群服务中心吸纳专家智囊团、专门协会、专业第三方、社会助残力量多层次协同共建运行保障体系；三是通过品牌项目整合多方资源，如打造了时味心选非遗美食、心随农动助残兴农、汇星烘焙西点制作、谱梦·恒心跆拳道等公益合作项目，这些品牌项目搭载"谱梦列车"① 进入企业、园区等社会公共场所，在所经之处播下了融

---

① 谱梦列车是浦东新区残疾人党群服务中心培育的残疾人自强公益服务项目，通过挖掘一批有一技之长和反哺初心的残障人士，为他们搭建进企业、商场、社区、学校等社会公共场所提供匠心按摩、无声美甲、谱梦咖啡等便民服务的反哺公益平台，以助他行动践行反哺初心，以自强风貌引领社会向善，凝聚社会助残力量参与公益性助残事业，营造利己利他的公益慈善互惠模式，构筑残疾人事业发展新格局。

合的种子，让越来越多的爱心企业加入助残事业，共同营造更浓郁的扶残助残氛围。最为典型的是带动培育了"张江展想广场号"谱梦空间和"谱梦空间"（百联谱梦）两大延伸治理阵地，打造"市场+公益+慈善"服务样态。

（三）整合性的助残服务模式

浦东新区在开展残疾人服务时，不仅整合多方服务资源，而且积极建立整合性的服务模式，推进区级层面统筹指导、街镇层面枢纽功能、村居落实精准服务三级工作体系。在区级层面上，形成区级统筹型阵地浦东新区残疾人党群服务中心；在街镇层面上，重新定位全区36个街镇的"三阳基地"，拓展功能，使其成为区残联在街镇的枢纽型阵地；在全区居村委员会全面做实基层残协和助残服务，真正形成残联系统三级阵地服务体系。有些服务项目依托三级阵地构建整合性服务模式，比如针对精神障碍患者的"斯迪克计划——林鸟行动"项目自实施以来，形成了"1+36""1+1"服务模式。"1+36"中的"1"是指建设一家区级服务平台，统一推进项目的整体实施和服务规划；"36"是指36家街镇阳光心园，项目团队从区级服务平台出发，通过社工、志愿者等将服务进一步覆盖到36家阳光心园，提升全区精神障碍患者社区康复活力。"1+1"是指开展精神障碍患者俱乐部活动与家属俱乐部活动，分别为患者及家属提供支持，提升患者参与社区康复的积极性，增强康复效果，帮助家属从旁观者的角度看待患者的问题，增加家属的正向经验。

四 促进浦东残疾人事业发展的未来方向

浦东新区在推进残疾人事业发展方面做了大量工作，对改善残疾人生存状况、提升残疾人生活质量、促进残疾人社会参与和全面发展等方面发挥了重要作用。浦东新区先后成立残疾人党群服务中心、升级残疾人"三阳基地"，积极探索"条块结合、以点带面"的残疾人党群服务模式，在提升浦东新区残疾人事业发展质量方面发挥了重要作用。然而，随着经济社会的不断发展，残疾人的需要呈现多元化、复杂化趋势，有些残疾人反映其部分需要仍未得到满足，制约了其生活品质的提升和共同富裕的全面实现。当前浦东新区残疾人服务工作还面临多重挑战。着眼长远，浦东新区残疾人事业在基层组织建设、专业力量储备、志愿队伍优化等方面仍有完善的空间，需要予以深入探索和长远谋划。

（一）着力提升基层组织功能，全面提升服务效能

助残服务依赖于强有力的基层组织体系，调研发现，街镇和村居层面的残联组织功能存在弱化和虚化问题。一是助残服务工作在街镇和居村层面的总体工作中相对边缘，对基层助残服务工作的统合力度弱，原先一批助残员队伍只出不进，后续的工作由社区工作者来担任，很多村居干部缺乏对助残服务的意识和专业能力，导致服务残疾人工作不到位，社区里针对残疾人的服务活动相对较少；二是残疾人五大协会（盲人协会、聋人协会、肢残人协会、智力残疾人及亲友协会、精神障碍患者及亲友协会）缺少资源保障，缺乏工作抓手，难以发挥应有的功能。因此，需要多渠道提升残疾人基层组织功能，以全面提升其服务效能，主要包括两个方面。一方面，提高思想认识，更加重视残疾人服务工作在基层治理体系中的定位，紧密依靠浦东新区残疾人工作委员会及成员单位，进一步推动残疾人工作融入区域民生保障工程和社会治理大格局。另一方面，从残疾人群体的视角出发深入开展调研，探寻现行残疾人工作与残疾人需要之间的矛盾及问题，分析残疾人工作存在的不足之处。深入分析浦东新区残疾人基层工作者的主要特征、面临问题及制约因素等，为促进浦东新区基层残疾人工作队伍建设、提升基层组织治理效能和服务质量提供对策参考。

（二）提升服务能力、推动助残社会组织可持续发展

助残服务社会化是重要的发展方向，但是该领域内的高质量社会组织还非常缺乏，很多承担相关服务的社会组织都不是该领域的专业机构，服务能

力相对欠缺。助残社会组织还存在服务领域同质化现象，且仅有 3 家获得 3A 等级，无法应对浦东残疾人规模庞大、需求多元的问题，要通过提质扩量的方法予以解决。特别是近年来受经济下行等因素的影响，很多社会组织都面临生存困境，人员流失严重，难以保证高品质的服务。因此，需要根据助残社会组织发展的现实问题，着力提升其服务能力，以推进其高质量可持续发展，主要包括四个方面。一是探索公益助残项目招投标机制，并出台扶持性政策刺激企事业单位和社会大众广泛参与助残社会组织孵化行动，培育一批长期扎根一线、了解残疾人需求、为残疾人提供多类别服务的社会组织。二是启动助残社会组织从业人员培训计划，提升职业能力，推进助残社会组织规范化、专业化发展。三是加大品牌项目的培育力度，以品牌项目为抓手吸引企业、基金会等资源主体给予项目支持，破解社会组织由于收入低导致人才流失率高等问题，推进助残社会组织可持续发展。四是搭建助残社会组织之间的交流合作平台，打造助残公益共同体，实现资源共享。

（三）优化助残志愿者队伍结构，促进助残志愿服务供需平衡

总体来说，当前的助残志愿服务起步还比较晚，志愿服务的外部环境还不成熟，助残志愿服务的专业化有待提升，志愿服务难以满足残疾人的需求。当前，浦东新区在"上海志愿者网"实名认证的注册助残志愿者中，企业志愿者占 61.66%，高校志愿者占 20.65%，在一定程度上导致工作日期间志愿助残服务的供给量无法满足志愿助残服务的需求量，导致"助盲出行"线上流单率较高，不利于助残服务常态化。因此，需要不断优化助残志愿者队伍结构，促进助残志愿服务高质量发展。为了攻破助残志愿服务供需不平衡问题，关键是要优化助残志愿者队伍，提升志愿服务时间匹配度。当前，社区志愿者队伍中全职妈妈、退休老人占比较大，他们参与志愿活动的热情较高，时间分配上也较为灵活，可通过吸纳整合社区、邻里等志愿服务资源，优化助残志愿者队伍结构，解决助残志愿服务供需不平衡问题。

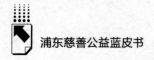

（四）深化助残服务模式，有效回应残疾人美好生活需要

浦东新区积极探索"条块结合、以点带面"的残疾人党群服务模式，特别是依托党群中心服务阵地整合了优质的服务资源，为残疾人提供了高品质的助残服务。但浦东新区有 36 个街镇，需要不断让中心的资源辐射到各个街镇和社区，需要尽快建立区、街镇和社区三级服务阵地的有效联动机制。同时，浦东新区作为上海科创主力军，在打造社会主义现代化建设引领区的征程上，要充分发挥科创引擎优势，引导科技向善，研发智能康复辅具，用技术赋能弥补残疾人生理缺陷，实现残疾人辅具现代化。浦东新区大型企业云集，要充分发挥第三次分配在助残公益领域的作用，引导企业参与扶残助残实践，助力残疾人实现物质、精神同步富裕，实现全体人民共同富裕的现代化。

B.11

浦东慈善公益助力为老服务发展报告

彭 聪*

摘 要： 本报告尝试梳理了 2021 年以来浦东新区慈善公益助力为老服务的实践和经验，展现"十四五"以来浦东新区慈善公益力量持续支持为老服务领域的人、财、物发展的图景，并提出要明确慈善公益助力为老服务的定位、强化党建引领在为老服务志愿领域的作用与机制、深度挖掘科技提升慈善公益力量为老服务的效能、进一步放开慈善组织登记、推动慈善公益力量支持社区助老的发展的对策建议。

关键词： 人口老龄化 养老服务 慈善公益

一 慈善公益与为老服务

慈善事业是助推社会文明进步的重要标志。着眼于养老服务领域，浦东新区慈善公益力量在助老、安老领域发展源远流长，积极推动社会各界的慈行善举应对人口老龄化，发挥慈善公益组织在第三次分配中的作用，提升广大老年人的获得感、幸福感、安全感，是完善基本养老服务体系，建设社会治理共同体的重要探索实践。

人口老龄化进程加速催生了多层次、多样化的养老服务需求。当前我国养老服务供给侧重于两端，即市场化运营的养老产业和政府举办的养老事

---

* 彭聪，上海社会科学院社会学研究所助理研究员，主要研究方向为养老保障政策。

业，从服务供给主体看，养老产业更强调供给主体的市场收益和营利性，适配购买力较强、具备较强经济实力的老年群体。遵循理性建制理念，一直以来我国养老事业的发展同时兼顾民生发展需求和社会发展所处阶段的现实条件，养老事业侧重于基本养老服务的供给。但部分缺少市场服务购买力，又因种种限制无法纳入政府保障对象的老年群体，或者纳入政府保障但囿于公共资源有限性导致养老服务需求无法得到充分满足的群体，仍需要给予关注。2022 年 2 月国务院发布《"十四五"国家老龄事业发展和养老服务体系规划》，提出在人口老龄化的人类社会发展的客观趋势下，中国在发展过程中还面临老年人需求结构正在从生存性向发展型转变，老龄事业和养老服务还存在发展不平衡不充分的问题。从慈善公益组织助力养老服务的实践层面看，慈善公益组织为社会上中低收入长者提供优质普惠的养老服务，专门、专业服务于既缺少市场服务购买能力、又不属于政府托底保障对象的中低收入老人，具备较强的现实可行性。

养老是全社会面临的共同问题，需要社会各界力量群策群力、共治求解。关于慈善公益在养老领域中发挥的作用，部分学者认为慈善应发挥对二次分配补充性的作用，慈善应在国家社会保障制度的基础上，寻找有作为的空间，以弥补社会保障不足，同时国家在制定社会保障制度或政策时要充分注意到慈善力量。[1] 还有学者认为具有民间性、灵活性和机动性的慈善组织，围绕"慈善养老"问题，关注的群体应包括种种原因之下没有被纳入现行社会救助保障体系的部分需要养老救助的老年人。[2] 部分学者则认为第三次分配并不完全是被动的接受者，也具有很强的市场能动性和制度引导能力。在拾遗补阙的同时，也在通过不断地开拓创新，积极地与初次分配系统和再分配系统进行互动合作，用一种柔软、弹性的方式助力其他分配层次。[3] 从更广泛的意义上看，第三次分配蕴含的价值取向已经大大地突破了

---

① 何文炯：《慈善与社会保障》，《中国社会保障》2017 年第 8 期，第 27 页。

② 段祥伟：《慈善组织参与养老服务救助问题研究》，《社会政策研究》2019 年第 3 期，第 65 页。

③ 杨方方：《共同富裕背景下的第三次分配与慈善事业》，《社会保障评论》2022 年第 1 期，第 142 页。

传统的纾困扶弱，开始具备了鼓励科学探索、推进社会进步、造福全人类、促进世界和平和谐等深刻意蕴。① 慈善公益在养老领域中发挥的作用亦随着我国经济社会发展进入新时代不断呈现新组织形式、新样态机制等创新形式，并逐渐进入社会的主流视野。

二　浦东慈善公益助力为老服务的发展状况

作为全国养老服务社会化示范活动试点的浦东新区，正积极推进养老服务体系中多元化力量的引导与发展，加大对社会力量的资金投入和人才培养，通过政府购买服务、慈善捐赠、社会企业投入、推进志愿服务等方式，提高服务质量和水平，激发养老市场活力和凝聚群众力量，以满足老年人多样化、个性化的需求，提升老年人生活质量，推动养老服务事业的发展和完善。浦东新区鼓励引导社会力量举办或运营各类为老服务机构，参与提供各类为老服务。截至 2022 年，全区社会办养老机构 64 家，床位 12642 张，占全区总床位数的 36%；全区公办养老机构 113 家（含长者照护之家 33 家），其中实施公建民营的养老机构有 81 家，占全区公办养老机构总数的 72%。一批央企、外企、民企进入服务领域，建成经营性的养老机构 8 家，形成福苑、瑞福、金色港湾等一批优秀组织品牌。

据 2022 年上海老年人口和老龄事业监测统计信息，截至 2022 年 12 月，浦东新区 60 岁及以上的老年人口占全区人口比重为 33.0%，约为 108.06 万人；65 岁及以上的老年人口占全区人口比重为 25.3%，约为 82.68 万人；80 岁及以上的老年人口占全区 60 岁及以上人口比重为 14.60%，约为 15.78 万人（见表 1）。

具体看，2022 年末浦东新区 100 岁及以上老年人口共计 760 人，占全市百岁老人比重为 21.5%，百岁老人数量位居全市第一。2022 年末浦东新区独居老人数量达 6.51 万人，占全市独居老人数量的比重为 21.7%。因此，

---

① 杨斌：《第三次分配：内涵、特点及政策体系》，2021 年 8 月 19 日，https：//baijiahao. baidu. com/s？id＝1708508305311576828&wfr＝spider&for＝pc，最后访问日期：2023 年 9 月 13 日。

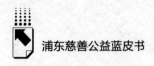

表1　浦东新区老龄人口数据统计

地区	总人口（万人）	60岁及以上		65岁及以上		80岁及以上	
		人数（万人）	占本地区总人口比重（%）	人数（万人）	占本地区总人口比重（%）	人数（万人）	占本地区60岁及以上人口比重（%）
上海市	1505.19	553.66	36.8	424.40	28.2	83.15	15.0
浦东新区	327.01	108.06	33.0	82.68	25.3	15.78	14.6
黄浦区	70.13	30.23	43.1	22.89	32.6	4.31	14.3
徐汇区	94.54	34.46	36.5	26.96	28.5	6.07	17.6
长宁区	57.51	23.11	40.2	17.70	30.8	3.92	17.0
静安区	90.57	37.57	41.5	28.58	31.6	5.45	14.5
普陀区	89.94	38.00	42.3	29.08	32.3	5.25	13.8
虹口区	64.76	28.54	44.1	21.85	33.7	4.42	15.5
杨浦区	104.06	41.98	40.3	31.61	30.4	6.14	14.6
闵行区	126.70	40.24	31.8	31.17	24.6	6.18	15.4
宝山区	107.22	41.10	38.3	31.06	29.0	5.39	13.1
嘉定区	72.51	25.16	34.7	19.24	26.5	3.72	14.8
金山区	52.85	18.97	35.9	14.73	27.9	2.94	15.5
松江区	72.05	21.75	30.2	17.03	23.6	3.32	15.3
青浦区	52.51	17.51	33.3	13.60	25.9	2.78	15.9
奉贤区	55.92	19.95	35.7	15.31	27.4	2.95	14.8
崇明区	66.91	27.21	40.7	20.91	31.3	4.63	17.0

资料来源：《2022上海老年人口和老龄事业监测统计信息》，上海市卫健委。

浦东新区的老年群体还呈现基数大、高龄化、空巢化等趋势和特征。迫切需要在发挥政府、市场机制作用的同时强化慈善公益组织发挥的力量以应对人口老龄化带来的系列挑战。

浦东新区持续不断在如何实现慈善公益组织助力为老服务人、财、物方面进行探索。为老服务的发展中，资金的支持是关键，一直以来，福利彩票公益金汇聚社会闲散资金，成为养老事业发展多元化资金渠道的重要来源，且支持力度亦在逐年加大。此外，来自社会各方的慈善捐赠亦不断向助老领域倾斜。在养老服务人才力量的扩充方面，养老服务志愿人才以及老年志愿者的培育与发展，成为队伍建设的重要一环，并且发挥着日益重要的作用。慈善联合捐作为浦东新区慈善公益的创新机制与举措，通过最大化整合社会资源，提升募捐效率和资金额，实现"集中力量办大事"，达成政府和社会影响力相得益彰。

2023 年 7 月上海市人民政府发布《关于推进养老服务体系建设的实施方案》，指出要加强基本养老服务保障，鼓励和引导企业、社会组织、个人等社会力量依法通过捐赠、设立慈善基金、志愿服务等方式，为基本养老服务提供支持和帮助。因此，本报告以慈善公益组织助力为老服务的供给方式为主线，对浦东新区慈善公益助力为老服务的内容和发展情况进行介绍和阐述。

（一）老年人福利类项目支出占福利彩票公益金的比例逐年上升

福利彩票公益金作为一项重要的社会公益资金，正为养老事业的发展提供更多的资金支持与保障，浦东新区福利彩票公益金用于扶老的资金逐年上升（见图 1）。2020 年度区本级福利彩票公益金实际使用 7427.82 万元（含上年结转支出 2225.12 万元），其中：市转移支付项目支出 4015.88 万元，区级项目支出 3411.94 万元。老年人福利类项目支出 5803.7 万元，占总支出的 78.13%。[①] 2021 年度区本级福利彩票公益金实际使用 7221.75 万元（含上年结转支出 3602.71 万元），其中：市转移支付项目支出 5710.02 万元，区级项目支出 1511.73 万元。老年人福利类项目支出 6012.82 万元，占总支出的 83.26%。[②] 2022 年度区本级福利彩票公益金实际使用 8746.63 万元（含上年结转支出 2673.38 万元），其中：市转移支付项目支出 5442.17

[①] 浦东新区民政局：《浦东新区民政局 2020 年福利彩票公益金使用情况公开》，浦东新区人民政府网站，2021 年 6 月 29 日，https：//www.pudong.gov.cn/zwgk/14559.gkml_ ywl_ czxx_ czyjs_ qzfbm_ qmzjtyjrjshzzj_ pdxqmzjbb/2022/300/237607.html，最后访问日期：2023 年 8 月 1 日。

[②] 浦东新区民政局：《2021 年度浦东新区本级福利彩票公益金使用情况公告》，浦东新区人民政府网站，2022 年 6 月 29 日，https：//www.pudong.gov.cn/zwgk/zwgk_ zfxxgkml_ atc_ jd/2022/273/13943.html，最后访问日期：2023 年 8 月 1 日。

万元，区级项目支出 3304.46 万元。老年人福利类项目支出 7934.59 万元，占总支出的 90.72%。①

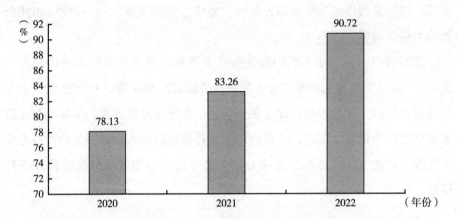

图 1　2020~2022 年浦东老年人福利类项目支出在福利彩票公益金中的占比

资料来源：浦东新区民政局。

从 2020~2022 年浦东新区本级福利彩票公益金用于老年福利类项目统计的数据看，福利彩票公益金资助的项目不仅涉及浦东新区政府为民办实事项目中养老服务体系建设系列项目如新增养老床位、社区综合为老服务中心建设、老年助餐点建设、适老化改造、老年人服务中心建设、认知症障碍照护床位改造等，成为政府财政资金的有力补充，且还覆盖了认知障碍老人、低收入老人等特殊老年群体的需求满足，以及农村社区睦邻点建设等，兼顾物质与精神、普惠与特殊、硬件与软件等不同层面的老年群体需求的满足（见图2）。

（二）助老层面慈善捐赠持续发展

助老层面的慈善捐赠持续发展对于支持和关爱老年人具有重要的意义。首先，可为老年人提供经济援助和救助，减轻老年人的经济压力，增强老年

---

① 浦东新区民政局：《2022 年度浦东新区本级福利彩票公益金使用情况公告》，浦东新区人民政府网站，2023 年 6 月 28 日，https://www.pudong.gov.cn/zwgk/zwgk_zfxxgkml_atc_qs/2023/180/311877.html，最后访问日期：2023 年 8 月 1 日。

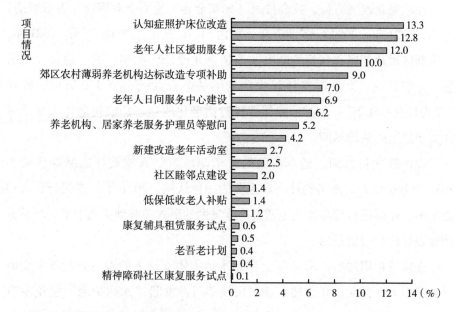

图 2 2020~2022 年浦东新区本级福利彩票公益金用于老年福利类项目统计

资料来源：浦东新区民政局。

群体对社会关怀和爱心的感受度。其次，可改善养老服务和设施条件，慈善捐赠可用于兴建、改建和设立养老院、日间照料中心等养老机构，提供更好的居住和护理环境。同时，资金可用于引进先进的养老技术、设备和服务模式，提升养老服务的质量和水平，满足老年人多样化的需求。最后，还可以推动老年人教育和文化娱乐事业的发展。资金可以用于开展老年人培训、教育和文化活动，提供知识分享、兴趣爱好培养等机会，进一步丰富老年人的精神生活。浦东新区民政积极发动社会各方主体的积极性，通过慈善捐赠促进为老服务的发展。

1. 资金捐赠

（1）企业捐赠

企业捐赠层面，助老方面涉及的项目和领域日益宽泛，浦东相关部门积极引导企业、公益组织等参与适老化改造、评选项目、疫情期间帮困等为老服务项目，完善养老服务的帮扶机制。

在适老化改造方面，社会投入（如基金会、爱心企业等社会力量资助）方面，2021年、2022年资助资金分别达51.76万元、27.00万元。2021年，浦东新区民政开展"我为群众办实事适老化改造"捐赠仪式。通过党建引领，光明乳业、太平洋安信保险和老年基金会共同出资170万元，践行"我为群众办实事"，为部分睦邻点进行适老化改造。让农村老年人享受更加安全舒适的活动场所。

在评选项目方面，浦东新区的"孝动浦东"人物类评选品牌活动于2012年开始举办，亦得到社会和企业的一致认同。2021年大连银行、亲和源集团、建设银行等多家企业通过企业赞助的形式参与到活动中来，凸显了企业强烈的社会责任感。

在疫情帮困层面，2022年上半年永达集团支持下的永达公益基金会捐赠人民币800万元，联合浦东新区民政部门，发起"永达护老"抗疫专项行动。该公益行动为浦东新区养老机构中居住的2万余名老人购置生活物资和防疫物资。

（2）慈善公益联合捐

慈善公益联合捐以政府和有社会影响力的公募组织提供公信力保证，整合慈善活动、慈善队伍、慈善机构等慈善资源，以项目化募捐形式和活动向社会开展劝募活动，爱心资金源于社区、用于社区，实现慈善劝募和资金使用模式系统化运行，项目于2023年2月获"上海慈善奖"表彰。截至2023年1月，浦东新区"慈善公益联合捐"已举办至第二十一届，累计募款总额达19.78亿元，累计帮扶弱势群体超660万人。据统计，第十九届浦东新区"慈善公益联合捐"在2020年11月至2021年10月募集善款8877万元，其中，善款资金用于助老救助项目的统计中，救助人次（项）达291256人次（项），占整个联合捐救助人次（项）的52%，助老救助资金达1524万元，占整个联合捐救助资金约为17.17%。①

---

① 《慈善公益联合捐审计报告》，浦东时报，2022年2月24日第6版，http://www.pdtimes.com.cn/resfile/2022-02-24/06/06.pdf，最后访问日期：2023年9月10日。

2. 物资捐赠

物资捐赠包括常态化和非常态化，如新型疫情期间老年物资捐赠和资助。当前，依托浦东新区慈善超市的发展，在慈善超市内部设置为老爱心专柜，各街镇慈善超市定期会开展关爱老人项目，支持困难老年群体等。在老年助餐方面，2021 年，浦东新区书院镇"每日饭饭"社区送餐公益项目推进中，[①] 上海普瑞眼科医院为书院镇捐赠的爱心送餐车（价值 20 万余元），经过特别定制，爱心送餐车不仅符合公共道路交通行车标准，更具备保温功能，并且送餐量相比过去增长 3 倍。企业通过捐赠爱心送餐车的形式助力社区助餐服务，在全区范围属于首次有意义的尝试。

新冠疫情期间，慈善组织、基金会、企业等为养老机构、弱势老年群体发起各类生活物资和防疫物资捐赠，据不完全统计，捐赠额度估值超 2000 万元。

（三）浦东新区公募基金会安老力度不断加大

基金会作为枢纽型社会组织，充分发挥整合和协调各方资源、促进信息共享和交流、推动不同组织之间的合作和协作的功能，实现慈善公益力量助力为老服务的资源整合和保障功能提升。以下为部分注册地址在浦东新区的基金会在安老层面的多维度有益实践（见表 2）。

2022 年度，上海市老年基金会浦东新区代表处接受资金和物资捐赠折合人民币共 422.75 万元，当年开展慈善公益项目 36 个，支出资金总规模达677.82 万元，受益总人数达 84886 人。2023 年 3 月，上海市老年基金会浦东新区代表处以"契约化"形式实施为老服务公益项目，积极推动老年公益事业发展。

---

① "每日饭饭"社区送餐公益项目开始于 2017 年，浦东新区书院镇政府在石潭街 117 号为年满 60 周岁以上的老人建立社区餐厅（老年人助餐点）。为进一步帮助镇域内高龄独居老人、五保户等解决日常出行用餐不便的问题，2018 年 4 月起，镇政府以余姚、新北两村为试点，逐步在各村居推出了"每日饭饭"社区送餐公益项目，并对申请社区送餐的散居五保户、80 周岁以上的老年人实施一定的费用减免。截至 2019 年 1 月，书院镇 60 周岁以上户籍老年人口达到了 1.63 万人，占户籍总人口的 31.5%。

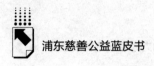

表 2　部分浦东新区公募基金会开展安老项目的情况

基金会名称	活动内容	资助金额（人民币）	受益对象	活动类型	开展时间
上海市老年基金会浦东新区代表处	为老服务慈善公益项目	677.82 万元	84886 人次	"契约化"形式实施为老服务公益项目	2022~2023 年
上海浦东新区社会发展基金	资助扶老项目	约 609 万元	124434 人次	扶老项目	2021~2023 年
上海联劝公益基金会	助老公益项目	超 161 万元	28255 人次	助老公益项目	2021~2022 年
上海洋泾社区公益基金会	打造"社区认知障碍共融空间"	—	—	空间运营项目	自 2020 年 12 月底起
上海仁德基金会	关爱老兵公益项目	—	—	老兵关怀项目	自 2014 年起
上海真爱梦想公益基金会	新冠疫情期间救援防疫项目	—	1300 名养老护理员与工勤人员；2.2 万名住院老人；2966 名养老机构老人；228 名残疾人	疫情期间救援项目	2022 年

　　2021~2023 年，上海浦东新区社会发展基金在扶老项目上，共资助金额约 609 万元，其中受益者达 124434 人次。

　　上海联劝公益基金会自 2014 年开始关注和资助为老领域公益活动，截至 2022 年底，联劝公益已连续支持 7 家社会组织开展包括认知症的科普筛查、患者关爱、家庭照护支持、临终关怀等相关服务。2021 年，联劝公益资助 14 个助老公益项目，服务对象覆盖临终老人、认知症老人、退役老兵、失独老人、高龄老人等，受益者达 14560 人次，善款支出超 93 万元。2022 年，联劝公益在为老议题上的公益支出金额超过 68 万元，支持 11 个公益项目，13695 人次受益。

　　社区慈善是上海市慈善事业发展中富有特色的有益实践，其中慈善超市和社区基金会是代表性的形式。社区基金会在整合慈善资源、激发社区活

力、服务社区民生、创新社区治理等方面发挥了重要的促进作用。2020 年
12 月底开始，上海洋泾社区公益基金会携手万欣和（上海）企业服务有限
公司、上海尽美长者服务中心，在洋泾街道支持下，一同为社区轻度认知障
碍家庭打造了"社区认知障碍共融空间"——洋泾记忆咖啡馆。高风险及
轻度认知症患者经过训练，可以借由"服务员""咖啡师""甜品师"等角
色完成社会化适应练习；同时，社区居民、企业员工、在校学生等人群可以
通过精心设计的各类活动，成为"捐赠人""志愿者""倡导者"，共同参
与"洋泾街道认知友好社区"的营造。

上海仁德基金会自 2014 年起持续开展长者关怀（关爱老兵）公益项目，
为困难老人和抗战老兵提供困难生活资助、年节慰问等关怀与服务，并为老
人们提供基本的生存温饱、医疗补助及临终关怀等方面的必要帮助。

上海真爱梦想公益基金会在 2022 年新冠疫情期间推出了上海养老院救
援防疫包，向 1300 名本市养老护理员与工勤人员提供 39 万元的疫情关爱津
贴，并向全市 99 家护理院（惠及 2.2 万名住院老人）、14 家养老机构和 1
家重度残疾人寄养院（惠及 2966 名老人和 228 名残疾人）发放疫情防控
药物。

（四）为老志愿者队伍进一步壮大

志愿精神是慈善组织的核心理念，浦东新区慈善公益组织专业化程度不
断提升的同时，浦东新区慈善公益活动助力为老服务领域还存在大量的志愿
者。为老志愿者队伍可以划分为两类：一类是为确保养老服务供给引导和培
养的养老人才志愿力量，另一类是充分挖掘低龄、活力老年群体资源以实现
老有所用和积极老龄化的老年志愿者。

1. 助老志愿力量的发展

从浦东新区志愿者整体发展情况看，为建立和健全社会孝老敬亲的良好
风尚，促进机构、社区与居家养老服务融合发展，浦东新区养老发展研究院
首创志愿者阶梯式培养模式，旨在通过"赋能个人-赋能家庭-赋能社区"，
促进社区融合发展。截至 2021 年底，浦东新区共有为老志愿者 6 万余人，

社区为老服务社工近百人。

浦东新区积极推动拓展形式多样的志愿人才培育，通过公开招标、项目发包、项目申请、委托管理等方式，推进落实市、区、街镇三级基金会多渠道支持，建立起以项目为导向的契约化管理模式，承接的社会组织通过引入专业社工督导、公开招募、分类培训、分类实践等形式，培育孵化不同层级的志愿者参与浦东养老事业的发展。例如，浦东新区养老发展研究院持续深化发展"养老+志愿"服务模式及培训体系，建立了首支"上海养老管理志愿服务高级人才队"、"养老照护志愿队"、"爱与陪伴"社区服务队等，在扩充浦东养老服务的志愿人才队伍库的同时，实现了多维度赋能养老服务发展，增强了为老服务资源的集聚和整合。

例如，2021 年，浦东民政联合浦东新区太极拳协会搭建社区老年人运动技能学习互动平台，开展 40 场讲座和练习相结合的活动。康桥镇开展"耆老坊"项目，依托街道及所辖基层社区，联动周边医疗机构的医务工作志愿者，在基层社区建立医务志愿者工作站（每个工作站由 2 名执业医师和 3 名执业护士组成）。医务工作者以"点"为链接，指导和服务旗下社区"健康护卫队"志愿者，为社区居民提供健康监测、健康科普宣讲和基层健康管理指导，"健康护卫队"则定期为社区老年人开展免费量血压、测血糖服务、健康科普讲座等项目。

2. 老年志愿者发展情况

2015 年浦东新区开始全面推进农村养老"睦邻互助点"，截至 2021 年养老睦邻互助点总计达 804 个。浦东新区在城镇地区依托"老伙伴"计划，积极推动高龄老人关爱服务。2021 年全区老年志愿者 8340 人，结对关爱老人 4.17 万人，家庭探访服务受益者月平均超过 20 万人次。截至 2022 年底，全区"老伙伴计划"志愿者 1 万人，结对关爱老人 4.69 万人。①

为进一步扩大养老服务社会参与，完善社会养老服务体系，2021 年浦

---

① 《2022 上海市养老服务综合统计监测报告》，上海市民政局网站，2023 年 6 月 8 日，https://mzj.sh.gov.cn/MZ_zhuzhan23_0-2-8/20230608/3f324930323245ceb5716d728dcdd5bd.html，最后访问日期：2023 年 8 月 1 日。

东新区在部分街镇试点开展"时间银行"项目，截至 2022 年底，浦东新区"时间银行"项目试点已覆盖康桥镇、南汇新城镇、塘桥街道和周家渡街道 4 个街镇。

"时间银行"项目是指政府鼓励和支持个人为老年人提供非专业性的养老服务，并记录服务供给者的服务时间，储入其"时间银行"个人账户，以便将来兑换相同时长的服务。"时间银行"项目坚持互助性、社会性、公益性，通过制定完善运行机制，构建由政府搭建平台、充分发挥社会力量作用的良性互动治理体系。依托"时间银行"项目，浦东新区志愿者队伍持续扩大。

浦东新区"时间银行"项目包括两种模式：一是低龄老年人"时间币"储蓄模式。这种模式是指低龄老人为高龄老人提供非专业性的养老服务，依据设定好的规则记录服务提供者的服务时间，储入其"时间银行"个人账户，以便将来兑换相同时长的服务。二是青年为老志愿服务模式。这种模式是指 18 周岁以上的青年人可依照《上海市志愿服务条例》等法规要求，不以获取报酬为目的，自愿以智力、体力、技能等为老年人提供非专业性的养老服务。服务时间储入其"时间银行"个人账户，可用以捐赠给直系亲属兑换服务或捐赠给"时间银行"总行，用以支持"时间银行"公益事业发展。

此外，试点探索中还加强"党建+"模式的服务融合，通过党建单位联盟，可将联盟单位的年轻志愿力量加入进来，强化联盟单位的社会责任感，实现志愿者服务内容的丰富化，助力"时间银行"项目的可持续发展。

（五）浦东新区"浦老惠"科技助老服务平台助力慈善公益为老服务发展

随着数字化、信息化的发展，上海也在积极推进城市数字化转型，大力发展数字化基础设施建设。与此同时，2021 年浦东新区民政局委托安老宜居社区指导服务中心开始运营"浦老惠"科技助老服务平台，打造养老服务微场景，汇聚浦东新区全区各类养老服务资源，致力于实现养老服务供给与需求的精准对接。"浦老惠"科技助老服务平台可促进多资源整合，整合

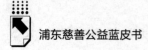

政府资源、社会资源、市场资源，为老年人提供多元化、专业化、个性化养老服务，目前已实现浦东新区街镇全覆盖。其中，平台开设爱心公益模块，为浦东新区各街镇或社会服务组织开展为老服务提供资助资金和志愿者服务的对接，通过将需求信息发布到爱心公益模块进行征集。未来还会开辟老年人报名通道，支持老年人参加，实现信息的共享与对接。

三　浦东慈善公益助力为老服务的发展建议

慈善公益机构是推动养老服务发展的重要力量，为进一步了解浦东新区慈善公益力量助力为老服务的发展，本报告写作者实地调研了不同类型的慈善公益组织和机构（养老行业协会、基金会、民办非企业单位等），并总结推进慈善公益力量助力为老服务高质量发展的建议和对策。

（一）明确慈善公益助力为老服务的定位

社会发展中产生差距是常态，慈善公益在缩小社会差距上有不可替代的作用，从这个意义上讲，慈善公益具备旺盛的生命力。慈善公益不仅可以通过安老扶老为社会老年成员提供风险保障，还可以通过公益活动促进社会发展引领孝老、敬老、亲老风尚。助老领域中慈善公益的帮扶对象，可涉及社会成员个体、法人机构（例如养老院）、公益项目等。从三次分配的视角看，慈善公益所涉及的领域比社会保障更宽泛。从为老服务发展的主体力量发挥视角看，应明确慈善公益助力为老服务的定位与方向，将慈善公益机构助力为老服务定位为与养老产业和养老事业协同发展的重要一环，进一步促进基本养老服务体系的整体性发展，实现资源的有效利用和效能的提升。

（二）强化党建引领在为老服务志愿领域的作用与机制

基于党组织和制度的优越性，强化党建引领在为老服务志愿领域的作用与机制，厘清志愿服务的内在逻辑，充分发挥党建+养老平台化发展的特殊形式，通过党建联合的作用，将辖区企业、志愿服务等各类社会资源对接到群众切实的养老服务需求中。建议进一步加强顶层设计，构建党建引领、政府主导、企业和社会组织与志愿者等区域内各类相关主体参与养老服务，坚持党建引领民主协商、政府提供法治保障、信息化现代化科技赋能治理体系，形成以党建引领"最后一公里"的基层养老服务新格局。

（三）深度挖掘科技提升慈善公益力量为老服务的效能

人口老龄化叠加数智化是中国社会发展的重要趋势。浦东新区"慈善公益联合捐"项目为线下慈善公益资源的整合提供了较好的方式，已形成良好的效果和品牌影响力。同时，还应依托现有的智慧养老平台，加大完善科技助老平台实现线上统筹协调的机制，提升部门、机构组织、志愿者、服务对象间合作力度和效能。通过科技助力，可以进行慈善公益数据的集成处理，实现数据共享，利用数据分析结果可以更好地了解老年群体的差异化需求，推动慈善资源及时精准地惠及老年群体，有效资源配置，降低人力成本，提高慈善公益力量的效果和影响力。

（四）进一步放开慈善组织登记

尽管《中华人民共和国慈善法》对慈善服务进行了明确和规范，但对培育和发展养老服务领域的慈善组织以及引导和扶持社会组织从事公益性养老服务的具体配套法规政策仍然需要进一步完善和出台。由于慈善组织的登记设立受限于非营利组织的行政许可登记制度，这种认定管理方式导致了慈善组织的行政化问题，阻碍了慈善组织的认定。政府要创建良好的政策环境，推动更多有情怀的社会组织参与公益性养老服务，给予从事慈善服务活动的社会团体、基金会、社会服务机构更多有利的政策支持，同时放宽认定慈善组织的条件，改变非营利组织双重行政许可的管理方式，并完善慈善组织的事中事后监管、评估以及淘汰退出机制。应进一步完善政策，不断扶持有养老服务情怀的人士参与养老服务业，促使更多民间力量参与进来。

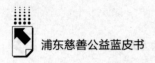

（五）推动慈善公益力量支持社区助老的发展

通过社区的形式发展慈善养老服务，契合中国邻里互助、推己及人、由近及远的优良传统与行善逻辑，将中国特色的慈善文化深植于现代慈善要素中，这也有助于成就日益宏伟的社会事业。要建立、培育社区志愿养老服务队伍，给予个人提供志愿养老服务的渠道，把社区慈善与社区志愿养老服务有机结合，促进社区志愿养老服务力量发展壮大，并完善全国统一的志愿服务信息系统。建立与完善在养老服务领域进行慈善活动的个人与组织的奖励政策，通过各类媒体宣传扶老助老的慈行善举，营造慈善公益人人参与的社会氛围，提高社会公众参与志愿养老服务的积极性。推动社区基金会的发展，助推社区基金会对熟人社会的再构建与助老资源的有效链接。

总体而言，慈善事业应当成为助推养老服务发展的重要力量，要积极促进社会组织参与慈善养老服务，培育壮大服务型慈善公益组织，推动社区志愿养老服务的发展，以及培育专业化的社会工作人才与稳定的志愿者队伍。

B.12

浦东女性慈善公益"她力量"发展报告

苑莉莉*

摘　要： 围绕浦东引领区建设，女性慈善公益通过能力建设机制打造"她力量"的引领力。2021~2022年探索形成以群团组织、多样态社会组织和自治组织为轴心的组织化能力建设聚合机制和"散是满天星"的发散状多元化探索路径，以各类组织带动广大妇女群众参与社会治理创新和共建慈善公益生态体系。

关键词： 女性慈善公益　能力建设　引领力

浦东女性慈善公益力量的源泉主要来自浦东各界妇女，2022年底，全区36个街镇有1371个居村妇联和20000名三级妇联执委，总计约270万妇女，109万户家庭。无论是以组织化方式还是个体化方式，浦东女性从事着有关扶贫、济困，扶老、救孤、恤病、助残、优抚，救助自然灾害、事故灾难和公共卫生事件等突发事件造成的损害，促进教育、科学、文化、卫生、体育等事业的发展，防治污染和其他公害，保护和改善生态环境等《中华人民共和国慈善法》里明确的相关公益活动，[①] 也就相应带着慈善公益的性质，从"大慈善"理念来看，浦东已经基本形成以群团组织、社会组织带动广大妇女普遍参与的女性慈善公益生态圈。

---

* 苑莉莉，上海社会科学院社会学研究所助理研究员，主要研究方向为慈善公益。

① 《中华人民共和国慈善法》，中国政府网，2016年3月19日，https://www.gov.cn/zhengce/2016-03/19/content_5055467.html，最后访问日期：2023年8月28日。

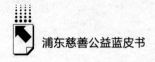

一 浦东女性慈善公益新动态

继浦东勇立潮头的 30 年开发开放之后，2021 年发布的《中共中央 国务院关于支持浦东新区高水平改革开放打造社会主义现代化建设引领区的意见》为新时代浦东新发展指明了方向，为了将相关政策顺利落实，上海市、浦东新区也制定了"行动方案"和"实施方案"，浦东女性也积极投入引领区建设。通过一系列慈善公益活动，彰显了多样化的女性慈善公益力，这是一种女性在从事慈善公益活动中培育、锻炼出来的能力，主要包括引领区学习力、女性创新创业力、女性治理服务力、女性捐赠力、女性引领力和女性奉献力等，与组织能力、女性能力和志愿服务能力交织在一起，通过组织化的能力建设机制得以聚合提升，并通过群团组织、社会组织和自治组织来带动广大妇女群体参与，形成一种浦东女性慈善公益新生态。

（一）提升女性学习力

为了更好地建设浦东社会主义现代化建设引领区，浦东妇联与时俱进开展妇女干部引领力提升计划，三级妇联多层联动组织开展学习"引领区"文件精神，如"巾帼大学堂"培训计划——引领区专题学习涵盖了思想政治理论、引领区建设文件解读、妇女儿童发展实务、综合素养提升四大板块，不断提高妇女干部的专业化水平，2021~2022 年通过各类平台和赋能计划对 20000 名妇女干部展开培训。同步推出的"浦东巾帼走进引领区"实践活动，将理论学习与实践参访相结合，提升她们的能力，激发她们建功引领区的热情。此外，通过数字化技术探索打造了"浦东巾帼大学堂"云选平台，通过需求对接、引入服务内容，充分借助新媒体打造提升女性学习力的互联网平台。

（二）激活女性创新创业力

浦东女性的创新创业力主要通过基地建设和品牌打造来实现，自 2017

年浦东妇联联合区人社局开展"春风行动"搭建创业就业的平台以来，其中的"俪人创客"女性创新创业大赛已经连续举办五届，并为参赛者提供"一对一导师跟踪辅导"等培训，全方位提升女性创业力和领导力。参赛项目多集中在新材料、智能制造、高科技、数字经济和农业等方面，紧跟国家重大发展战略。2021年长三角女企业家论坛暨浦东"俪人创客"女性创新创业大赛就在积极鼓励浦东女性参与创新创业，激发女性的创新力。

浦东妇联为女性创业品牌提供了广阔的发展空间，如新场镇新南村试点创设的"之丫之丫"土布品牌，还与高校联动孵化浦东土布产学研基地，通过土布的艺术设计、制作、销售、推广等全链条产业发展来促进土布文化融入市场。浦东妇联还链接各类资源帮助推进"妇女+非遗"的土布文创产品、"布布生花"土布综合展、衣帽包饰展，以及"一匹布"编织出美丽庭院的文化创意品牌，以传承"非遗"文化，使土布成为浦东女农人居家就业的新选择，① 让她们积极融入乡村振兴，以品牌土布的产销对接带动更多家庭走向共同富裕。

（三）优化女性服务力

女性慈善公益的服务力主要体现在两大方面，一是浦东妇联引领、服务带动相关女性组织服务妇女和儿童。如浦东妇联积极推进家庭社工的专业化工作，通过《浦东新区家庭服务标准指引》为各类家庭服务主体提供参考指南，形成妇工、社工和义工三方联动的"一站式"平台帮扶弱势家庭。与此同时，探索区"浦东城市大脑——精准救助"平台，把"两病筛查"（妇科病和乳腺病）妇女、监护缺失儿童、家庭社工服务等供需信息纳入平台，通过数字赋能精准提供维权关爱服务。二是女性社会组织之间的互助，以及女性社会组织积极关注女性的成长需求，为特殊群体女性提供量身定制的服务。如2022年浦东新区女性人才促进会调研浦东女企业家的工作生活、发展需求和支持政策的实施情况，提出关注女性生育抚养

---

① 《看过来！2023年浦东新区"俪人创客"女性创新创业大赛开始征集啦~》，2023年3月9日，https://mp.weixin.qq.com/s/0QNuVCfiCBLePAPLQsjsHQ，最后访问日期：2023年8月1日。

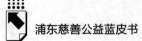

成本，发展更具包容性、可持续性的企业文化，发挥出女性智库的资政建言功能。

（四）培育女性捐赠力

浦东女性积极参与"联合捐"项目，此前在联劝公益基金会孵化的"女性捐赠圈"持续发光发热，如"250爱心"捐赠圈为女性自我提升每月举办"雅集"，将生日礼物变为每人捐赠250元公益善款。2022年该捐赠圈已从初始的20人发展为200余人，形成一个较常态化的女性捐赠圈。[①] 在一些突发事件中，浦东一些女性社会组织也会积极发起捐赠，如2021年河南暴雨受灾严重，浦东新区女性人才促进会及时发动浦东女性人才进行爱心捐助，募集25万元用于河南新乡文物修复、妇女儿童服务设施修建和受灾严重家庭的救助。新冠疫情期间，社会各界和女性组织捐赠女性卫生用品、婴幼儿奶粉、纸尿裤等28批次物资，为一线防疫人员和急难家庭送上特殊关爱。此外，女检察官联谊会组织"春蕾计划"募捐活动帮助云南大理贫困失学女童重返校园。女性慈善公益捐赠力的特征是主要捐赠人、发起组织（女性社会组织）和受益人多与女性有关，形成了一个女性之间的资源支持体系。

（五）彰显女性奉献力

新冠疫情期间，浦东新区妇女群众团结一心、共克时艰，如开展邻家妈妈贴心行动、家庭社工舒心行动、女性独居老人陪聊志愿者暖心行动、孕妈妈"封控不封爱"守护行动等；妇联与区卫健委共同搭建孕产妇和新生儿生命健康绿色通道，奋力跑赢生命救治的接力赛，充分发挥了女性的母性关爱力，与此同时，还开设免费心理咨询服务热线和线上公开课，实现了妇女儿童维权服务热线24小时在线，以帮助大家走出"疫"伤。

---

① 《全国首份捐赠圈研究报告解读》，2022年12月8日，https：//mp.weixin.qq.com/s/9yIHizpppKf98DY-qjYnTw，最后访问日期：2023年6月28日。

（六）打造女性引领力

这两年浦东聚焦于"引领区她力量"的品牌打造，以浦东"世界顶尖科学家社区""国际人才港"为载体，聚力于集成电路、生物医药、智能网联汽车、人工智能、航空航天、高端装备等高科技硬核产业中的科技女性人才培养和打造引领标杆。2021~2022 年浦东借助涌现的一批新生代杰出女性代表，通过开展讲好"她"故事系列活动，如宣讲抗疫期间火线入党的援鄂医疗队李昕、党员金牌家政员郭秀琴、蓝天梦的追梦人易俊兰、量子女神80 后女科学家印娟、街镇妇联主席柳萍、"小巷总理"李秀勤、国产水下机器人的创业者付斌 7 位杰出女性的事迹，鼓励新时代女性建功立业，展现出浦东女性的时代精神。

二　浦东女性慈善公益能力建设机制

以上各种能力的体现源自能力建设机制的完善，关于能力建设机制的研究，一般是针对组织或机构能力建设，如社会组织能力是指为了实现自身愿景与目标，有效管理和利用社会资源，为社会提供公益性产品与公共服务的能力，主要包括明确组织使命与愿景的能力、项目规划与运作能力、资源动员能力、创新能力和组织内部自我治理能力等。黄浩明提出社会组织能力建设的政府（行政）、市场、社会协同整合的三元机制，并进一步指出女性慈善公益组织的能力建设是指实现机构宗旨和目标，筹集和管理社会资源、项目运作和队伍建设的基本能力，主要包括治理能力、创新能力、协调能力和可持续发展能力。① 可见，共性都是实现组织目标的能力、筹集和整合资源的能力、创新能力和治理能力，真正来实现和发挥这些能力的都是人，是慈善公益从业者的能力和素质影响着组织、机构的能力，也需要依托相关的慈

---

① 黄浩明：《女性公益慈善组织发展与合作能力建设的探讨》，载黄晴宜主编《2011 中国女性公益慈善发展蓝皮书》，中国妇女出版社，2012，第 84 页。

善公益制度环境和行业生态。本报告尝试将浦东女性慈善公益的能力机制分为：组织化聚合机制、人才培养机制、赋能与服务妇女的基地建设机制和多元探索机制，以此分析所产生的女性慈善公益的学习力、创新创业力、服务力、捐赠力、奉献力和引领力。不同省市、地区女性慈善公益能力体现是不一样的，如北京女性慈善公益界曾发行过系列《中国女性公益慈善发展蓝皮书》，号召形成了女性公益慈善组织协作联盟，具有联盟力，还打造了具有全球知名度的"母亲水窖"等项目，形成了品牌影响力。浦东女性慈善公益界2021~2022年围绕着引领区建设的探索实践，主要侧重在创新创业力、服务力和引领力等方面，尝试形成浦东特色的女性慈善公益发展之路。

（一）"聚是一团火"的组织化聚合机制

组织化调控是支撑中国社会平稳转型的核心主导机制，组织是支撑社会转型和国家治理的关键力量，[1] 浦东女性慈善公益界的主要特征也是组织化。以群团组织和社会组织为纽带形成一个女性社会组织和各界女性力量的网络化体系，在互帮互助中协作共进。主要结构体系是基于妇联和工会的群团组织治理结构，自上而下形成"上海市-浦东新区-各街镇"的三级组织化体系，以妇女和儿童的需求为导向，作为业务主管单位积极组织动员、凝聚相关女性社会组织助力慈善公益发展或发动各类机构为妇女和儿童提供服务和支持。如浦东新区妇女联合会，多年来以"妇儿家服务中心"为核心联动"妇女之家""丽人之家""儿童服务中心"和家庭文明建设指导服务基地等推动民生服务，形成"邻家妈妈""文明家庭·最美联盟"的特色品牌项目，以期通过凝聚女性力量来联动家庭和关爱儿童，营造儿童友好型环境，呈现出女性慈善公益与青少年慈善公益相融互进的发展趋势。近年来在脱贫攻坚、乡村振兴、抗击新冠疫情、美丽庭院建设、妇女权益保护、家庭家风建设、家庭慈善等方面发挥出引领区的"她力量"。上海市总工会女职工委员会也积极参与发掘浦东引领区女性的创新、创业和科技女性的力量，

---

① 唐皇凤：《组织化调控：社会转型的中国经验》，《江汉论坛》2012年第1期。

举办了一系列的论坛和公益活动。如 2022 年浦东新区总工会女职工委员会以"浦东与她·建功引领区"为主题开展创建"巾帼创新人才大联盟""幸福奶爸·快乐宝妈"生育支持行动、普惠关爱服务配送行动、爱心妈咪小屋品牌建设行动和女职工组织赋能集中行动，引导全区女职工为浦东引领区建设贡献力量。[①] 浦东新区团委组织"浦东新区全球高校校友科创大赛"、"慧诊"青年健康等关爱青少年，涵盖对女学生和女科技人才的支持。

此外，浦东新区女性人才促进会积极整合会员社团的女性力量，开展丰富多样的慈善公益活动：女教师联谊会的"我的选择——先进女教师青春故事汇"通过先进典型引领广大女教师在新时代建功；女律师联谊会多年来一直积极为浦东街镇妇女儿童家庭维权提供专业服务；女医师协会为乡村村民提供健康医疗咨询服务；巾帼新农人协会每年推荐农村优秀女带头人参加浦东俪人创客大赛，助力乡村振兴。2022 年为了强化四新领域妇联组织建设，在浦东妇联的推动下，行业妇联和新建园区妇联等 14 家妇联组织，积极推动各类优秀女性团体和乐于为妇女儿童服务的公益组织共建结对，组建"巾帼服务联盟"，进一步优化女性慈善公益网络的资源整合。

（二）浦东女性人才培养机制

按不同的区分方式，浦东女性慈善公益的人才培养机制可以分为不同的类型，如从整体性治理来看，可以分为女性领导人培育机制和女性群体能力提升机制；从女性人才群体类型来看，可以根据实践发展分为女社工人才培养机制和科技女性专才培育机制；从动力机制来看，有荣誉、获奖等激励机制；等等。

1. 女性领导人培育机制

以浦东妇联为主的人才培养机制，侧重于妇联系统内部管理干部的培养和相关制度机制的完善，主要是领头人的女干部培养机制。如妇联的"领

---

① 《听巾帼"她力量"讲述建功浦东引领区的奋斗故事》，2022 年 3 月 2 日，人民网，http://sh.people.com.cn/n2/2022/0302/c134768-35157027.html，最后访问日期：2023 年 3 月 8 日。

头雁"计划,加强妇联干部队伍建设,2021年街镇妇联换届工作面向浦东新区街镇、居村新任妇女干部开展脱产集中培训,覆盖36个街镇妇联1371个村居妇联20670位执委,持续提升新一届妇联干部的理论水平和业务水平。为了进一步加强干部能力建设,优化管理队伍结构,持续完善培养机制,2022年修订了《机关和事业干部考核实施办法》,当年提拔任用了一些妇女干部,并精准提升优秀妇女干部的适应能力和领导力。关于社会组织的女性负责人,据2021年浦东新区社会组织从业人员统计数据,浦东社会组织从业人员中女性负责人总占比约45%,其中社会团体的2621名负责人中女性807人,约占31%;在社会服务机构3282名负责人中女性1880人,约占57%;基金会中女性负责人约占25%。由此可以看出在社会组织领域女性领导力的发挥,如浦东新区社会组织合作促进会、浦东新区社会工作协会、浦东新区志愿者协会等都有一批优秀的女性负责人。

2. 女性群体能力提升机制

针对妇女群体有普惠式的能力提升机制,如"巾帼大学习"活动为浦东各类女性提供专业能力和综合素养提升的培训,通过讲座式、体验式、办班式和云端式四种模式同步开展。在诸多能力提升计划中,尤为侧重家庭教育服务能力建设,推进家庭教育"五育"赋能行动和家庭教育"五进"指导服务。如浦东妇联联合举办婴幼儿家庭教养指导嘉年华活动,首发"浦宝"伴成长空间在线地图,开展197项科学育儿指导活动。为了使相关家庭教育能力提升活动惠及更广泛的妇女群体,持续开展家庭教育宣传周活动、大咖带你学、聆听专家说等"六大"系列活动,举办"共创成长"线上沙龙、"共度美好时光"居家宅趣、童心守"沪"等100项云上家庭教育指导活动,"空中父母学堂"推送超200期,累计阅读超5万人次。在提升育儿能力的同时,也提升了女性自身的修养与素质。

3. 女性社工人才培养机制

浦东新区妇联携手浦东新区社会工作协会在全国首创妇联领域的家庭社会工作服务品牌,创新探索出了"妇联牵头、社会参与、社工服务、家庭受益"的运作模式,围绕家庭能力建设,赋能妇女工作者,打造了一支有社会工作理念的妇女工作者队伍和女性骨干志愿者，成为连接政府、组织、家庭的桥梁纽带，成为浦东维权维稳、婚姻家庭关护、常态化帮扶工作的有生力量。此外，浦东社工协会积极参与长三角其他省市的社工领军人才培养工作，如 2021~2022 年与常州市民政局合作为当地督导培养了 15 名社区领军人才，其中女性 11 人，占比达 70%，发挥了在长三角地区社会工作领军人才的"她力量"。

4. 科技女性专才培养机制

随着新时代发展，浦东尤为聚焦特殊人才的培养，围绕习近平总书记关于科技创新的重要指示，为了更好落实全国妇联下发的七部委科技创新巾帼行动意见，浦东妇联与泥城镇党委、政府联合举办"传承百年预见未来"女性论坛，在全市率先形成了关于科技女性的"浦东共识"。积极发挥张江科学城的多元主体作用，以张江的三大主导产业之一——生物医药为主题，举办"张江她力量·共'健'新未来"浦东职业女性论坛，联合浦东新区科经委、教育局、农业农村委、卫生健康委、国资委、总工会、团区委、科协等单位，一起助力科技女性成长，为女性科技人才培养搭建联动平台。可见，浦东各界通过跨部门联动合力为女性科技人才的培养提供前景可期的发展平台。

5. 人才获奖的激励机制

浦东妇联对于浦东新区女性人才的培养和推荐，获得了诸多国家和上海市奖项，如为特殊孩子撑起一个温暖的家的周美琴老师被评为"全国教书育人楷模"；浦南医院护理部主任李晓静荣获"中国好医生、中国好护士"抗疫特别人物；援疆的"沙漠玫瑰"任长艳被党中央、国务院授予"全国脱贫攻坚先进个人"称号；浦兴路街道长岛居民区党总支书记李秀勤被推选为全国妇联系统劳模。2021~2022 年女性人才培养已经取得成绩如下：全国三八红旗手 2 名、全国建功先进集体 1 个、全国巾帼文明岗 3 个、全国巾帼建功标兵 1 名、全国维护妇女儿童权益先进个人 1 名；全国妇联系统劳模 1 名，全国"百个巾帼好网民"称号 1 名；市三八红旗集体 11 个、市三八红旗手标兵 1 名、市三八红旗手（标兵）21 名，市乡村振兴先进集体 1 个，先进个人 1 名。如除了以上典范嘉奖之外，浦东妇联也融合党建开展巾帼英雄事迹挖掘活动，如泥城镇党委开展联组学习，通过"身边人讲身边事、身边人讲自己事、身边事教身边人"，将典范"三八红旗手"前辈的红色精神传承给身边人，以此扩大先进女代表的引领和辐射作用。

（三）赋能与服务妇女的基地建设机制

活动中心、基地和文明示范岗等妇女儿童基础设施建设为可持续提升女性能力提供了场所空间。2022 年新建木兰馆、女性影响力专厅等 11 家丽人之家，不断加大了女性工作的组织覆盖面和服务覆盖面。与此同时，强化基层阵地建设，全覆盖推进 1343 家居村妇女之家、1224 家妇女微家和 36 个家中心建设，其中 2 家妇女之家获评市级提高级，18 家获评市级示范级，12 个街镇成功创建上海市示范性"家中心"，数量居全市首位，洋泾街道被评为五星级"家中心"。东明路街道家庭家教家风项目、周浦镇御沁园提高级妇女之家的工作实践入选市妇联"十佳"创新案例，金桥镇社区家庭文明建设指导中心被评为第十三届全国家庭工作先进集体。① 此外，女性示范文明岗建设也取得良好成效，其中市巾帼文明岗 43 个、市巾帼建功标兵 15 个，市巾帼文明岗（进博专项）1 个，浦东新区妇联还荣获全国巾帼建功先进集体称号。

（四）"散"是满天星的多元探索机制

近年来浦东民间女性人才、女性慈善组织、女性自组织人才纷呈，她们自发以慈善公益的方式回馈社会。除了组织化之外，一些论坛活动也顺利举办等，这样的多项举措融合组织边界来拓展更多样化资源，通过群团组织和社会组织来引导和带动广大妇女群众发挥出她们的主动性、积极性和创造性，形成"聚""散"有道的能力建设机制。

---

① 浦东妇联工作报告：《全面贯彻党的二十大精神，团结带领广大妇女为浦东打造社会主义现代化建设引领区贡献力量——在浦东新区妇联五届二次执委会议上的工作报告》。

1. 跨界联办女性论坛

政府部门、群团组织和社会服务机构一起合办相关女性论坛。如 2022 年 3 月在上海市浦东新区世博地区央地融合区域化党建联盟指导下，浦东新区总工会和自贸区世博管理局主办，浦东新区总工会女职工委员会、世博地区综合党委、世博地区总工会、世博丽人之家承办的浦东与她·建功引领区——"世博女性·优雅力量"之央企职业女性论坛在世博举行。① 浦东妇联也筹办了一些有影响力的论坛会议，通过合办会议这种灵活的方式形成了党委、政府、群团组织、社会组织、自治组织和女性人才的联动体系，得以整合与发挥各界女性力量。

2. 全过程人民民主的妇女议事会

为了推动妇女群众民主参与、民主决策、民主管理和民主监督，在前期妇女议事会的基础上，2021 年浦东妇联与浦东社工协会一起创建了具有浦东特色的"妇女之家——芳华议站"的议事品牌，构建了内外三级督导体系，通过 60 多场妇女议事会，联动了 200 多名妇联执委和广大妇女群众参加，创新了反馈妇女群体需求和议题征集机制、平等协商的议事对话机制，提升妇女议事能力。2022 年在全区选取 25 个社区做新一批试点，致力于培养妇联执委联系群众的能力，以期形成一批"融入群众、融入社区"的基层妇女服务队伍，并建设一支"能议事、善议事、议成事"的妇女议事队伍，破解社区治理的"她视角"缺失的盲区。目前已经形成一些有代表性的、因地制宜的创新品牌：康桥镇秀康居民区的"秀慧堂"的智慧服务空巢助老、浦兴路街道凌一居民区的"舒心阁"、周浦镇中金海棠湾的"妈咪加油"、东明路街道长岛路居民区的"芳华园"、泥城镇彭镇居民区的"剪爱社"、金杨新村的微花园修护、陆家嘴市新居民区的"幸福加梯"、惠南镇惠益居民区的"蕙心益邻"和老港镇大和村的"土布风情"等。这些举措以组织化带动更广泛的妇女群众发挥出她们的创新力和奉献精神，形成了一批新的民生议事品牌。

---

① 《听巾帼"她力量"讲述建功浦东引领区的奋斗故事》，人民网，2022 年 3 月 2 日，http：//sh. people. com. cn/n2/2022/0302/c134768-35157027. html，最后访问日期：2023 年 3 月 8 日。

3. 女性自治组织体系与民间自发人才培养项目

浦东社会工作协会近年来培育孵化了 41 支社区自治团队，如"多彩丽人"、"米唐研学社"、"青苗妈妈"、"花样阿姐"、"潍生素"儿童议事会等自治品牌，主要涵盖了家庭志愿服务、亲子阅读、重症妇女关爱、儿童议事等领域，在参与美丽庭院建设、缤纷社区建设等方面都发挥了积极的活力。也有一些社会组织的女性负责人在慈善公益领域取得成绩，如真爱公益梦想基金会的理事长潘江雪被党中央、国务院授予"全国脱贫攻坚先进个人"称号，获得"上海市慈善奖"，受该基金资助的"素养教育"中受益的孩子也有很多是女童。基金会等慈善组织也积极资助女性人才创新发展的慈善项目，如恩派公益基金会的"女性赋能计划"，恩派公益与国际美妆品牌 ABH 联合开启了"她创至善"女性社会创业家奖，通过严格的选拔程序为 5 位在残障融合、科技女性、青年赋能、极限突破和品牌打造方面的女性提供支持。① 总之，浦东各界女性人才辈出，不同部门通过组织化跨界联合在一起为关爱女性和培育女性人才提供保障机制。

三 优化浦东引领区女性慈善公益发展的对策建议

浦东女性慈善公益生态已经基本成形，运作卓有成效，并与时俱进为引领区女性慈善公益的发展打开良好的局面，但也存在一些有待完善之处，如组织化动员机制主要靠妇联和总工会等群团组织带动，呈现群团组织为领头羊的能力建设驱动模式，其他女性慈善公益组织的能力建设机制有待完善等问题；虽然开始关注女性科技人才的培养，但其中从事慈善公益的女性科技人才数量有限，不及女企业家协会和女律师联谊会那样以组织化的方式从事慈善公益活动，难以发挥出群体聚合的慈善效应。建议未来浦东女性慈善公益的创新发展可以从以下方面着手。

---

① 《社创案例/她创至善·女性社会创业故事，欢迎来到她们的世界》，社会创业家微信公众号，2022 年 10 月 11 日，https://mp.weixin.qq.com/s/J3zw3B4Frsy0akiPdDPehA，最后访问日期：2023 年 8 月 28 日。

（一）打造引领区女性人才能力建设常态化机制

对标"国际人才发展引领区"，重视女性人才的培养与典范人物的选树，如"最美女企业家""最美家政人"等，通过行业标杆引领带动广大妇女能力提升。目前妇联系统已经有成熟的女性人才培训机制和创新的培训方法，可以进一步扩大影响力，辐射带动更多女性社会组织和妇女群众的能力提升。依托社区的"妇女之家"和"家中心"等展开社区女性人才培育与发掘计划，帮助社区有爱心的居民成为社区志愿者，参与儿童托育和为老服务，为社区慈善打造出一批常态化的社区女性志愿服务队。以社区慈善为场域辐射圈，将妇联体系内的能力建设机制扩展到更广泛的社会面，尤其是以既有家庭亲子教育能力的培养为抓手，整体提升母性育儿能力，为祖国培养出更优秀的下一代，通过家风建设传承中华文明。此外，进一步发挥浦东社工督导人才的优势，助力长三角女性社工领军人才的培养，通过引领区女性服务力助推长三角一体化建设。

（二）以"联合捐"为抓手优化女性捐赠机制

女性捐赠圈在国外发展很快，浦东在国内已经先试先行了联劝女性捐赠圈，多是民间自发形成的，这些年虽然一直在持续，但是规模和影响力有限。建议依托浦东"联合捐"打造更广泛意义上的女性捐赠圈和女性慈善圈。这个知名的慈善品牌每年都会联合政府部门、基金会、慈善超市和各类慈善组织一起展开联合劝募，这个过程中有大量女性慈善公益从业人员、女性捐赠者积极参与，以往的数据多侧重募捐机构、金额、人数、街道的统计，没有具体区分不同性别群体的参与成果，未来可以在"联合捐"平台里融入性别视角，记录女性的参与和付出。在此基础上形成浦东女性慈善捐赠圈的公益大数据，就可以从数字治理的角度精确观察女性慈善公益捐赠力的实力和发展趋势。

（三）善用浦东法规立法权，引入性别意识

浦东获得法规立法权是引领区慈善公益大发展的助力，市妇联和浦东人

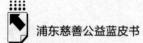
大应联合探索性别意识进入决策主流的法治渠道，用好全国人大常委会和市人大常委会的立法授权，围绕浦东改革创新建设引领区的需要和妇女儿童的发展需求，精准聚焦重点领域、关键环节和瓶颈问题，力求稳妥推动制定相关浦东新区性别决策法规，继续探索出台如《浦东新区女性人才发展关爱八条措施》的地方政策法规，为女性人才争取有利的政策，以高质量立法引领和保障高水平改革开放和妇女事业发展，也可以借此进一步推动女性慈善公益的法治化发展。

（四）建设浦东特色的引领区女性科技人才高地和人才培养机制

随着"科技向善"和重视女性科技人才的发展趋势，张江科学城妇联探索了区域化妇女能力建设运行机制，形成自下而上的需求提取机制、自上而下的资源共享机制、互联互通的项目运行机制、上下纵横的组织网络机制和优秀女性选树机制。在 28 家四新妇联组织和 89 家四新丽人之家的基础上，稳妥有效地扩大覆盖面，建立区层面分行业、分类别的分类管理系统，完善合作交流的共享双赢长效机制，与国际人才发展中心在张江人才港建立了"上海市浦东新区女性创新创业人才基地"，为创业女性提供学习交流、互助共进的成长空间，使四新妇联组织的资源流动起来，与科技融合发展助力女性人才培养，逐渐形成浦东四新妇联组织的良性发展生态圈。与此同时，在关注女性科技人才成长和培育的过程中，以公益讲堂的方式帮助她们了解和融入慈善公益，以科技知识回馈社会，形成浦东女性科技慈善人才的亮丽风景线。

（五）合力共筑引领区女性慈善公益品牌

浦东女性慈善公益需要一个整体的品牌，打造集体慈善公益力，以期在全国形成一个有影响力的聚合品牌。在新时代引领区建设背景下，推动浦东女性慈善公益的现代化能力建设，顺应时代发挥出引领作用是至关重要的。建议浦东新区以"引领区女性慈善公益"为品牌打造一系列活动，此前浦东妇联和总工会已经有一些前沿探索，今后可以合力举办有更大影响力的

"浦东·她慈善·她公益""浦东·她声音""浦东·她力量""浦东·她引领"等系列活动，以多样化路径全方位培育浦东女性人才，维护女性权益、服务妇女儿童、推动科技发展，提升女性融入超大城市的社会治理能力，展现浦东巾帼风采。

总之，未来可以结合引领区的发展方向，以民生服务和科技向善为重点方向，提升女性慈善公益的引领力、治理服务力和创新力，形成浦东妇联、总工会和浦东社工协会为核心圈层引领带动浦东 270 万女性发展的格局，以此保障她们的基本权益，发挥出"她力量"的特长和优势，使浦东女性慈善公益力处于一种不断提升优化的状态，切实发挥出引领区女性慈善公益的引领力。

B.13
浦东企业慈善公益发展报告

徐凌 王昊*

摘　要： 近年来，浦东高度重视企业社会责任体系建设，支持企业做大做
强的同时，引导其积极承担慈善公益责任，在慈善捐赠、志愿服
务、乡村振兴、对口帮扶、基层治理方面发挥了重要作用。但浦
东企业慈善公益事业也面临着法规制度体系尚不完善、慈善公益
组织发展能级不高、企业慈善战略规划缺位、企业慈善运营管理
能力不足的困难挑战。为此，需要进一步有效发挥政府的主导作
用、企业参与的主体作用和社会力量的监督作用。

关键词： 企业慈善　公益事业　第三次分配

党的二十大报告提出，"构建初次分配、再分配、第三次分配协调配套
的制度体系"，"引导、支持有意愿有能力的企业、社会组织和个人积极参
与慈善公益事业"。① 企业是我国慈善捐赠的主体，在第三次分配中发挥着
举足轻重的作用。鼓励引导企业履行社会责任，积极参与生态治理、民生建
设、乡村振兴和区域协调发展，持续增加慈善捐赠，对于促进第三次分配高
效运转具有重要意义。

---

* 徐凌，中共上海市浦东新区区委党校副教授，主要研究方向为当代中国政府与政治、产业经
济理论与政策。王昊，中共上海市浦东新区区委党校副教授，主要研究方向为企业文化管理。
① 《习近平：高举中国特色社会主义伟大旗帜 为全面建设社会主义现代化国家而团结奋
斗——在中国共产党第二十次全国代表大会上的报告》，中国政府网，2022 年 10 月 25 日，
https：//www. gov. cn/xinwen/2022-10/25/content_ 5721685. htm，最后访问日期：2023 年 9
月 20 日。

一　浦东企业参与慈善公益的缘起与背景

随着我国市场经济的逐步完善和日臻成熟，企业作为市场主体也在不断成长。外部环境的需求和企业内部成长的内生动力，都要求企业在创造利润、对股东和员工负责的同时，还要承担起对消费者、社区和环境等方面的责任，包括积极参与公益事业，参加慈善捐赠，促进第三次分配等。

作为改革开放的排头兵、先行者，浦东承担了打造社会主义现代化建设引领区的重任。引领区之"引领"，应更多体现在创新、体现在超前、体现在面向未来。积极参与慈善公益事业，是浦东企业履行企业社会责任、坚持自身高质量发展、投身引领区建设的重要篇章。

（一）参与慈善公益是浦东企业履行社会责任的重要内容

近年来，随着我国市场经济的高速发展和经济全球化的影响，企业社会责任的概念被一些跨国公司、外资企业、品牌商引入，并引起学界和企业界的极大关注。一般认为，企业社会责任就是指企业在创造财富、谋求股东利润最大化之外，还应对社会承担责任，"包括遵守商业道德、保护劳工权利、保护环境、发展慈善事业、捐助公益事业、保护弱势群体等等"[1]。

参与慈善公益作为企业社会责任的重要内容之一，在我国政策法规中亦多有体现。在全国人大常委会 2021 年 12 月公布的最新一次《公司法》修订草案中，规定："公司从事经营活动，应当在遵守法律法规规定义务的基础上，充分考虑公司职工、消费者等利益相关者的利益及生态环境保护等社会公共利益，承担社会责任。国家鼓励公司参与社会公益活动，公布社会责任报告。"这一规定细化了企业履行社会责任的方式和要求，明确提出了企业参与公益活动的要求。可见，积极参加慈善公益活动、履行社会责任，是企业合法合规发展，做一个合格的"企业公民"的需要。

---

[1]　王志民：《关于企业社会责任的思考与建议》，《福建论坛》（人文社会科学版）2004 年第 1 期。

诚然，企业承担的社会责任内容相当广泛，参与慈善公益仅为其中之一。在郭沛源、周文慧、安国俊撰写的《2021年企业社会责任报告》中，将企业履行社会责任分成三个层次：守法层次、慈善层次、战略层次，认为进行慈善公益活动是企业履行社会责任的第二个层次。而在企业的实际运营中，不少企业都把参加慈善公益活动作为履行社会责任最重要的部分之一，他们建立基金会、捐助慈善组织、帮扶贫困地区等，在公益舞台上扮演了重要角色。

（二）企业积极慈善公益是浦东建设人民城市的需要

2020年，习近平总书记在浦东开发开放30周年庆祝大会上提出"人民城市人民建、人民城市为人民"。① 企业的发展是城市发展的重要动力。浦东企业与浦东城市建设紧密嵌合，深度参与城市治理。企业兴，则城市兴；城市强，则企业强。一方面，企业积极投身慈善公益事业，有利于落实中央部署，完善分配制度，助力民生福祉，帮助社会托底。在推进共同富裕的同时，企业积极参与基层自治，体现"人民城市人民建"。另一方面，企业投身公益事业，也有助于企业开拓市场，作为市场主体提供服务、参与基层治理等，反过来促进企业自身发展，实现多赢的局面，体现"人民城市为人民"的重要理念。

（三）投身慈善公益也是企业自身高质量发展的需要

在企业社会责任的概念普及之前，有一些学者曾经认为，企业履行社会责任其实是由经济利益驱动的，而慈善捐赠、志愿服务等公益活动，额外增加了企业的时间成本和经济成本，看起来似乎与企业"追求利润"的目标背道而驰。到了21世纪的今天，世界范围内对企业社会责任的认知已经基本一致。从企业发展的长远来看，要在激烈的市场竞争中胜出，除了创新技术、提高产品质量等，优秀的企业文化和良好的企业形象都是企业可持续发展不可或缺的核心竞争力。参与大众关注的慈善公益活动，积极回馈社会，不但可以营造优秀的企

---

① 习近平：《在浦东开发开放30周年庆祝大会上的讲话（2020年11月12日）》，中国政府网，https://www.gov.cn/gongbao/content/2020/content_5565805.htm，最后访问日期：2023年9月20日。

业文化氛围，提高员工凝聚力，也会很快赢得消费者和社会大众的认可，树立起良好的社会形象，实现经济效益和社会效益的双丰收。另外，世界许多包括全球 500 强在内的大企业，都久居慈善公益榜单前列。浦东企业积极投身慈善公益活动、履行社会责任，也是接轨国际、开拓国际市场的有效手段。

二　浦东企业参与慈善公益的生动实践

浦东开发开放 33 年，地区生产总值从 1990 年的 60 亿元高速增长到 2022 年的 16031 亿元，无数的大小企业在这里蓬勃发展，贡献了无比坚实的力量。《2022 年上海市浦东新区国民经济和社会发展统计公报》显示，截至 2022 年 12 月 31 日，浦东新区共有市场主体 44.8 万家。其中，内资企业及分支机构 30.5 万家，外资企业及分支结构 2.90 万家，个体工商户 11.00 万家，农民专业合作社 0.39 万家（见图 1）。[①] 从数据可以发现，浦东现在企业总数已经超过 30 万家，仅上市公司就有 228 家，占上海全市的三分之一，首发募集资金总额 4780 亿元，占上海市的近二分之一。[②]

数量庞大的企业为浦东经济的腾飞作出了巨大的贡献。随着经济效益的突飞猛进，许多浦东企业也越来越重视对社会的回馈，积极保护和改善生态环境、救助灾害、扶贫济困，展现出一个个负责向上的企业形象。早在 2013 年，浦东新区就设立了国内第一个企业社会责任公益基金。截至 2023 年 10 月，浦东新区社会责任达标企业达到 529 家。[③] 浦东企业履行社会责任、积极参与慈善公益活动不乏亮点，体现在以下几个方面。[④]

---

① 资料来源：《2022 年上海市浦东新区国民经济和社会发展统计公报》。
② 资料来源：《2022 年上海市浦东新区国民经济和社会发展统计公报》。
③ 《社会组织与企业如何更好携手合作？来看他们的积极探索》，2023 年 10 月 14 日，https://mp.weixin.qq.com/s/X0mqn2-_z9Ra3g8wp6KFXg。
④ 为了解浦东企业参与慈善公益、履行社会责任的现状，笔者先后走访了浦东新区工商联、浦东新区光彩事业促进会（以下简称浦东光彩会）、浦东新区企业和企业家联合会（以下简称浦东企联）等单位和社会组织，调阅了浦东部分上市公司（82 家）2022 年的公司年报。

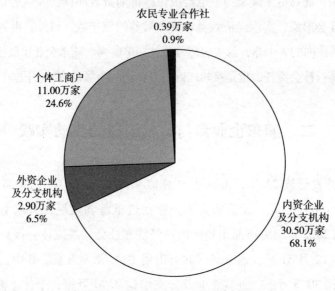

图1　浦东新区市场主体数量情况

（一）开展慈善捐赠

慈善捐赠是企业参与慈善公益活动最直接的方式之一，分为捐赠钱款或捐赠实物等不同形式。不少企业或企业家个人会通过建立慈善基金会，或直接向其他非营利性公益组织或慈善项目捐赠钱款或物品的方式，表达爱心，参与公益事业。从大企业到中小企业，从央企、外企到民营企业，浦东新区都不乏在这方面贡献力量的优秀企业。

向慈善组织或慈善项目直接捐赠钱款。这是一种最为直接的慈善捐赠方式，也是许多浦东企业选择的方式之一。浦东新区每年一届的"慈善公益联合捐"，是浦东慈善公益的招牌项目，截至2023年9月1日已举办21届，累计募款总额达19.87亿元，[①] 每年都有大量的企业和企业家参与。其他如红十字会、浦东企联、浦东光彩会等社会组织、慈善组织，或是慈善项目，

---

① 资料来源：浦东新区民政局。

每年也都能收到浦东企业的大量爱心捐赠。尽管各类公益组织和项目归口不一，暂时没有统一的统计数字，但也都在各自的平台上发挥了重要作用。比如，由非公有制企业（民营企业）、非公有制经济人士或在浦东投资的港澳等工商界人士组成的浦东光彩会，2020～2022年，共收到民营企业捐赠达2514万余元，① 用于教育、扶贫、乡村振兴等多个方面的多个项目。

捐赠实物。在一些慈善项目中，尤其在一些突发灾害中，捐赠当时当地紧缺物资也是浦东企业经常选择的方式之一。新冠疫情期间，许多浦东企业多次向医护人员、社区等捐赠手套、防护服、口罩、药物等物资，用于浦东以及对口帮扶地区抗击疫情。比如，2022年上海疫情，爱建集团向多个街道、社区等捐赠各类防疫物资8.26万件，捐款用于社区消杀面积近9万平方米，实物加现金累计金额超过140万元，并向上海联享公益基金会捐赠229万余元委托其采购饮用水、食物、饮品等防疫物资捐赠给急需物资保障的红十字会、医院、街道、学校等。② 其他如捐赠口罩、防护服、消毒液、手套等物资的公司也不在少数，一部分用于浦东本地或者上海地区，也有一部分则是针对浦东对口支援地区的定向捐赠。在其他地区的一些突发灾害中，也不乏浦东企业的身影。比如，2021年河南洪灾，浦东企业纷纷伸出援手，捐款之外还有许多当地当时急需的实物。连尚网络向中华慈善总会蓝天救援队捐赠100艘冲锋舟、300套激流马甲救生衣、汽油发电野外净水机等价值300万元物资；梦饷科技（众旦信息科技有限公司）为郑州发放1000多份加油包（慰问饼干）；亚朵集团向河南巩义市捐赠饮用水、蜂蜜水、八宝粥等生活物资15000箱；辰鼎物流捐赠抽水机40台、进水管300米、矿泉水60箱；汉盛律所采购两卡车新鲜蔬菜通过冷链物流运往河南新乡；等等。

（二）投身志愿服务

除了直接捐赠，浦东的许多企业也会在日常工作中组织慈善项目、宣传

---

① 资料来源：浦东新区工商联。
② 资料来源：爱建集团2022社会责任报告。

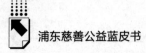

公益理念，营造良好的企业文化氛围，吸引员工一起投身慈善公益事业。无论是区内还是区外，无论是大灾还是小情，经常都有浦东企业和企业员工活跃的身影。

志愿服务。许多浦东企业鼓励员工主动融入社区，参与志愿服务工作，将"奉献、友爱、互助、进步"的志愿者精神撒播四方。2022 年 3 月，上海疫情严峻，在浦东新区工商联、浦东光彩会的动员下，共有 877 家民营企业参与村居社区结对，对接 36 个街镇 262 个村居的 536 个封控小区，民企突击队员 6628 人，组织发动志愿者 13112 人，参与志愿服务近 46.3 万人次。[①] 央企、国企也不甘人后，东航物流 2022 年共有 628 名党员完成"先锋上海"线上报到，参与社区志愿服务 5099 人次，累计参与志愿服务时长 18516 小时；[②] 上海陆家嘴金融贸易区开发股份有限公司 2022 年志愿服务累计达 2681 人次，连续服务时间最长达 53 天；[③] 等等。

企业特色公益行动。许多浦东企业都有独具特色的公益行动，有的以行业聚团，有的以商会为导向，也有的从自身企业特点出发，关注特定现象，关爱特殊群体，通过自己的行动向社会传达企业理念，体现企业的社会责任感。比如，浦东证券企业参与证券行业的"跑遍中国·2022 年中国证券业防范非法证券宣传线上健康跑"，将投资者教育与体育健身相结合；[④] 摩根士丹利发起"净滩有我，呵护蔚蓝"行动，2022 年在深圳湾清理了 89.16公斤的垃圾，传达了保护生态、可持续发展的理念；[⑤] 等等。

（三）助推乡村振兴

在乡村振兴中，一个高质量发展的企业或一片兴旺的产业，往往能够带动一个村。有了特色的核心特色产业，一个村就有了农民富裕、集体增收的

---

① 资料来源：浦东新区工商联。
② 资料来源：东航物流 2022 社会责任报告。
③ 资料来源：陆家嘴 2022ESG 报告。
④ 资料来源：浦东新区金融促进会。
⑤ 资料来源：浦东新区金融促进会。

发动机。在全国许多人印象中，浦东高楼林立，"陆家嘴三件套"更是网红打卡热点，但事实上，浦东还有着广袤的农村地区，乡村振兴是浦东发展蓝图中不可缺少的重要部分。今年以来，浦东开始积极探索大规模的区属国企参与乡村振兴建设发展。目前，浦东新区 16 家区属企业已分别与 13 个镇51 个村对接，带任务、带项目、带人才进乡村。[①]

村企共建实现多赢。浦东地区的农村单个规模小，许多位于城乡接合部、被道路交通网络分割成一个个小单元，有的缺乏经济支柱产业，有的面临治理难点。一些企业入驻乡村，村企共建模式破解难题，成为乡村振兴的重要助力。比如，宣桥镇腰路村曾是浦东新区经济相对薄弱村，2020 年，该村党总支与清美集团党总支开展结对共建。2021 年，清美集团投资打造腰路村"乡村 CBD"，建立"清美鲜食"超市、"清美味道"餐厅，村民就业机会增加、收入渠道扩展，乡村环境优化，实现了村、企、民多方共赢的喜人局面，也为全区范围内开展村企共建提供了参考。

产业融合推进新农村建设。浦东中部、南部部分乡村，仍坚持传统农业种植，其中不乏一些有地方特色的农产品品牌。浦东新区 2021 年度农村工作会议提出，高标准建设美丽家园，高质量建设绿色田园，高水平建设幸福乐园。一些企业进驻农村，结合区域特色农业，厚植产业体系融合优势，做优做强特色产业的基础上，打造绿色田园、美丽家园、幸福乐园，走出乡村振兴的坚实步伐。比如，上海源怡花卉有限公司在书院镇外灶村打造花卉生产基地，发展花卉种源繁育及生产，村民就业机会和收入均有增加，村集体资产也日益充实，外灶村构建起未来产业发展的美好蓝图。

（四）助力对口帮扶

大爱无疆，浦东企业回馈社会、助力乡村振兴，不仅仅局限在浦东区域，更是将希望的种子撒遍全国各地，尤其是上海或浦东对口帮扶地区。

---

① 《带任务、带项目、带人才！浦东全面推动区属企业参与乡村振兴》，《新闻晨报》，2023 年3 月 31 日，https：//baijiahao. baidu. com/s？id = 1761815114582742641&wfr = spider&for = pc，最后访问日期：2023 年 9 月 20 日。

比如，浦东新区工商联（光彩会）发起 2021～2025 年"携手兴乡村，百企结百村"行动，共计 40 家浦东民企与 70 个浦东对口地区的脱贫村结对，包括云南怒江州 4 县（市）38 个村，其中泸水市 12 个村、福贡县 9 个村、兰坪县 13 个村、贡山县 4 个村；新疆喀什莎车县 26 个村；西藏日喀则市江孜县 6 个村，年度帮扶资金不少于 2 万元/村/年。"授人以鱼不如授人以渔"，浦东企业的帮扶，并不局限于捐赠钱物解一时之困，还通过产业帮扶、消费帮扶、教育帮扶等方式，助力对口地区建立起自身的良好循环。

产业帮扶。许多企业通过浦东光彩会、浦东企联等组织，在对口帮扶地区设立分公司、建立生产线，通过发展产业帮扶对口地区，带动当地人民就业增收。比如，2022 年，上海闽龙实业有限公司在云南怒江绿色香料产业园区投资 3000 万元成立全资子公司"云南全都有生物科技有限公司"，建立 9 条产线，工厂年产 5000 吨以上产能，带动当地 150 人以上就业。再比如，亚朵集团从 2017 年开始"亚朵村的茶"产业扶贫项目，在云南怒江建成了 3 个茶产业生产基地，5 年来在当地成品茶采购金额累计超过 2300 万元，覆盖茶农超过 1800 户，涉及 8 个行政村，其中亚朵村合作社成员从成立时的 34 户，增长到 380 户，达到了全村 95% 以上的村民参与度。

消费帮扶。对口帮扶地区有不少当地特色的农副产品，浦东企业通过各种渠道，采购、推广当地农副产品直销上海乃至全国，助推当地农业发展、农民增收。上汽集团联动所属企业大力支持重点帮扶地区产业消费，2022 年一年累计购买消费帮扶产品 4538 万元。[①] 闽龙实业、众旦信息等企业则通过与云南怒江投资开发集团有限公司签订《合作框架协议》，帮助怒江州打通生产、流通、消费各环节，推动帮扶产品走出产地，走进上海，走向全国。红星美凯龙采购新疆喀什地区新鲜香梨、葡萄等优质水果发放员工，打通物流渠道，投资生鲜零售平台"叮咚买

---

① 资料来源：上汽集团 2022 社会责任报告。

菜"，把喀什地区的农副产品植入平台，推广给更多消费者，助力喀什地区消费扶贫。

教育帮扶。教育兴则国家兴，教育强则国家强。教育的重大意义，对一个国家如此，对一个地区也是如此。浦东企业通过捐建学校、助建基础设施、捐赠物品、资助学生、帮助当地学生就业等方式，给对口帮扶地区一条龙式的教育帮扶。2023 年 3 月，浦东企联会员上海剑鑫教育集团与云南经济管理学院、云南医药健康职业学院、云南理工职业学院当地三所高等职业学校签订战略合作备忘录，促进沪滇两地校校合作、校企合作，巩固职教发展带动产业经济的成果，加强农业产品知识的普及和现代化设备农业技术人才的培养，助力推进地区就业的发展。浦东企联另一名会员上海隆波建设工程公司则从 2001 年开始，截至 2023 年 8 月已在江西萍乡山区捐建了 5 所希望学校，捐建资金超过 1500 万元。2022 年，恒泰期货、春舜集团等多家浦东企业通过浦东光彩会向大理州洱源县教育体育局定向捐赠 50 万元，开展洱源县中小学生"思源餐厅"项目，解决了个别学校无餐厅、学生露天用餐的问题，受益学生达 1200 多人。这样的案例还有很多，形式各异的合作与帮扶，对当地教育发展、人才培养、地区就业等都带来了良好的效果。

（五）参与基层治理

坚持党建引领多元参与、创新治理体制和治理模式，是当前基层治理的大趋势。在社区自治共治中，企业是一支不可忽视的力量。一方面，企业通过慈善公益活动助力社区自治；另一方面，企业也可以作为市场主体提供服务获取报酬、参与社区共治。

推动社区自治共治。企业参与社区事务，参与社区自治共治，是基层治理中的一项有益探索。浦东在这方面也有不少实践，有的是街镇村居发力联系企业，有的是企业跨前一步主动进入社区，都取得了一定的成效。比如，潍坊新村街道成立"崂山路街事会"，首届共 34 家成员，吸引了包括紫金山大酒店、大壶春、杏花楼等 20 多家商户企业参与议事，进行讨论事务、

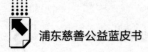

主持街区对话会议、牵头开展商户星级评定等与街区建设、管理、发展、服务相关的各种事项，实现社区的共建共治共享。

参与社区公益活动。浦东的许多企业在参与社区事务的同时，也发动员工，尤其是党员，作为志愿者积极投身社区各类公益活动，成为社区志愿服务中一支亮眼的队伍。比如，陆家嘴街道楼宇商圈内的企业党员和居民区党员志愿者紧密联系，自发成立了"商圈志愿服务联盟"。联盟成立以来，连续8年举办"陆家嘴公益城""社区大管家""暖楼行动"等主题公益项目，在基层治理中展现出蓬勃的生命力。

三　浦东企业参与慈善公益面临的困难挑战

（一）外部因素：企业参与慈善公益的环境条件有待完善

1. 法规制度体系尚不完善

一方面，慈善法律法规有所缺位。由于我国社会慈善公益事业发展起步晚，相关立法保障工作稍显滞后，国家层面虽已出台《慈善法》，但是相关规定仍然存在模糊地带，还缺乏专门规范公益组织的法律法规，慈善组织的性质定位、运行机制、财务制度、项目救助等方面缺乏权威准确的法律依据，慈善公益活动难以规范统一。近年来，上海积极推进慈善事业相关的法律法规建设，出台了《上海市慈善条例》《上海市慈善组织认定和取消认定暂行办法》等制度规范，但是作为地方性法规，法律效力层次仍然有限，难以对整个慈善事业和所涉及的社会关系进行全面的调整，制约了慈善行业社会环境的整体改善。

另一方面，税收减免制度有待完善。根据我国现行新税法关于公益救济性捐赠税前扣除的政策规定，企业发生的公益性捐赠支出在年度利润总额12%以内的部分，准予在计算应纳税所得额度时扣除。这体现了政府对发展慈善事业的大力支持，通过多捐少扣的方式，鼓励广大企业参与公益事业。但是，近年来由于受新冠疫情冲击和国际经济形势影响，不少中小企业经营出现困难，慈善捐赠积极性普遍不高，在此背景下 12% 的捐赠免税比例的支持力度还是不高。同时，由于慈善捐赠制度设计存在一定不足，捐赠退税程序、受赠主体资格等方面不够规范完整，申请退税和免税手续过于繁杂，这使得税收减免制度未达到预期效果，也影响到一些企业和个人的捐赠热情。

2. 慈善公益组织发展能级不高

一方面，发展空间相对有限。目前我国慈善公益机构属于非政府组织，社团登记由民政部门负责，日常监管职责由相关领域的主管单位负责。受传统思维观念和管理模式影响，政府角色定位与社会治理职能之间存在错位，影响了市场经济条件下对社会资源的统筹和社会公共问题的解决。慈善公益组织的行政色彩比较浓厚，其民间性、效率性、公益性受到影响，公益组织发展壮大存在诸多困难，导致企业参与慈善公益活动的内容和范畴受到较大约束，客观上降低了企业履行慈善公益责任的能级与水平。

另一方面，运作管理有待加强。随着经济社会的快速发展，公众的法律素养和权利意识明显增强，对慈善组织发展提出了更高要求。目前，浦东新区慈善组织的总体规模不大、效益不高，有影响力的慈善品牌不多，一些慈善组织的工作规范框架尚不完整；由于社会监督薄弱，一些慈善组织的工作透明度不够，社会公信力不高，难以释放慈善公益组织的发展活力，也削弱了很多企业履行慈善公益责任的意愿。

（二）内部因素：企业参与慈善公益的运行基础有待优化

1. 企业慈善战略规划缺位

一是企业缺乏负责慈善公益的专职部门。根据世界 500 强公司的机构设置情况来看，为了提升企业做慈善公益的能力，许多企业单独设立了企业社会责任专职部门，全面负责包括企业慈善公益在内的企业社会责任和可持续发展工作。还有一些企业，是将相关职能放到公关、市场等相关部门，虽然没有专职部门，但至少也有专人专岗。从浦东新区不少企业走访调研来看，除了一些国有企业和知名外资企业，大多数中小企业既没有设置专职机构，也没有设立专人专岗，很多企业也没有相关的计划考虑，影响了企业参与慈善公益工作的部署落实，社会责任的响应速度和履责能力大打折扣。

二是企业慈善公益行为缺乏战略规划。从捐赠理念看，很多企业尚未形成科学的捐赠理念，有的企业没有认真考虑慈善捐赠与企业发展战略的关系，慈善捐助出现随意或跟风等问题；有的企业纯粹将慈善活动当作维护政府关系的方式手段，没有深入谋划如何从捐赠行为中获得合理商业回报，慈善捐赠缺乏可持续性。从捐赠意愿看，许多企业并没有专门的慈善计划和长远考虑，捐赠也往往表现出一种突发性和短期性，企业慈善捐赠行为具有较大的随机性。从捐赠偏好看，慈善活动在很大程度上取决于企业领导人的个人意愿，许多民营企业家喜欢以个人名义捐赠，很多时候出现企业慈善榜与企业家个人慈善榜趋同的现象。在这种背景下，企业参与慈善公益事业缺少长久驱动力，工作基础十分脆弱。

三是企业慈善公益事业经营人才储备不足。企业参与慈善公益事业，是增加树立自身形象、增强市场亲和力、提升品牌知名度的营销行为，需要一批既懂企业经营又懂慈善公益的专业人才。调研发现，目前浦东企业中从事慈善工作的人员，往往具有随机指派、临时兼任的特点，由于专业化程度不高，没有清晰的职业发展路径，常常感觉孤立无援、被边缘化，来自公司高层的工作认可和政策支持十分有限，慈善公益工作逐渐陷入尴尬境地。在此背景下，急需一大批具备跨界知识结构的人才加入进来，有效增加工作活力，不断拓展慈善公益事业新局面。

2. 企业慈善运营管理能力不足

一是制度化管理体系缺位。调研发现，很多企业没有建立捐赠制度，没有成文的捐赠计划，没有明确的捐赠预算，大多是一捐了之，事前无计划、事中无管理、事后无监督。慈善公益活动缺乏机制策略，议题选取、项目选取，往往容易被决策者的个人偏好所左右，或者受一些与慈善无关的外部因素所影响，没有形成规范化、制度化的运作机制，更谈不上在企业文化中形成相应的慈善公益文化。

二是慈善捐赠模式相对单一。目前，企业捐赠很大程度上需要依靠政府号召和层层发动, 捐赠渠道以公办慈善组织为主, 募捐方式以晚会义演等形式为主, 慈善工作的号召力和吸引力有所不足。企业参与慈善公益的形式以现金捐赠的单向输出方式为主, 很少选择产品捐赠和劳务捐赠并计入企业成本。捐赠集中于教育助学、扶贫帮困、健康医疗等传统领域, 结合企业经营优势进行项目开发的捐赠形式较少, 难以形成慈善公益事业与企业发展互惠互利的多赢局面。

三是慈善基金管理不够规范。近年来, 企业热衷于发起设立企业基金会, 但是后续如何协同企业慈善公益和企业基金会的工作, 尚缺乏深入思考和周密部署。由于缺乏专职部门或专人专岗负责, 且多数企业基金会需要依赖企业持续输血, 很多企业把慈善公益工作和基金会工作放到一起, 通过"一套人马、两块牌子"的方式进行运作, 虽然有一定的现实合理性, 但是从长期看会制约企业基金会的独立发展。

四 进一步推进浦东企业参与慈善公益的对策建议

（一）发挥政府推进企业参与慈善公益的主导作用

1. 加强企业慈善公益事业的组织领导

一是强化组织推进工作。将推进企业参与慈善公益工作列入议事日程, 切实加强引导, 深入调查研究, 结合本地实际, 明确目标任务, 研究解决推进企业慈善公益责任建设中的重大问题。为推进这项工作的开展, 明确召集单位, 设立企业慈善公益责任建设联席会议制度, 合力推动企业参与慈善公益工作。

二是开展创新试点建设。在生物医药、集成电路、装备制造等重点产业, 现代服务业等行业, 选择一批不同规模的企业作为履行慈善公益责任的试点单位, 推出一批政策创新举措, 通过试点工作, 总结试点经验, 不断规范完善, 逐步加以推广。

三是加快政府职能转变。逐步改变目前依赖行政动员的认捐方式, 推动行政认捐向市场劝募转变。政府逐步从劝募市场中抽身而出，由劝募者、监管者的双重身份向监管者的单一身份转变，积极与承担慈善公益责任的企业合作，设立政府奖项鼓励企业捐助，提高企业家参与慈善公益活动的积极性。

2. 健全企业参与慈善公益的制度保障

一是建立激励约束机制。依据国家法律法规和政策，结合实际做好涉及企业履行慈善公益责任有关配套政策的制定工作，营造有利于企业履行慈善公益责任的制度环境。支持和引导社会资源向积极履行慈善公益责任的企业倾斜。引导金融单位对积极履行慈善公益责任的企业予以优先支持，财政等部门在安排有关项目财政补助资金时给予重点支持，审批等将企业履行慈善公益责任状况作为依法审批办理相关业务的重要依据。

二是落实税收优惠政策。坚持多措并举，确保有关税收优惠政策的实施落地，简化捐赠免税退税程序，使企业绝大部分慈善捐赠能切实获得税收减免激励。在确立捐赠退税减免的同时，建立企业慈善捐赠募集、入账、捐赠、退税的完整程序，保证减税政策的有效实施。视情扩大免税受赠主体的范围，充分调动企业、社会组织和个人参与慈善公益事业的积极性。

三是加大政策保障力度。积极为企业从事慈善公益事业进行资金配套、人力和物力支持，建立慈善公益人才培养机制，将慈善公益专业人才培养纳入继续教育、职称和就业培训体系。培育发展慈善公益组织，建立和完善慈善公益从业人员补贴政策，重点培育和优先发展社会服务类公益组织和具有扶贫济困功能的慈善组织。加强对社会企业、新型公益、创投基金会等新型企业捐赠行为的研究工作，为这些新事物的发展创造良好制度环境，使企业捐赠形式更加广泛丰富。建立公平公正的市场秩序，保障公民基本的社会权利，为企业从事慈善公益事业提供广泛而优良的服务，树立企业积极履行慈善公益责任的信心。

3. 完善企业履行慈善公益责任的评价体系

一是探索建立评价标准体系。建立评价标准是企业履行社会责任的实践依据。主动参照国内外标准，通过与先进企业的慈善公益责任指标的对标对表，查找自身弱项和发展短板，不断加以改进完善。建议结合浦东行业特征和企业实际，从收入与支出、项目效益、管理与运作、公信力和透明度等方面入手，探索建立企业履行慈善公益责任的指标体系，加强企业慈善公益责任的绩效评价。

二是加强标准认证工作。政府在采购、投资和科技项目立项、对企业的资助等方面，实行企业慈善公益责任标准认证制度，未通过认证的企业不得参与政府采购和投资项目的投标、不得申请政府科技项目立项等资助，把履行慈善公益责任作为企业进入市场的准入条件，有过社会责任不良记录的企业，限制进入市场，提高评价标准的约束力。

（二）发挥企业参与慈善公益的主体作用

1. 加强企业履行慈善公益责任的能力建设

一是支持中小企业增强发展能力。提升企业自身经济发展实力，是推动企业慈善公益责任建设的主要路径。能否依托产品或服务造福社会，是企业履行慈善公益责任的关键环节。要引导企业在发展壮大的同时，积极依托自身优势资源，结合自身产品或服务特点，整合各方力量，深度融入浦东经济社会发展体系，延长产业链带动更多投资，提升价值链创造更多效益，探索出一条符合自身特色优势、具有一定社会影响力、达成一定社会实效的慈善公益责任道路。

二是促进上市企业成为慈善捐赠的持续主体。总体来说，浦东企业参与慈善项目的领域分布比较分散，一般缺乏整体战略部署，持续性投入。因此，上市企业可以考虑引入企业基金会的模式，发挥其慈善资源蓄水池功能，从长远规划和具体执行方面更有策略性地参与慈善，并结合企业和行业特征充分评估自身在某些慈善领域的优势和参与方式，既可以配合企业竞争策略的执行，也可以用更高效的方式长期持续参与慈善公益活动。

2. 建立系统性的慈善公益发展战略

一是加强慈善公益事业的战略布局。企业要从长远出发，确立科学的慈善公益事业发展战略，积极培育和弘扬慈善精神，正确认知慈善捐赠所具有的战略增值作用，更多地开展互利型慈善活动，塑造形成具有鲜明特色的慈善文化。要与企业经营有机结合，在产品创新、品牌宣传、渠道推广、后续服务等方面进行全方位布局，寻求与其产品相关的慈善项目，建立起个性化的捐赠领域，开展持续性的特色慈善公益活动，从而赢得社会公众的信赖支持。

二是建立企业做慈善公益的专业机制。要完善企业慈善公益工作的组织设置，设立专职部门，或至少有专人专岗负责，确保慈善公益工作责任到人。要引入科学管理方法，加强建章立制工作，建立社会慈善公益项目"设计-实施-评估"的规范化流程管理体系，并加强项目的社会效益评价。

三是加强企业慈善公益工作的绩效评价。引导企业不断提升发展慈善公益事业的整体绩效水平，鼓励各行业协会颁布各自的企业社会责任行业规范，形成策略制定、执行控制、绩效考核、沟通传播在内的完整闭环和评价体系，更好推动各行业的社会责任评价工作。

3. 推动慈善公益责任融入企业日常运营管理

一是融入企业经营发展理念。企业在制定长期发展规划和目标的时候，在建立相应企业规章制度的时候，应当主动将履行社会责任纳入其中，让慈善公益责任相关内容成为企业的基本道德规范和行为准则。

二是融入企业重大决策工作。在重大决策的制定、实施、评估全流程中，不仅要考虑企业自身发展，还要综合考虑利益相关方诉求，全面分析对社会和环境的影响，实现综合价值最大化。

三是融入产业链供应链管理。将企业社会责任理念传递到产业链供应链，从守法合规、安全环保、员工权益、透明运营等方面着手，对供应商、分销商、合作伙伴实行系统化管理，做到齐抓共管。

四是融入企业日常经营管理。将慈善公益责任融入企业的研发、设计、采购、生产、销售和服务等各业务环境，融入人力资源管理、财务管理、物资管理、信息管理、风险管理等各职能体系，对现有各环境、各职能进行全面优化，实现负责任的经营管理。

（三）发挥社会力量参与企业慈善公益责任履行的监督作用

1. 发挥行业协会的监督指导作用

一方面，加强企业服务引导工作。调研发现，各行业间企业数量和捐赠额度存在较大差异，反映了部分行业的整体慈善活跃程度有待提高。要发挥行业协会在推进企业履行慈善公益责任方面的独特优势，通过制定行业内会员企业的社会责任公约、发布倡议书等形式，凝聚企业广泛共识，提高行业自律水平，形成积极履行慈善公益责任的行业氛围。

另一方面，加强行业内控体系建设。加强行业企业之间的慈善合作，发挥各行业龙头企业作为领头羊的示范效应，提升本行业慈善水平。引导行业协会或社会组织构建第三方评估机制，根据权重大小建立评价系统，用管理指标来衡量企业履行慈善公益责任的效果，督促和指导企业积极履行慈善公益责任。

2. 完善社会舆论的监督参与体系

一方面，发挥新闻媒体的监督作用。新闻媒体是监督企业履行慈善公益的社会责任的辅助力量，是对政府监管的重要补充。要充分发挥报刊、广播、电视、网络等新闻媒体的舆论导向作用，加大对假借慈善名义或者假冒慈善组织骗取财产不法行为的揭露报道，加大对非法生产经营、坑害消费者利益、拒不承担社会责任的企业的曝光力度，在社会形成自觉履行慈善公益责任的氛围。

另一方面，发挥社会公众的监督作用。加强社会各界对企业承担慈善公益责任的约束和监督，督促慈善组织依法履行信息公开义务，鼓励公众提供慈善募捐领域涉嫌违法犯罪线索，引导商会、消费者协会加强企业监督约束，通过法律监督、舆论监督和公众监督，形成全社会的监督氛围，促使企业积极履行慈善公益责任。

3. 营造崇德向善的良好氛围

一方面，加强企业履行慈善公益责任的宣传教育。充分利用市场、大众传媒、社会性动员等机制，培养健康的财富文化和慈善文化。广泛宣传慈善

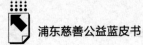
事业关怀与仁爱思想文化，增强企业慈善责任意识，使企业真正认识慈善、支持慈善、参与慈善。鼓励企业、社区、社会团体开展企业慈善公益责任的宣传教育工作，增强公众对企业慈善行为的关注和认同，增强公众的参与意识。

另一方面，营造企业参与慈善公益活动的良好氛围。主流媒体应开展积极正面的慈善宣传，抑制某些极端失真的负面报道，积极树立企业履行慈善公益责任的优秀典范，刊登、播放相关公益广告。坚持企业慈善公益责任与经济责任相符，不能无限放大企业社会责任，反对随意向企业拉赞助，甚至变相摊派的恶劣行为，推动形成有利于企业履行慈善公益责任的社会氛围。

B.14
浦东社区慈善平台发展报告

卢永彬　王上豪*

摘　要：　社区慈善是中国公益慈善事业发展基层慈善生态的核心。基于重新界定社区慈善的发展推动逻辑，上海以发展慈善超市、社区基金会的策略推动社区慈善进步。浦东社区慈善创新探索始终位居全市前列，通过分析浦东社区慈善推动平台的实践经验、运行模式与服务成效，能有效掌握当前社区慈善发展总体水平与未来发展方向。

关键词：　社区慈善　社区基金会　慈善超市　社区慈善平台

一　中国社区慈善发展与上海定义

社区发展的重要性已在《巴黎宣言》（2005 年）、《阿克拉议程》（2008 年）和"联合国可持续发展目标"（2015 年）等诸多国际协议与共识中被多次强调，全球各地的社区发展现状是各国文明进步与人民幸福感的基础。社区慈善在社区发展中扮演着"困难托底"、"交互融合"和"社区进步"推动者的关键角色。社区慈善的理念早已在世界各地的传统习俗中以互助精神、邻里守望、人情交换等方式进行实践，而当代的社区慈善概念强化了地

---

* 卢永彬，上海交通大学国际与公共事务学助理教授，第三部门研究中心副主任，中国公益发展研究院研究员，主要研究方向为社会/慈善组织发展、基层治理、志愿服务、慈善捐赠、社会创新创业等。王上豪，上海交通大学中国公益发展研究院研究助理，主要研究方向为社区基金会、慈善超市、社会创新等。

方性与共同目标实现的概念，包括但不限于草根慈善、参与式慈善、横向慈善、社会正义慈善、本土慈善和社区共同体慈善等。① 西方对社区慈善的定义既是当地驱动发展的一种形式，也是地方驱动发展的一种力量，它能加强社区服务能力和话语权，建立信任，挖掘并提高当地资源的利用率，将这些资源汇集起来，建设一个更美好的社区。②

随着我国社会经济与城市化进程的快速发展，社区居民对社区服务的需求正在快速增长，做好社区服务工作是实现美好生活愿景的重要环节，而社区慈善是完善社区服务的关键。早在 2006 年国务院发布的《关于加强改进社区服务工作的意见》中便指出，完善公共服务体系必须进一步有效地覆盖社区需求，而大力发展社区慈善事业是完善社区公共服务的重要路径。随后，在国家发改委协同民政部共同印发的《"十一五"社区服务体系发展规划》中，又再次明确了国民经济与社会发展离不开社区服务工作的支持，而社区服务工作的转型升级与社区慈善事业的进步息息相关。紧接着，民政部又在《关于加强指导和规范管理基层慈善活动的通知（2009）》中进一步指出，开展社区慈善是应对基层民生需求、促进社区和谐发展的重要工作。在 2011 年民政部另一份文件中，《有关农民工融入城市社区的意见》中又表明，社区慈善能在便民利民、互助服务、困难救助与融入城市等方面，为农民工提供助力。为了有效推进社区慈善工作，民政部又在《关于指导村（居）委员会协助做好社区救助工作意见（2015）》中强调，社区救助必须建立在社区慈善相关信息的有效整合基础上，才能充分发挥作用。由此可见，我国社区慈善的现代化发展起步于公共服务体系的基层救助建设，通过慈善活动、信息共享、资源对接等方法实现社区帮扶、提供社区服务、促进社区融合、实现社会主义和谐社会建设的目标。

① Dana R. H. Doan, "What's Community Philanthropy? A Guide to Understanding and Applying Community Philanthropy." (Johannesburg: Global Found for Community Foundations, 2019), pp. 4-6.
② Viviana Chiu-Sik Wu, "The Geography and Disparities of Community Philanthropy: A Community Assessment Model of Needs, Resources, and Ecological Environment." *Voluntas*, 32 (2) 2021: 351-371.

　　然而，在社区慈善活动发起主体不够明确、公众对中国公益慈善事业现代化发展了解局限的前提下，绝大多数的社区慈善工作仍高度依赖自上而下的政府推动或由村（居）委员会、基层工会、共青团、妇联、残联等群众组织代表组织，这一现象限制了社区慈善发展的活力。而这种限制在2016年9月正式实施的《中华人民共和国慈善法》中获得了针对性的改善，本法为其他社区慈善主体提供了明确的法律支持，文中强调城乡社区任何组织、单位与群众（或个人）都可以发起社区互助救济。自此，我国社区慈善发展正式从第一阶段即传统自上而下实施阶段，迈入第二阶段即法治化与基层建设阶段，在以中央牵头推动的中国公益慈善事业发展主轴上延伸出基层自主发展的社区慈善。

　　2021年5月广东省率先通过《广州市慈善促进条例》，该条例不仅具体说明了地方街镇单位应负责协助民政部门和相关部门、单位等做好社区慈善工作、提供场地等相关硬件，还需要服务各类慈善与志愿服务组织的工作需求以及支持组织社区民众参与互助救济性活动。同年，上海市也在第十五届人民代表大会常务委员会第三十五次会议中通过《上海市慈善条例》，并于当年11月正式实施。与《广州市慈善促进条例》相比，《上海市慈善条例》同样强调乡镇街道应负起落实好社区慈善工作的责任，但《上海市慈善条例》还为社区慈善发展设置了独立章节，进一步明确了相关推动路径与细则，并成为我国首次以"社区慈善"作为主要表述的法规（相较于"社区慈善活动""社区慈善服务"）。条例强调以慈善超市、社区基金会等"在地型"慈善中介平台为"抓手"，通过邻里互助、志愿服务、慈善捐赠等社区互助救济方式，实现社区慈善发展、完成基层治理促进作用。由此可见，上海市在落实社区慈善工作方面，采取了发展慈善超市、社区基金会等基层慈善中介平台的方式推进。

　　这种推动方式为上海社区慈善工作的有效落地带来许多帮助。首先是理顺了社区慈善发展的实践逻辑，改善了社区慈善发展缺乏主要推动主体的困境，图1表明因为社区慈善涉及的利益相关方众多，[①] 容易产生人人都应该

① 谢琼：《促进社区慈善发展，释放慈善事业潜力》，《中国社会报》2022年2月9日，第3版。

支持或参与社区慈善，但实际上却常常缺乏真正的推动主体；其次是舒缓了乡镇街道的社区慈善工作压力，让慈善中介平台负起更多社区慈善资源汇整、对接、供给等相关枢纽工作；最后是提升社区慈善工作的实施与监管效率，监管与实操分离让专业的团队做专业的事，慈善中介平台专业化发展不仅能提供就业，还能更好地链接社区需求、提供相应服务、聚集人气、有效更新相关供需信息，基层政府也能更好地扮演好监管角色，引导社区慈善良性发展。因此，图2展现了以发展慈善超市、社区基金会等"在地型"① 慈善中介平台（组织）为核心，推动社区慈善进步，是上海社区慈善发展的关键。

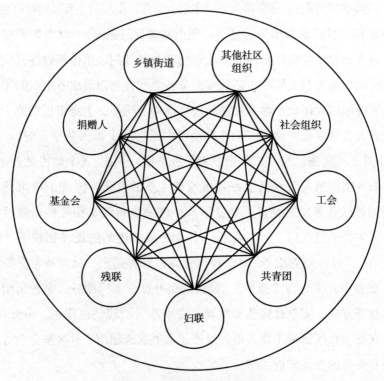

图1　传统社区慈善发展概念

注：本报告作者整理。

---

① 杜洁、潘家恩：《近代中国在地型社会企业的探索与创新——以张謇的"大生集团"与近代南通建设为例》，《上海大学学报》（社会科学版）2018 年第 35 卷第 1 期，第 11~22 页。

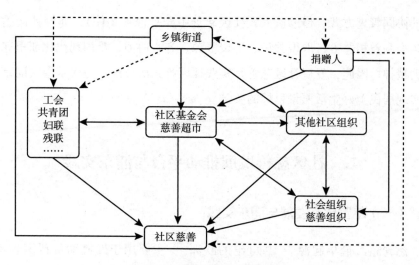

图2 上海社区慈善发展逻辑

注：本报告作者整理。

如今社区慈善逐步成为中国公益慈善事业发展的重要环节。从民政近期发文的《关于组织参加第十届中国公益慈善项目交流展示会通知（2023）》《关于做好第七个"中华慈善日"有关工作的通知（2022）》中都可以看见，社区慈善与社会服务、科技向善、乡村振兴、教育慈善等主题并列，而社区慈善也是国家引导公众广泛参与生活慈善实践的重要渠道，与互联网捐赠、志愿服务同行。因此，我们也可以从行为学视角定义社区慈善，从早期的社区互助、邻里守望等社区慈善行为，逐步扩展到通过非结构或结构化的方式，发动社区多元主体为该社区的发展提供资源，进而促进社区自治共治等内生性发展的社区慈善行为。而上海市社区慈善发展进一步从现代化理论视角①②出发：社区慈善是一种驱动地方性协同发展的力量，根据社区可持续发展的长期目标，直面社区需求、问题、冲突与困难，通过非结构与结构

---

① 朱可辛：《习近平中国式现代化理论的创立和重大意义》，《理论视野》2023年第8期，第26~23页。

② 谢小芹：《市域社会治理现代化：理论视角与实践路径》，《理论学刊》2020年第6期，第86~94页。

化的协同管理方式，借助嵌入式社区慈善中介平台（主体），连接社区内外部各类利益相关方，取得共识、汇聚资源、齐心协力，重构现代化邻里守望相助精神。因此，发展社区慈善是实践社区第三次分配、完成基层共同富裕和实现居民美好生活愿景目标的关键。

二 社区慈善发展推动平台与浦东实践

（一）慈善超市发展与浦东实践

慈善超市最早起源于19世纪的欧洲，① 主要用于发放助贫帮困物资，随后逐渐发展成为一个专对困难群体提供廉价生活物资、相关民生保障服务的非营利组织，与慈善基金会、政府福利机构组成了社区慈善服务网络。然而，以发放物资为主的传统慈善超市运行模式，需要依赖大量且持续的爱心捐助才能维持长期运行，传统模式限制了慈善超市的发展。为有效解决欧洲模式发展难，美国慈善超市发展选择了以"回收+销售"二手闲置物品为主的市场运营模式，除了强化二手闲置物品的"收集-整理-销售"功能，还根据慈善超市的人力资源服务特色，为许多弱势群体提供就业服务，帮助他们克服培养技能、寻找工作和职业发展等挑战，成为新的慈善超市发展路径。创立于1902年的美国知名连锁慈善超市品牌"好意"（GoodWill）慈善超市便是最好的例子，美国好意慈善超市始终坚持"不是施舍，而是给机会"的现代化慈善发展理念，如今美国好意慈善超市坐拥130多家线下门店以及自主线上购物系统。② 由此可见，慈善超市的起源是为社区提供救助服务，而通过提升二手闲置物品的流转度，慈善超市的社区慈善价值获得了有效拓展。

---

① Horne, S., "Charity Shops in the UK." *International Journal Retail & Distribution Management*, 1998, 24 (4): 155-161.

② GoodWill Annual Report, https://www.goodwill.org/annual-report/，最后访问日期：2023年10月10日。

中国现代化慈善超市起步于 21 世纪初，由上海市慈善基金会所筹办的经常性社会捐助接收站转变而来。经常性社会捐助接收站最初只是作为一个储存各回收点所获取的闲置捐赠物资集中地，只在特定时节进行相关物资分发配送。借鉴国际经验后，2003 年全国首家慈善超市试点在上海市长寿路街道正式落地。2004 年民政部发文《关于进一步加强和规范城市居民最低生活保障工作的通知》中正式把推广慈善超市作为民生基础保障建设的工作内容，希望借助慈善超市来吸引更多社会资源，共同为基层的扶贫帮困送温暖。随后，慈善超市建设正式进入第十一、十二、十三个五年规划纲要文件中。回顾我国慈善超市 20 多年来的发展历程，起步与西方相似，但我国慈善超市发展更依赖于政府资源。

根据民政部历年所发布的《社会服务发展统计公报》显示，我国经常性社会捐助工作站、点和慈善超市总数最高峰时期发生在 2014 年的 3.2 万个，其中慈善超市有 10174 个。随后，经常性社会捐助工作站、点和慈善超市总量逐年下滑。根据《2021 年民政事业发展统计公报》信息显示，全国经常性社会捐赠工作站、点和慈善超市已下降到 1.4 万家，而慈善超市总数仅为 4034 家。由此可见，慈善超市发展正处于困境之中，全国慈善超市数量正持续下行。[①]

与全国慈善超市发展的风格不同，上海市慈善超市虽然起步最早，发展速度却较慢，这与早期上海慈善超市发展采取稳扎稳打、循序推进的策略有关；强调"开一家（慈善超市）、成一家、再开下一家"的务实开办理念；直到 2013 年，在《民政部关于加强和创新慈善超市建设的意见》的要求下，上海市慈善超市总量才开始快速上升，最终完成全市街镇覆盖的目标。面对如此困难的发展趋势，上海慈善超市仍坚持向前进步；2014 年《上海市社区公益服务项目目录》通知中明确了慈善超市可通过慈善义卖等传播慈善理念的活动，开展帮困救助等相关工作；随后上海市民政又出台《上

---

① 石国亮：《慈善文化进社区：意义、挑战与路线图》，《社会科学研究》2015 年第 5 期，第 123~129 页。

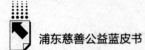

海市慈善超市创新发展三年规划（2017—2019 年）》《慈善超市设施和服务规范指引（2018）》等相关文件，持续推动上海慈善超市创新发展与规范化建设。

截至 2022 年底，上海慈善超市共有 232 家，持续保持全市街镇服务全覆盖的状态。在市、区民政系统、基层街镇各办公室协同发展的支持下，上海慈善超市逐步走向多元创新发展方向，努力改善我国慈善超市发展所面临的各项困难，[①] 在商业向善与社会创新创业发展的潮流中，[②] 转化国际经验，并根据当地社区慈善需求持续创新探索，摸索出具备中国特色社会主义发展道路的慈善超市运营模式。

浦东新区公益慈善事业发展始终走在上海市前端，新区采用"慈善超市+社区创新"的探索发展方式，推动慈善超市创新发展的同时也能创造更多社区慈善价值。截至 2022 年底浦东新区慈善超市总数为 39 家，占全市的 16.81%（近五分之一）。浦东新区慈善超市 2022 年共计获得慈善现金捐赠 35.05 万元，同比增长 296.71 个百分点；新品物资募集 2.55 万件，同比下降 43.3 个百分点。慈善超市销售方面，全年自营物资变现为 281.9 万元、代销物资（含寄卖）销售 76.14 万元、福彩销售 183.94 万元（见图 3）。2021 年自营物资变现 113.7 万元；代销物资（含寄卖）销售 14.09 万元；福彩销售 233.1 万元（见图 4）。可见浦东新区慈善超市发展在自营物资变现（增长 147.93 个百分点）与代销物资（含寄卖）销售（增长 440.38 个百分点）方面都有长足的进步，但在福利彩票销售上受疫情的影响下降 21.09 个百分点。

在帮困方面，2022 年浦东新区慈善超市共计发放"爱心券"帮困物资总金额 201.97 万元，受益者达 2.08 万人次；协助街镇发放其他帮困物资

---

① 徐家良、张其伟、汪晓菡：《多中心治理视角下慈善超市角色与困境——基于 S 市的调研》，《中国行政管理》2017 年第 12 期，第 54~59 页。

② 卢永彬、魏培晔：《下一站，社会企业？——创造共享价值的实践者》，上海社会科学院出版社，2022，第 1~9 页。

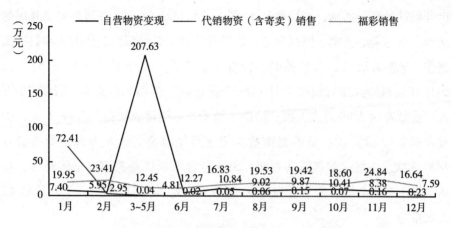

图3　上海浦东慈善超市销售分析（2022年）

资料来源：上海民政官网公开信息汇整。①

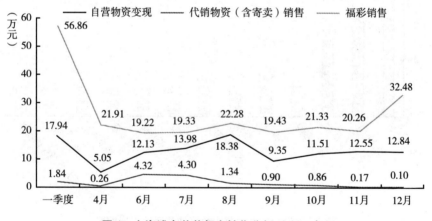

图4　上海浦东慈善超市销售分析（2021年）

资料来源：上海民政官网公开信息汇整。

115.43万元，受益者达2.28万人次；慈善超市收益用于帮困金额为22.53万元，受益者为5178人次。在社区慈善活动方面，浦东新区慈善超市全年开展公益活动为486场次，参与者为3.4万人次，平均每月有13家慈善超

---

① 参见上海社会组织公共服务平台公开信息网，https：//mzj. sh. gov. cn/shzz/。

市开展社区慈善活动,平均每月41场,平均每场68人次参与。主要开展的活动类型为爱心义卖、便民服务、志愿者活动、爱心帮困、快闪活动、手工制作、志愿者服务、节日关爱、社群上新直播、夏令营等(见图5)。而2021年浦东新区慈善超市共计发放"爱心券"帮困物资总金额240.78万元,受益者达2.98万多人次;协助街镇发放其他帮困物资169.68万元,受益者有2.97万人次;慈善超市收益用于帮困资金为6.8万元,受益者有2800人次。在社区慈善活动方面,2021年浦东新区慈善超市全年开展公益活动场次有867场,参与者为3.65万人次,平均每月72场,平均每场42人次参与。

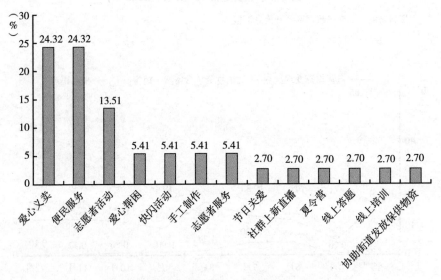

图5 上海浦东慈善超市社区慈善活动占比情况

资料来源:上海民政官网公开信息汇整。

数据分析表明,浦东新区慈善超市的运营模式仍保持传统社区慈善功能,主要体现在募集善款、募集物资和发放帮困物资等方面。从持续增长的物资募集、自营物资变现、代销物资(含寄卖)等数据中我们可以发现,新区慈善超市的整体运营也持续增强,向组织可持续发展方向前进,主要表现在二手闲置物品的转化业务上。另外,逐年上升且多样化发展的社区慈善活动说明了，新区慈善超市的活动不再局限于被动性的传统帮困助贫服务，而是开展更多元、创新且积极主动类型的社区服务，例如爱心义卖、快闪活动、手工制作、夏令营、社群上新直播等。

（二）社区基金会发展与浦东实践

在 19 世纪末 20 世纪初的福利资本主义背景下，社区基金会发起于美国，始于金融领域社区信托管理机构在业务拓展需求下，转型而成的社区慈善组织。[①] 第一家社区基金会成立于 1914 年由银行家弗雷德里克·哈里斯·戈夫（Frederick H. Goff）在美国俄亥俄州第一大城市克利夫兰市所成立的克利夫兰基金会。该组织的成立奠定了社区基金会具备管理永久性慈善捐赠资产的身份，而不仅限于管理当年所筹集的捐赠资金，还将社区基金会在社区慈善与社区发展中所扮演的角色，从单纯的慈善捐助者，走向发展推动者，甚至是领导者的地位。[②] 也因此社区基金会才能在 1969 年美国《税收改革法》中顺利获得了税收减免资格，从此社区基金会发展在北美各地迅速崛起，随后更进一步推广到全球各地。[③]

中国社区基金会的发展路径与美国不同，[④] 从最早的"类社区基金会"开始至今，中国社区基金会的发展内涵一直围绕社区建设与社区服务两大核心。早期在规范化管理条件不足的情况下，"类社区基金会"工作开展效果十分受限，直到 2008 年 6 月，全国第一家社区基金会：天津市滨海社区公益基金会正式成立，广东省千禾社区公益基金会（成立于 2009 年）、上海金山卫镇社区发展公益基金会（成立于 2010 年）也随后成立，自此我国社

---

① 卢永彬、李文迪：《社会交换理论视角下美国捐赠人建议基金（DAF）发展优势分析》，《社会政策研究》2020 年第 3 期，第 64~76 页。

② 原珂：《社区基金会本土化过程中社区领导力的构建与型塑》，《理论探索》2022 年第 2 期，第 61~70 页。

③ 王杰秀：《社区基金会发展的国际经验与中国本土实践》，中国社会出版社，2018，第 21~50 页。

④ 黄家亮、马颖：《社区基金会的全球视野与中国路径》，《社会建设》2020 年第 7 期，第 3~13 页。

区基金会发展的创新探索道路才正式拉开序幕。此外，于 2008 年成立的深圳市桃源居公益事业发展基金会严格意义上来说并非真正的社区基金会，从组织使命与业务内容分析，它更像是一家以支持社区基金会发展为核心的非公募基金会，并先后资助多家全国知名社区基金会发展，随后该基金会于 2021 年注销其法人资格，完成了中国民间力量推动社区基金会发展的使命。由此可见，中国社区基金会发展的动力同时包含了行政与民间力量，发起主体包含政府、企业与社区三种。[①]

随后由民政部、国家发展和改革委员会联合印发《民政事业发展第十三个五年规划》通知中，正式将社区基金会视为增强基层治理与社区服务的主要社区型慈善组织。2022 年民政部在答复《关于大力发展社区公益慈善事业的建议》《关于高质量发展慈善社工事业的提案》中又再次强调，社区基金会是发展社区慈善的重要主体，是推动"五社联动"在基层治理中的关键平台。因此我国社区基金会起步于"两工联动"的年代，经过"三社互动/联动"政策背景推广的量化发展阶段。[②] 如今结合"五社联动"的基层服务改革建设背景，社区基金会成为基层治理与社区慈善紧密相互结合的重要枢纽。

截至 2022 年底，全国共计有 320 家社区基金会，上海市 89 家，占比全国 27.8%。上海市最早完成法人注册的社区基金会前三名分别为上海金山卫镇社区发展公益基金会（成立于 2010 年）、上海美丽心灵社区公益基金会（成立于 2012 年）、上海洋泾社区公益基金会（成立于 2013 年）。而上海洋泾社区公益基金会也是浦东新区最早成功注册的社区基金会，其次是在2015 年间先后成立的上海浦东新区凝心聚力社区发展公益基金会与上海市浦东新区陆家嘴社区公益基金会。

坐拥多家全国知名社区基金会的浦东新区，社区基金会发展起步较其他

---

① 徐家良：《中国社区基金会关系建构与发展策略》，《社会科学辑刊》2017 年第 2 期，第58~64 页。

② 胡小军、朱健刚：《"三社联动"机制下社区基金会的功能与运行逻辑》，《华东理工大学学报》2018 年第 1 期，第 78~86 页。

地区早，且无论在数量和质量上的发展皆有目共睹。浦东新区社区基金会总数目前为 16 家，占全上海总量近五分之一（17.98%）。绝大多数新区的社区基金会注册成立时间为 2017 年，11 家占比 68.75%；非公募基金会 15 家、公募基金会 1 家；总注册资金合计 3300 万元；有党建联合支部的有 10 家，党员人数为 15 名；具备公益性捐赠税前扣除资格的有 10 家、非营利组织免税资格的有 10 家；所有社区基金会的专项基金数共计 13 个。相较前年的数据，主要的变化在具备公益性捐赠税前扣除资格的社区基金会由 8 家增长至 10 家；专项基金数从 6 个增加至 13 个。

在组织治理与人力资源管理方面，浦东新区社区基金会任职人数总计 162 人，平均每家 10 人；监事人数总计 46 人，平均每家 3 人；主要负责人 47 人，平均每家 3 人；工作人员 32 人，平均每家 2 人，工作人员年龄大多集中在 35 岁及以下（见图 6），基本有专科及以上学历，持有"社会工作者"资格证书 9 人，持有从事岗位相应专业技术资格证书 3 人；志愿者 782 人，平均每家志愿者 49 人，志愿时长 5256 小时，平均每人志愿时长为 6.72 小时。与前一年的数据相比变化甚微，但在志愿者平均服务时数上减少了许多。

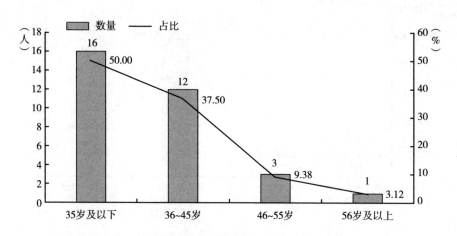

图 6　浦东新区社区基金会从业人员年龄分布

资料来源：上海民政官网公开信息汇整。

在收入方面，2022 年浦东新区社区基金会总收入为 1585.87 万元，同比增长 15.7 个百分点。其中 2022 年度捐赠收入 1434.24 万元，同比增长 16.2 个百分点（见图 7、图 8），主要增长点来自境内法人或其他组织的现金捐赠，达 974.65 万元，同比增长 244.37 个百分点；而其他类型的捐赠则普遍呈现下降趋势：来自境内自然人的现金捐赠 161.06 万元，同比下降 1.4 个百分点；来自境内自然人的非现金捐赠 48.06 万元，同比下降 85 个百分点；来自境内法人或其他组织的非现金捐赠 250.47 万元，同比下降 46.23 个百分点。可见新冠疫情对于各类型捐赠表现影响巨大。此外，其他收入来源也同样受到新冠疫情影响，产生较多的变化：例如提供服务收入总计 90.1 万元，同比下降 15.51 个百分点；政府补助（资助）收入 29.34 万元，同比增长 369.65 个百分点；投资收益 1.68 万元，同比下降 79.4 个百分点；其他收入 30.51 万元，同比增长 231.36 个百分点等。唯一不变的是所有浦东新区社区基金会皆无商品销售收入。可见浦东新区社区基金会的总体收入虽有增长，但收入结构却受新冠疫情影响明显，尤其体现在现金与非现金捐赠、服务性收入与政府补助、投资收益与其他收入等方面。

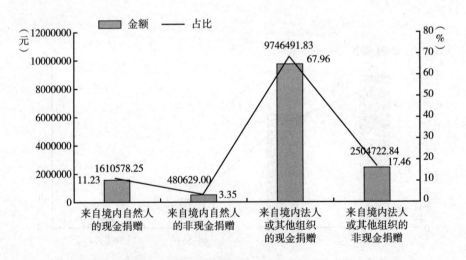

图 7　浦东新区社区基金会年度捐赠收入分析（2022 年）

资料来源：上海民政官网公开信息汇整。

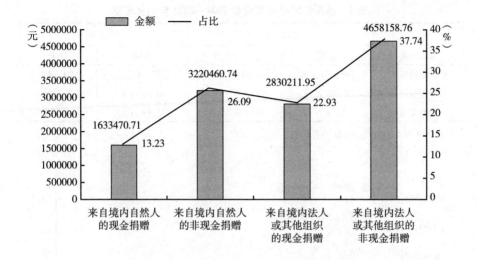

图 8　浦东新区社区基金会年度捐赠收入分析（2021 年）

资料来源：上海民政官网公开信息汇整。

　　在业务支出方面（见表 1 和图 9），2022 年度总支出达到 1170.30 万元，同比下降 4.67 个百分点。其中业务活动成本 1103.70 万元，同比下降 2.09 个百分点；管理费用 45.28 万元，同比下降 32.31 个百分点；其他支出 21.32 万元，同比下降 36.38 个百分点。

　　在资产方面，所有浦东新区社区基金会的净资产总和为 4016.84 万元，同比增长 9.42 个百分点，其中限定性净资产为 580.93 万元，同比下降 21.18 个百分点；非限定性净资产为 3435.93 万元，同比增长 17.12 个百分点。可见浦东新区社区基金会的财务支出表现主要在降低活动和管理费用成本，再加上非限定性净资产的增长与 98.36 万元的年度净收入的表现，都说明了浦东新区社区基金会的专业化发展持续向前。[1]

---

① 沈永东、虞志红：《政府资助影响社会组织非政府渠道筹资收入——基于中国 3016 家基金会的实证研究》，《经济社会体制比较》2019 年第 4 期，第 128~137 页。

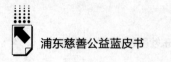

表1　浦东新区社区基金会 2020~2021 年财务汇整

支出分类	2021 年		2020 年	
	金额	占比	金额	占比
业务活动成本	1103.70 万元	94.31%	1127.25 万元	94.13%
管理费用	45.28 万元	3.87%	66.89 万元	5.59%
其他支出	21.32 万元	1.82%	33.51 万元	0.28%

资料来源：上海民政官网公开信息汇整。

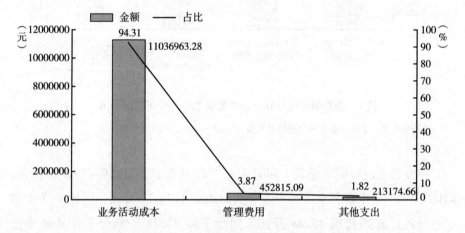

图9　浦东新区社区基金会年度支出分析（2021年）

资料来源：上海民政官网公开信息汇整。

　　总体而言，2022 年浦东新区社区基金会发展在资格评级、内部治理、规范化发展、业务支出、非限定性资产等方面都比前一年进步。但受到新冠疫情等环境变化的影响，浦东新区社区基金会的年度收入内容与结构仍有较大的变化。在人力资源管理方面，从业人员的学位水平与年龄普遍具备优势，但面对偏高的从业人员流动率仍需进行深入的原因探查并找到有效的应对方案。

三　浦东社区慈善发展推动平台的经验分析

　　借助慈善超市和社区基金会等中介主体推进社区慈善进步的发展路径虽

可行，但在实际操作中却面临诸多挑战。首先是融入社区的挑战，面对社区原有的生态网络体系，慈善超市与社区基金会的"社区嵌入"程度将直接影响社区慈善推动效果，[①] 社区嵌入得越好，社区慈善的推动效果越佳，而社区嵌入的程度与社区各利益相关方的连接与认可相关。其次是枢纽社区资源供给的挑战，[②] 身为社会组织/慈善组织法人的慈善超市与社区基金会并不具备行政管理权，因此如何调动社区内外部相关资源对接社区内部需求成为社区慈善发展推动平台的核心发展课题。最后是组织的可持续发展挑战，[③] 一个无法可持续推动社区慈善发展的中介平台，很难长期推进社区慈善生态发展、持续提高相关资源供给等工作。面对这些艰巨的发展挑战，浦东新区慈善超市与社区基金会并没有选择退缩，而是通过持续创新探索，为社区慈善发展留下许多可借鉴与参考的经验。

（一）慈善超市发展的浦东经验

首先是根据自身条件，引流慈善超市。为了提高慈善超市的"能见度"，许多新区慈善超市会借助选址周边主体所自带的"人流"进行宣传推广；例如洋泾街道、花木街道、曹路镇、合庆镇、高桥镇、航头镇、新场镇、宣桥镇、惠南镇、老港镇、万祥镇、书院镇 12 家慈善超市，不约而同地开设在社区服务相关主体密集的地点，与社区生活服务中心、党群服务中心、卫生服务站、儿童服务中心、退役军人服务中心、社区食堂、老年活动中心、老年协会、养老服务中心、家门口服务站等主体比邻。因此，若能有效"引流"其他社区服务主体的"人气"，慈善超市的"社区嵌入"工作便能产生事半功倍的效果。当然也有几家慈善超市选择了与单一社区服务主体相邻的方式开办，例如泥城镇慈善超市与红十字服务总站、康桥镇慈善超

---

① 何立军、杨永娇：《社区嵌入视角下中国社区基金会典型模式比较分析——基于深圳的实践探索样本》，《江汉论坛》2018 年第 7 期，第 124~129 页。

② 王川兰、陈艳诗：《政社关系转型背景下的枢纽型治理及其治理结构创新——以上海市 J 区为例的单案例研究》，《上海行政学院学报》2021 年第 22 卷第 5 期，第 36~47 页。

③ 叶士华、孙韬、宫晓辰：《慈善组织的可持续发展研究——基于 2014-2018 年慈善基金会面板数据的实证分析》，《经济社会体制比较》2022 年第 4 期，第 53~65 页。

市与市民中心、高行镇慈善超市与老年大学、金桥镇慈善超市与社会组织服务中心、上钢新村街道慈善超市与残疾人服务中心、沪东新村街道慈善超市与老人食堂相邻等。

此外，为了吸引更多不同群体前来慈善超市，新区部分慈善超市为周边居民提供了公共空间或阅读空间（新区区级慈善超市惠南店，惠南镇、川沙新镇华夏店、川沙新镇城南店、陆家嘴街道、潍坊新村街道、塘桥街道、洋泾街道、张江镇、唐镇、高行镇、周浦镇、新场镇、老港镇慈善超市等）；部分慈善超市还为户外职工提供了爱心服务，包含但不限于充电宝、微波炉、休息桌椅、免费食物饮品、骑手电瓶充电自助贩卖机等（惠南镇、川沙新镇华夏店、川沙新镇城南店、陆家嘴街道、沪东新村街道、南码头路街道、合庆镇慈善超市等）。总体而言，慈善超市的"社区嵌入"必须建立在"使用者流量"的基础上，更高的"使用者流量"才能发挥慈善超市的社区慈善价值。

其次是改被动为主动地对接社区服务需求。为了强化新区慈善超市的社区慈善"存在感"，增加慈善超市的社区服务内容与社区慈善价值是最直接的方式。拓展慈善超市销售商品来源是许多慈善超市不断努力尝试突破的发展困境之一，例如塘桥镇、金桥镇、唐镇、洋泾街道、祝桥镇、张江镇等慈善超市会主动向企业劝募物资，以增加慈善超市的商品吸引力，塘桥慈善超市甚至设置了专门负责募集物资的工作人员，主动拜访各类产业园区、出口加工区、商城与准备歇业的商铺。上钢新村街道、航头镇、金桥镇、花木街道慈善超市通过引进个人寄卖与企业捐赠模式增加慈善超市商品内容。张江镇慈善超市借助自身完整的二手闲置衣物处理设备（洗、烘、烫、消毒等设备），通过精心打理将回收的七八成新的衣物进行超低价促销，以此增加商品吸引力。周浦镇慈善超市则采用滞销物品二次折扣上架的方式进行促销。祝桥镇、老港镇、唐镇等慈善超市则选择持续更新残疾人手工艺品的方式，增加店内商品内容。

在提升社区慈善价值方面，新场镇慈善超市增加了儿童成人表演服装"捐赠-借用"的便民服务项目，这不仅减少了表演服装用一次就丢弃的资源浪费问题，还为该超市提供了特色型便民服务。[①] 新场镇和唐镇慈善超市还在便民服务中增加了裁缝服务，这不仅为当地妇女提供了就业岗位，也为慈善超市吸引了新的"流量"。新区区级慈善超市惠南店为周边居民提供了打印复印服务，受到居民的喜爱。陆家嘴街道、潍坊新村街道、洋泾街道、金桥镇、张江镇、新场镇、老港镇等慈善超市相继推出了扶贫助农商品陈列柜，为慈善超市的社区慈善价值开拓了不同于二手闲置物品、便民服务与帮扶助困的传统业务。还有祝桥镇、塘桥街道、上钢新村街道、唐镇慈善超市为残疾人提供就业辅导与实践培训服务，其中唐镇慈善超市不仅强化残疾人手工能力，还对其进行文创思维的培养；上钢新村街道慈善超市为残疾人融入社会提供康复实践的场域；而塘桥街道慈善超市更进一步的赋能与授权于残疾人工作伙伴，使他们能够成为独当一面的管理者（经营者、店长）。

最后是创新结合与跨界运营探索。[②] 为了突破慈善超市的发展瓶颈、实现可持续发展目标，浦东新区慈善超市的创新探索不限于既有业务范围，对跨界运营与创新业务都保持着谨慎且开放的态度。慈善超市增设福利彩票销售功能是新区的一次大胆创新实践，这项举措改善了慈善超市人力资源困境、增加慈善超市业绩、增加到店客流量以及提升慈善超市"能见度"，目前新区有 12 家慈善超市设有福利彩票销售业务（占比 30%）。此外，跨界商业领域的慈善超市运营机制也是浦东新区多年来探索的重点，陆家嘴街道、潍坊新村街道、金杨新村街道、沪东新村街道、唐镇、高东镇、高行镇、三林镇、惠南镇等慈善超市都做了这方向的尝试；其中金杨新村街道、沪东新村街道、高东镇、高行镇等慈善超市的运营尝试只限于增设商超部分功能，例如增设食品、饮品与冰品柜等。与之相比，陆家嘴街道、潍坊新村街道与三林镇慈善超市的探索更贴近一般商业超市的运营模式，但他们仍然

---

① 慈善超市便民服务的传统内容包含但不限于：爬楼机、轮椅、家用小型水泵枪、车载小型吸尘器、大型拉杆箱、帐篷、烧烤架、家用维修工具、枪钻、熨衣机、板车、微波炉、雨伞、雨披、打气筒等。

② 卢永彬、刘亚娟、张丽莎：《下一站，社企?：公益与商业的 30 次相遇》，上海交通大学出版社，2018，第 108~115 页。

维持慈善超市运行准则，保留传统慈善超市发放帮扶助困物资、销售闲置物品与提供其他社区服务内容，例如户外职工服务角、公共阅读空间等；而这种侧重社会价值的商业运营模式（社会企业）不仅开辟了我国慈善超市发展路径，还在上海疫情防控期间发挥大作用并深得周围居民认可与好评。唐镇与惠南镇慈善超市则走向文创发展方向，相较于惠南镇慈善超市的传统文创展示-下单-制作-销售流程，唐镇慈善超市的文创为大众提供了一种更丰富、更新的跨界尝试的思路，它把残疾人就业、青年音乐演奏空间分享、残疾人社会融合、咖啡厅、快闪、商场、阅读空间等元素与慈善超市结合，开拓了独一无二的慈善超市运营模式。

（二）社区基金会发展的浦东经验

与慈善超市的实体运行逻辑不同，社区基金会的非实体运行逻辑主要是牵动并对接社区需求与资源供给，而有效掌握社区各利益相关方的多元需求和当地相关慈善资源情况是发展社区基金会的基础。[①] 然而，相较于传统大型慈善/公益基金会，社区基金会的服务地域范围小且资源限制较多；相比高校基金会的丰富校友捐赠资源，社区基金会的捐赠人关系必须从零开始；相较于企业型基金会的稳定资助来源，社区基金会的捐赠渠道零散且效果不佳。再加上，有别于传统基层行政体系与群团组织的独立法人身份，社区基金会想要真正地走进当地居民与商家的"视野"里并不如想象中的容易，尤其还要进一步获得认可与支持。然而，面对如此多的发展挑战，许多新区社区基金会并未因此望而却步，反而坚持创新实践、继续摸着石头过河、苦心耕耘地不断探索前行，试图找出符合当地需求的发展路径。

首先是以需求为本的推动社区慈善供需项目落地：社区基金会有效嵌入社区生态并发挥推动社区慈善作用的关键在于掌握、介入、干预和落实社区需求与慈善资源的对接工作。因此，基金会发展除了支持基层政府的年度相

---

① 沈永东、陈天慧：《多元主体参与基层社会治理的共治模式——以宁波市鄞州区为例》，《治理研究》2021 年第 37 卷第 4 期，第 82~89 页。

关任务，参与其他相关团体、组织和企业的社区慈善工作外，必须经常走入"人群"，通过与社区各利益相关方打交道、话家常、混脸熟、刷存在感的方式，有效掌握当前社区相关慈善需求与资源的动态，并且以项目的方式将社区需求与相关慈善资源进行对接，才能转化为可落地的社区慈善服务。

为了有效掌握最新的社区情况，金杨社区公益基金会先后采取了自行走访、委托专业团队等方式进行年度社区需求调研工作，并根据调研结果开设"亲瓶菜园"等多个优秀社区服务品牌项目。陆家嘴社区公益基金会在了解居民对于改善流浪猫议题的需求后，率先全市开展针对流浪猫的"喵星人 TNR项目"；最终该项目不仅有效解决社区流浪猫问题、降低爱猫与怕猫群体冲突、提升社区环境卫生，还因此设置了社区流浪猫管理规范以及组建社区流浪动物关护-宣导志愿服务小队。面对社区居民的多元需求，浦兴社区基金会根据自身条件长期开展健康服务等系列课程，"公益授课+身心健康参与"的项目设置，将各类公益健康课堂资源有序地与居民需求对接，助力社区和谐健康发展。沪东社区基金会依托当地沪东造船厂资源，结合造船厂子弟（家庭）、周边学校教育和一般居民的需求，开展了"传承计划"项目，除了组织学生进入船厂参观学习，还设置了船模手工艺课、船厂全国劳模讲堂、船厂助学助困奖学金等系列活动。在发现非本地居民与原居民之间的冲突现象后，航头镇社区基金会为了促进社区和谐发展、改善邻里关系，设置了"攀亲结对"项目，希望通过家庭结对、体验农家生活、年度聚会等活动把社区居民凝聚起来、促进交流。可见新区的社区基金会工作始于社区需求与资源调研，通过项目化机制，有效对接社区需求和慈善，进而提升社区基金会的社区资本。①

其次是以项目为切入点的推动社区各类利益相关方参与：有别于过往社区慈善参与者多为活动组织方与离退休人员的情况，浦东新区的社区基金会能够借助优质的社区慈善服务项目，调动更多不同的社区相关利益方参与。陆家嘴社区公益基金会的社区墙面美化改造项目，不仅引入了立邦中国的墙

① 原珂：《社区基金会类型化发展与行动策略选择——基于社会资本的分析视角》，《新疆社会科学》2023 年第 4 期，第 137~156 页。

面粉刷物料、企业志愿者与国外知名墙面绘画大师等资源，通过居委、学校的协商，有效调动了社区居民、学校师生们共同参与社区墙面美化改造活动，最终完成了7面高墙、5面矮墙的成绩。为了支持国家队赛前封闭集训的相关需求，身处我国九球之乡的唐镇社区基金会居中协调对接相关资源，最终帮助国家队以极低的费用入住当地人才公寓，由本地酒店企业提供相应的客房服务，而运动员则需要通过九球推广、九球教育分享等公益活动来回馈社区与在校的学子们。航头镇社区基金会的帮扶困境儿童项目诞生于救助一位因事故失去母亲的早产儿，项目的成功落地是镇政府、医院、学校、社保中心、社联会、各界捐赠人（党员、企业、社区居民等）、社区基金会等共同努力参与的结果，随后针对该类慈善需求的专项基金也应运设立，持续为该区域的特殊困难儿童提供健康医疗帮扶。凝心聚力社区基金会是全市最早开展智慧健康项目的组织，通过开办"社区健康小屋"为当地居民提供"院前院后"健康管理服务、为上海家庭医生政策落地、为健康管理专业人员提供就业机会、为企业捐赠提供投入平台；目前社区健康小屋不仅落地陆家嘴等街镇的30个社区，该项目还推广到全市50个社区（其中包含浦东、松江、普陀、静安等区），拥有40名相关工作人员与志愿者。金杨社区公益基金会的"亲瓶菜园"项目不仅吸引了大批对土地拥有情怀的老一辈居民（农民）参与，还吸引了众多家庭前来报名参加，进一步促进了社区新老群体间的交流融合，让年轻一代在家门口便能体验"农民种植精神"、增加了自然教育机会。该项目也在参与者的共同见证下，逐年升级进步，从大家种菜、亲手捐赠蔬菜给社区困难家庭，发展到尝试种植不同美化环境的季节性花卉。由此可见，社区基金会能通过好的社区项目推动社区不同群体参与、互动与协同，共同为社区进步努力。

四 促进社区慈善平台发展的对策建议

广义的社区慈善早已存在于我国传统邻里互助文化中，中国社区慈善发展起步于社区救助，为完善社区公共服务体系建设，社区慈善现代化发展才逐步成为近些年我国公益慈善事业的发展重点。我国社区慈善现代化发展起步较西方国家发展要晚，但借助社区慈善中介平台（慈善超市与社区基金会等）的力量推动社区慈善进步的发展逻辑是相同的。因此提炼上海市浦东新区社区慈善平台发展经验有其必要性。本报告发现，有效"嵌入"基层慈善体系的社区慈善平台不仅能有效应对社区各类慈善服务需求，连接社区内外部各种资源与利益相关方，还能通过品牌项目的"量身定制"，逐步实践出具备地方特色的社区慈善运行机制，在提升社区慈善活力的同时，让生活慈善成为可能。为了持续提升浦东新区社区慈善平台发展，促进社区慈善进步，走出属于中国特色社会主义发展模式，浦东新区慈善超市与社区基金会的未来发展仍任重道远。

（一）慈善超市发展

在慈善超市发展方面，首先应鼓励浦东新区慈善超市发展可持续运营模式。具备可持续运营能力的慈善超市能为社区各类利益相关方带来更稳定的社区慈善价值。例如为社区帮困救济需求提供更多资源、为社区居民提供更优质且便利的生活慈善实践场域、为社区融合与弱势群体康复-就业提供有效落地支持等。其次是设置并实施浦东新区慈善超市社会影响力竞争-淘汰机制。借助社会影响力评估（包含社会价值与经济价值）的方法论，将每一家慈善超市运营模式所能产出的年度社会影响力公式梳理出来，经验算后得出该慈善超市的社会投资回报率阈值[1]，随后通过对比各超市的影响力公式、阈值、社区条件与社区慈善发展目标等指数推动浦东新区慈善超市的有效转型升级发展。最后是实施慈善超市运营主体规模化发展。[2] 在鼓励慈善超市走向可持续化发展运营与实施竞争-淘汰机制的基础上，优质慈善超市运营主体将会有更大的发展空间，除了自然淘汰掉"僵尸"与低效型慈善

---

① 果佳、王海玥：《社会投资回报：壹种社会影响力评估的工具》，《中国行政管理》2016 年第 6 期，第 71~75 页。

② 王振耀：《探索"互联网+"时代中国公益规模化与专业化的均衡发展》，《人民论坛》2017 年第 6 期，第 64 页。

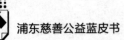

超市运行主体，规模化发展也能为慈善超市运营主体带来更大的成长与创新进步空间，逐步形成各类优质慈善超市的另一轮良性竞争环境。这样，一方面浦东新区慈善超市的良性竞争势态能为全区社区慈善发展带来更丰富的资源、服务与助力；另一方面，浦东新区慈善超市的规模化发展也能为运营团队在人才培养、专业化发展、监督管理机制建设、经验总结推广等方面带来正向且积极的促进作用。

（二）社区基金会发展

在社区基金会发展方面，浦东新区首先应当建构并推行社区基金会业务指标体系。该指标体系能够帮助浦东新区所有的社区基金会明确自身的社区慈善功能与定位，厘清社区基金会与社区内、外各类利益相关方的互动方式，由此社区基金会才能有效推进自身的社区慈善资源网络建设工作以及有效掌握社区慈善供需动态数据。其次是提升浦东新区社区基金会人力资源的独立性与专业性。[1] 研究发现发展领先与落后的社区基金会差异甚大，首要指向人力资源议题，若想让浦东新区所有的社区基金会都能有效推动社区慈善发展、促进社区慈善资源供需对接、打造更多优质社区公益慈善服务项目、调动更多社区内外利益相关方参与、提高基金会自身社会资本与社会影响力，就必须在队伍培养与建设方面下足功夫，因为人（团队）才是发挥社区基金会所有价值的关键。最后是参考浦东新区许多慈善超市业务"外包"的运行方式，浦东新区也可将各街镇的社区基金会运行主导权委托给有能力的专业执行团队，街镇仅保持业务主管单位的身份，将运行与监管区分后，能有效提高社区基金会的业务活力与创新发展，改善社区基金会团队专业化发展困境，扩大社区基金会的社会资本、慈善资源与社会影响力范围，随后逐步形成"良币驱逐劣币"的趋势。当社区基金会主体能够蓬勃发展，自身的社区慈善价值便能让更多人看见与认可，参与社区慈善的人群也将越发积极。

---

[1] 马苓、陈昕、赵曙明：《企业社会责任在组织行为与人力资源管理领域的研究评述与展望》，《外国经济与管理》2018 年第 6 期，第 59~72 页。

案 例 篇
Case Reports

B.15
上海洋泾社区公益基金会

任艳萍*

摘　要： 上海洋泾社区公益基金会是全市首家由街道发起，并获得公募资质的社区基金会。基金会多年来围绕社区多元需求，整合社区内、外部资源，搭建社区慈善公益资源管理及有效资助平台，以"社区因你而不同"为口号，通过"五社联动"培育、孵化社区志愿者和社区社会组织，切实发挥出社区慈善公益在促进多元主体参与社区帮扶、社区服务及社区治理的重要作用，助推社区治理共同体的建设成效。

关键词： 社区基金会　社区慈善公益　社会治理公共体

---

* 任艳萍，上海洋泾社区公益基金会秘书长、上海浦东新区洋泾社会组织服务中心主任，华东理工大学公共管理硕士，中级社工师。

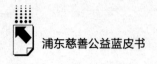

一　机构概况

上海洋泾社区公益基金会（以下简称基金会）成立于 2013 年 8 月 9 日，由洋泾街道办事处发起成立，是上海及浦东新区首家街镇层面发起的公募型社区基金会。2017 年依照《中华人民共和国慈善法》被认定为慈善组织。洋泾街道，位于浦东新区西北部，面积 7.38 平方千米，实有人口约 15.7 万人，下辖 41 个居民委员会。作为洋泾街道探索社区治理改革创新的全新尝试，基金会本着服务社区、发展社区的理念和方法，聚焦社区发展，力求动员社区内外部资源、挖掘洋泾社区公益力量，满足社区多元发展需求。基金会以"社区因你而不同"为口号，努力营造互爱互助、和谐共融的幸福家园。目前基金会年度动员公益善款金额在 120 万元左右，常规项目 24 个。自 2013 年以来，截至 2022 年底，累计总收入金额约 1290 万元，公益性支出金额约 1000 万元。

二　机制与举措

（一）夯实机构内部治理，坚持需求导向与规范发展

基金会真正做到了"开门办会"，9 名理事、3 名监事分别来自街道、党组织、公益界、法律界、企业界及居民区，通过制定《洋泾社区公益基金会章程》、理事会议事规则、内部沟通机制和利益冲突回避机制，明确理事会的最高决策权。从基金会成立伊始，就引入社会招聘的专职秘书长，建立专业委员会及担任项目顾问等机制，完善基金会内部管理及有效运作。

基金会在成立之初，曾花费近一年时间，实事求是、不遗余力地摸排社区需求，立足主要矛盾，完成了洋泾社区居民需求报告。随着发展的不同需要，基金会每三年就会邀请专家和理事会一同重新梳理并制定基金会发展规划，例如从成立之初的"操作性项目为主"逐步转向"资助为主，操作为

辅";再到从"优质项目品牌化建设"到"品牌项目矩阵式效应发挥"等。2017年,基金会为了进一步推进中青年居民参与社区公益慈善,携手专业咨询类社会组织开展了抽样调查并形成了首份《洋泾街道青年参与社区公益慈善需求调查报告》。同年,基金会通过了社会组织规范化评估4A等级的认证。

(二)探索多元筹资路径,营造随手公益社区场景

充分利用好公募资质发挥基金会的社区属性,探索出的"1+3"筹资机制,目前年度动员公益善款金额在112万元左右。

1. 社区公众小额众捐

每年助力街道开展"洋泾慈善公益联合捐"募集社区善款,通过制作社区公益项目菜单、为企业和居民团队定制个性化公益服务,捐赠额逐年上升,社区参与公益项目的积极性也在不断增强。截至2022年底,来自社区个人小额捐赠的资金累计约为430万元,捐赠者约为20000人次。公众小额众捐的创新集资模式,在一定程度上解决了辖区内没有龙头资助方的劝募难题,努力打造"人人公益"的社区慈善公益文化氛围。

2. 分阶段开展"项目筹资、专项基金、在线众筹"

基金会通过这三类方式,吸引社区内、外部捐赠资金。2015年基金会的"少年志"项目通过参与中国扶贫基金会"ME创新资助计划",从全国300多个公益项目中脱颖而出,获得了50万元的定向资助;"万欣和·传家宝——洋泾认知友好社区"专项基金,通过"传家宝——生命故事书""洋泾记忆角""洋泾记忆咖啡馆"等项目引入40万余元的爱心捐赠。

3. 创新社区慈善空间,搭建随手公益场景

2019年,由街道提供场地保障,基金会引入专业社会组织,共同为社区认知症患者及高风险人群搭建非药物干预的实体训练场景,目标是通过专业干预提升或改善长者的认知功能,并且策划"一杯咖啡守护爱的记忆"筹款模式,让社区居民、在校学生、企业员工既是捐赠人,又能成为志愿

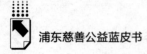

者，同时还能直观感受到经过干预训练后服务对象的改变，一度成为公益网红打卡点。

（三）打造公益项目品牌矩阵，践行社区慈善有效资助

基金会充分发挥团队自身专业特长及平台特色，持续打造具有洋泾地域特色的优质公益项目品牌，并且经过多年探索，逐步形成社区公益项目从"点"到"线"再到"面"的矩阵打造，回应社区不同主体的多元需求同时，扩大项目的品牌效应和社会影响力。具体有以下3个案例。

1. 洋泾"一日捐"社区微公益创投平台

持续资助30个社区社会组织的创新型公益项目，累计资助金额434.7万元，涉及沪漂老人关怀、儿童生命教育、精神康复患者关爱、社区微更新等多个领域，其中由基金会首创资助的3个项目，已经成功入选浦东新区首批社会组织品牌项目。

2. "暖心洋泾——社区帮扶专项基金"

通过引导爱心企业、社区单位捐赠善款、参与社区帮扶，进一步深度参与社区的"9+1"救助体系建设，成为街道普惠式、托底式帮扶工作的补充，进一步完善社区的社会保障体系。专项基金已推出"医暖心、急暖心、学暖心"三类个案帮扶和"最美食物包——困难家庭党员派送行动""洋泾社区公益加梯"等项目帮扶。

3. "少年志——洋泾中学生社区公益挑战赛"项目

运用"优势视角"和"服务学习"理论，以12~18岁的中学生为服务对象，提升青少年参与社区公益的意愿和能力，增强其对社区服务需求的敏锐度及参与度，并且在服务中提升人际沟通、社会适应和问题解决等方面的能力。累计为社区培育了650多名中学生志愿者，完成"认知友好社区""社区微更新""洋泾社区文化"等不同主题的社区微公益项目45个，累计服务时间超过10000小时，为社区打造了青少年参与慈善公益的平台，探索了引导青少年参与社区治理的有效路径。

三 创新与成效

（一）激活社区参与式机制，探索社区公益全过程民主

基金会汇聚了政府、居委会、两新组织、居民自组织等多元利益相关方，在各类社区互动过程中逐步形成良好沟通、民主协商、友好合作的长效机制。为激活社区力量，发动居民参与社区治理提供了新思路、新技术与新模式。

1.引入了"参与式"协商理念及会议技术

基金会引入专业社会组织开展"开放空间"等一系列参与式会议技术培训，将"开放空间""展望未来论坛""世界咖啡汇谈"等多种参与式会议技术引入洋泾，借助"治理"理念和专业的流程设计，优化社区需求的收集路径。并且，在参与式会议开展的过程中充分挖掘基层治理带头人，引导他们参与到后续的问题解决和成效监督。基金会资助了"参与式会议主持人种子计划""泾邻汇谈——社区参与式'三会'会议主持培育计划"等项目，进一步培养社区工作者、居民自治骨干成为社区"参与式会议"主持人，近年来，"参与式"会议技术已经广泛运用到洋泾各居民区的"三会"民主协商制度中。

2.探索了"参与式"资助的社区模式

2015年，基金会首创"洋泾一日捐"社区微公益创投平台的"专业评审+居民捐赠人评审+居民区落地意向"的综合评审模式。通过邀请及资助培训，每年都会有30多位社区居民捐赠人代表，参与年度资助项目的评审和监督。这些主动报名并且认真参加培训的捐赠人，既是资助项目的评价者，还是项目执行的监督者，更是公益慈善专业理念的传播者。"参与式"资助优化了多元主体参与社区公共事务和社区民生服务的协商平台，探索出洋泾社区公益慈善资助平台的"全过程民主"。

（二）发挥"五社联动"合作效能，引领青年参与社区治理

基金会一方面通过资助项目推动社区社会组织的发展，另一方面与工青

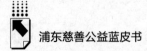

妇、社区服务办、社区党群服务中心等部门单位建立合作关系，培育社区自组织、社区志愿者等社会力量参与社区治理、提供社区服务，探索基于"五社联动"下的街域社会治理共同体建设。

1. 激发青年主体参与活力

基金会设立的"社区公益文化专项基金"扶持社区青年自治团队开展"洋泾故事——社区文化营造计划"，让洋泾七百年历史，通过老物件展览、街区行走和青年文创吸引了一批跨年龄段的粉丝。运用"优势视角"和"服务-学习"理论，推出了"小小志愿军——社区亲子公益俱乐部"等一批项目，提升儿童、青少年、中青年参与社区公益的意识和能力，培养了一批热心社区公益的家长，以及青少年社区志愿者领袖。

2. 赋能自治团队持续成长

基金会搭建家长自治团队的互助互学平台，协助家长骨干们梳理社区儿童公益市集运作经验并撰写《洋泾社区亲子公益市集操作手册》。2022 年新冠疫情期间，基金会先是指导家长志愿者骨干及团队为所在小区开展规范自筹行动，随着需求不断增长，基金会在市、区民政局指导下，协助街道起草发布了《洋泾街道社区互助互济活动备案守则（试行稿）》，审核通过的 10 个备案行动，共有 32 位中青年自治骨干参与自筹管理小组，累计筹集互助资金近 60 万元。

（三）营造社区慈善文化氛围，引领社区慈善公益的现代化

基金会成立前，街道对社区的善款主要用于扶贫济困，资金来源和运作模式都较为单一，社区基金会则承担了更广义的公益服务，带来了新理念、新视野。基金会培育了由居委会和中青年业主共同发起的"巨东——星星少年""山水国际——社区流动动物关爱"等社区自筹专项基金；在新区民政局基政处指导下，探索了上海首个"居民区参与式预算"实验项目；助力洋泾街道打造社区"友邻节"，形成"政府搭台、社区社会组织策划、居民共同参与"的运作模式，通过沉浸式的公益参与体验，全方位地展示洋泾慈善公益故事和社区自治共治成果。

基金会将公益发展与居民的发展需求、文化情怀，以及与智慧城市等现

代元素相融合，激发社区公益的原动力，提升社区活力。通过持续培育"项目"形成"项目集"有效回应社区多元需求，并且通过"项目集"逐步形成社会影响力的矩阵效应，不断增强可持续发展的生命力。社区、社会组织、社会工作人才、社区志愿者和社会慈善资源充分整合，促进"五社"联动，逐步推动形成共建共治共享的基层治理格局。

B.16
上海四明医学发展基金会

徐 韵*

摘 要： 上海四明医学发展基金会遵循国家卫生发展战略，支持和推动医
学事业的建设和发展，通过资助各项医疗、教学、科研项目，医
学人才培养项目，医学发展的合作项目，积极投入医疗设施及院
区改善，以及帮扶贫困人群等来实现其使命，通过动员社会力量
参与，推动医学事业的建设和发展。

关键词： 基金会 医学事业 人才培养

一 机构概况

2016年成立的上海四明医学发展基金会是一家非公募基金会，秉持着
承担社会责任，诚实守信，遵守国家法律法规和有关规定，遵守社会公德的
宗旨，通过项目资助助力民生发展，主要通过医院志愿者服务项目、医疗设
施设备改善项目、医学青年人才培育项目、国家自然科学基金医学人才资助
项目、医院党建课题资助项目、抗疫项目、扶贫项目等代表性项目来推动社
会公益事业的发展。

2021年接受雷允上、上药控股、国药控股、上海虹桥中药饮片有限公
司等医药类企业捐赠1684万元，当年度用于慈善活动的支出为1670.8万多
元，约占总收入的99.2%，主要用于冬令养生电视科普宣传、纪念张伯臾

---

* 徐韵，上海四明医学发展基金会，主要从事健康服务与管理工作。

120 周年诞辰学术研讨会、公立医院医疗设备项目、公立医院信息维护改造项目、石氏伤科 150 周年学术研讨会、2021 年国家自然科学基金等项目。2022 年受新冠疫情影响比较大，接收鲁南贝特制药、国药控股、上海曦雨医疗器械等企业捐赠 350 万元，但是用于慈善公益的支出为 1215 多万元，四明医学发展基金会将历年累积的收入都贡献出来助力上海共克时艰，主要用于新增血液透析装置、网站云服务器及域名租赁、上海医师协会中医医师分会等，为线上医疗咨询和服务提供了更好的设备，以举办表彰会的形式表彰了援鄂、援公共卫生医疗机构的一线工作人员，并予以奖励。近年来基金会积极帮扶贫困地区医院，支持贵州省正安县中医医院等贫困地区医院的发展，为中国医学事业的发展作出了积极的贡献，也通过应急慈善发挥出医学基金会的健康守护功能。

二　机制与举措

（一）通过慈善公益助力医学发展

四明医学发展基金会努力通过多样化的宣传方式吸引社会爱心企业和爱心人士的捐赠，并将善款主要用于：医疗设施设备改善项目、扶贫项目、国家自然科学基金医学人才资助项目、医学青年人才培育项目、抗疫项目、医院志愿者服务项目、医院党建课题资助项目、长三角中医药质控学习班项目等，专注于资助有利于医学发展的项目，尤其是人才培养和医疗、医药项目方面，通过志愿者的力量传递社会关爱和温暖，充分体现了基金会对社会慈善事业和医学人才培养的关注和支持，践行着服务于医学的宗旨使命。

（二）完善制度保障，提升专业能力

基金会按照相关法律法规完善内部管理制度，制定了捐赠管理办法、信息公开制度、财务管理制度、重大事项报告制度、项目管理办法、志愿者管理制度、印章法人证书的使用和管理规定，以及档案管理制度，并严格遵守

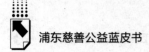

落实。每年召开至少两次理事会、监事会，召开前都会向民政局报送重大事项汇报，会议上汇报基金会情况、重大事项以及下一步计划。对于重大决策，全体理事会成员进行投票表决，年底会对本年度基金会工作进行不记名的理事评价、监事评价、志愿者评价、捐赠人评价、受助人评价等，收到反馈表后基金会将针对评价内容对工作进行及时整改。与此同时，加强员工培训，提升基金会服务的专业化程度。通过不断提高自身的专业能力和治理水平，以期形成完善的组织结构和治理体系，在医学事业发展中持续发挥积极作用，推动中国医学事业的健康发展。

（三）坚持公开透明，提升品牌形象

基金会网站及时对外公示资金捐赠情况和项目使用情况，并通过不断探索和尝试新的宣传方式提升机构影响力。在日常资助的项目中，积极向社会公众发放基金会宣传手册，在办会现场或大型义诊上，通过竖旗、竖立宣传板等方式宣传基金会，越来越多的爱心企业和爱心人士了解到基金会的工作，并意识到健康、医学发展和"海派中医"传承的重要性，也吸引更多的人关注慈善事业，成效非常明显。

三　创新与成效

（一）强化党建引领，推动发展新突破

为了更好地推动基金会的发展，在日常管理过程中基金会也积极探索各种党建与医学相融合的活动，如2021年开展了党建义诊活动。与此同时，通过开展党课培训，组织志愿者活动（如社区清洁、慰问孤寡老人、无偿献血等）提高党员的社会责任感和集体荣誉感。定期组织主题党日活动，如红色旅游、党旗下讲话、观影讲座等，加深党员对党史和党的理论知识的理解。注重与其他组织的合作，如与学校合作开展青少年红色教育、与企业合作开展党建联盟等，以拓展党建工作的渠道和广度。这些措施不仅增强了

成员的政治素质，也提高了基金会的社会影响力，未来将迎来更多新的发展机遇，为党和人民事业作出更大的贡献。

（二）以人才培养为主的项目体系

基金会的代表性项目包括医学青年人才培育项目、国家自然科学基金医学人才资助项目、医院志愿者服务项目等。其中医学青年人才培育项目通过资助医学专业的青年人才，培养了更多的医学人才；国家自然科学基金医学人才资助项目通过资助医学人才的研究和发展，提高了医学研究的水平；医院志愿者服务项目通过组织志愿者为患者提供服务，提高了医院服务质量，还通过扶贫项目资助贫困地区医院，帮扶贫困人群和当地医疗人才，为中国医学事业的发展培养了一批骨干人才和中坚力量。

（三）特色项目——关爱长期手术儿童

该项目由基金会与上海市民办尚德实验学校航头校区合作，旨在为长期手术儿童提供关爱和支持，主要在曙光医院 3C（儿科病房）举行。活动内容包括两部分，一是病房现场慰问关爱活动，为患儿送花、送果篮、赠予关爱基金等；二是关爱教学活动，每次活动约 45 分钟，包括尚德讲堂、动手拓印瓦当、尚德学子节目汇报、各种表演和节选朗诵等。通过相关爱心活动为长期手术儿童提供关爱和支持，帮助他们更好地度过治疗期，并在未来的生活中拥有更好的发展，也帮助相关患儿家庭减轻医药费的负担，让他们感受到来自社会关爱的温暖。

四 展望与发展

（一）围绕宗旨助力医学事业发展

作为资助有助于医学发展项目的机构，基金会将一如既往坚守促进医学事业发展的宗旨，遵守相关法规，积极响应国家政策和满足人民需求，通过

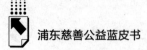

建立科研基金、奖学金等方式激励和支持医学领域的优秀人才，推动医学事业的发展。在开展工作的过程中，努力寻求与更多有公信力和社会影响力的专业机构和专业人士合作，共同探索医学事业的发展方向，深入挖掘有代表性项目和有潜力的探索性项目，并加强员工的培训，不断提升基金会服务的专业化程度，为医学事业的发展和"健康中国"的建设作贡献。

（二）优化治理结构，提升治理水平

规范化建设和公信力是慈善组织的立足之本，基金会一直将内部治理作为重要任务来抓，未来将不断完善内外部治理，通过参与规范化评估、机构自查等方式，不断提升机构治理能力和治理水平。具体抓手是完善治理结构，提升筹款能力，定期对自身进行内部审计，强化内部管理，以确保组织运作的合法、合规性，并在听取专家指导意见、与其他基金会交流的过程中，认真总结各方面的意见和建议，进一步对标行业标杆，打造出医学慈善的品牌效应，为医学慈善事业的发展奠定坚实的基础。同时，借助新媒体和融媒体等新兴的网络平台宣传和推广医学慈善公益，坚持公开透明，定期公布财务报表和资助项目，用好每一分善款，接受社会各界监督，确保基金会运作的透明度和良好的社会信誉。

（三）提升服务影响力

基金会将继续加强与市卫生健康委员会业务主管部门的沟通与合作，做好医学事业的支持工作。在保持服务宗旨和服务对象一致性和稳定性的前提下，基金会将进一步扩大服务范围，扩大服务的受益人群范围并提高服务受益人数，如通过范围更广的义诊、传播中医健康知识等增强公众对基金会的认知度和信任度，让社会公众在这个过程中真正受益，养成健康的生活习惯，拥有健康的人生。此外，从宣传层面积极倡导医学慈善公益事业的发展，发动更多人参与到慈善事业中来，共同推动医学事业的发展。

善淘 Buy42慈善超市

——以浦东"大问题小公民"公益通识课为例

蒋抒洁*

摘　要： 善淘 Buy42 开创了基于慈善超市的公益通识课程——"大问题小公民"，拓展了慈善超市的社区服务功能，使慈善超市成为可以覆盖更多年龄段人群的社区影响力中心，也为机构的可持续增长注入了活力。该项目从浦东孵化，复制到上海各区，再陆续走入全国其他城市，其成功的案例说明将小额创新资金投给项目逻辑明晰、勇于创新的高效能团队，能够获得良好且广泛的社会影响力。

关键词： 慈善超市　社区服务创新项目　公益教育

一　机构概况

位于浦东新区塘桥街道的上海聚善慈善超市的主营业务是运营善淘 Buy42 慈善超市。善淘是中国第一家连锁 O2O（Online to Offline）慈善超市，愿景是打造一个基于慈善超市的社区公益生态，促进全纳融合、绿色环保、人人参与公益的公民态度和生活方式的形成。机构使命是让有温度的慈善超市走进中国的每一个社区。善淘致力于开创一个人人都可以参与的社区公益空间。多年来，善淘始终秉持着"每一个都有价值"的价值观，鼓励

＊ 蒋抒洁，善淘 Buy42 慈善超市主理人，纽约大学公共管理硕士，清华大学新闻与传播学学士，研究生学习期间主修国际发展和非营利机构管理。

人们将闲置物品捐赠给善淘进行义卖，义卖所得为那些生活中正遭遇挑战的特殊人士提供可持续的、有尊严的工作岗位，目前善淘有 50% 以上的员工为残障人士或是在社会融合上遇到重大挑战的特殊群体。

截至 2022 年底，善淘在上海、成都共运营及筹建了 16 家连锁慈善超市，在上海，善淘运营的慈善超市覆盖静安区、长宁区、黄浦区、浦东新区、奉贤区、青浦区、金山区。善淘与浦东新区塘桥街道结缘于 2021 年，基于塘桥街道儿童医疗资源聚集、幼儿园和中小学校聚集的特点，善淘与塘桥街道共同打造了上海第一家儿童友好主题的慈善超市。浦东新区塘桥街道慈善超市除了具有传统慈善超市收捐闲置、义卖等功能，还在超市硬件上着力打造儿童友好的环境，超市日常运营安排了丰富的适合儿童参与的社区活动。

善淘的收入主要用于以下几个方面：支持一支高度残健融合的公益团队的运营，团队中残障员工的残障类别有听力障碍、言语障碍、肢体残疾、轻微智力障碍等；长期为社区里的特殊伙伴、涉罪青少年提供工疗和观护服务；每年举办逾百场走进社区的融合活动；向贫困地区和社区困难群众（通过社区帮扶基金会等）捐款捐物。善淘以流转闲置物资自我"造血"方式，既能保证慈善超市本身的稳定收入来源，也能为一些残障人士提供就业岗位，帮助他们能够自食其力，还在运营的全流程中支持绿色环保、社区营造的公益项目。

三年新冠疫情给这家以线下零售获得可持续资金的公益组织带来了巨大的挑战。在主营业务受到诸多挑战时，善淘开启了一条社会创新自救之路，在传统公益零售模式下，不断挖掘慈善超市的空间价值，创新社区公益服务项目，打造基于慈善超市的社区公益影响力中心。

二 工作机制与创新成效

（一）善淘 Buy42 的管理机制

自 2010 年成立以来，善淘一直坚持用自我可持续的方式做公益——通过收捐闲置、义卖闲置以及开创与主营业务呼应的社区公益服务获得主要收入来源，从而支持团队的可持续运营。过去五年，善淘的营业收入保持14%的复合增长率，机构三分之二的收入来源于售卖商品和提供市场化的社区服务而获得的产品和服务收入。近两年，其收入更呈现多元化趋势。

善淘现在由一支三人组成的主理人执行团队领导，三个人价值观高度契合，能力互补，分别负责机构的战略规划和创新发展、项目统筹，以及店铺运营。团队搭建了能够完成零售运营的完善组织架构。善淘始终立足于公益机构的使命，除了零售架构以外，善淘还有一个社会影响力中心，在保持可持续经营的同时也坚持着不断在过程中扩大公益项目效能和社会影响力。在公益品牌的打造中，公益思维和商业运营思维缺一不可，正是因为兼具这两种重要的思维方式，才能使这支团队近年保持增长，持续创新。

（二）善淘 Buy42的创新举措

在慈善超市里开展社区公益通识教育是善淘的首创，这打破了大家对于慈善超市只能做扶贫济困物资处理的固有印象，使慈善超市成为一个可以面向儿童的社区公益教育中心，也使得一个闲置社区空间的价值得到了充分发挥。

除此之外，善淘还基于大量的收捐来源开发了内容丰富的"闲置艺术改造工作坊"，结合其团队推动残健融合的特点，开发了系统的"社区手语课程"，基于全工作流程搭建了完善的志愿者参与计划。这一系列创新举措使得善淘成为一个可以面向全年龄段的社区影响力中心。

三 特色创新项目——"大问题小公民" 公益通识教育课程

（一）项目背景与基本运作

公益行业吸引人才难，什么样的孩子会在成年后更愿意做出"利他"的行为呢？这个问题的答案关乎公益行业怎样培养未来人才。长期关注此议

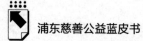

题的善淘团队基于观察和实践，提出了假设——那些在成长过程中曾被善意对待的孩子或是常常目睹这种善意的孩子更容易关注公益；那些从小对人类"大问题"有思考深度的人在长大后不容易拘泥于个人得失，更容易具有奉献精神。善淘提出培养孩子的同理心，培养他们善待他人、善待自然的公益心，团队认为不应该仅仅流于刻板说教，而应该在生动的公益行动交互中，带领孩子真正地去认识世界也许更有成效。

2021年浦东新区民政局启动慈善超市创新项目，善淘以"大问题小公民——基于慈善超市的公益通识教育项目"获得该创新项目的支持，这为一个在慈善超市里推动公益教育的团队提供了一笔种子基金，该项目后来取得了令人瞩目的社会影响力。项目主要源起于一个真正关怀儿童成长、社区发展的运营团队对于社区参与的观察与思考：在上海，善淘的店铺都开在社区里，每天迎来送往，其中有不少小顾客，孩子们总是会提出这样的问题——为什么善淘的店员不会说话？善淘卖的东西为什么是旧的？为什么善淘运营的超市叫慈善超市呢？在与社区的孩子互动的过程中，运营团队意识到慈善超市是一个天然的、真实的社区公益教育教室，可以和孩子分享很多"善意"与对"大问题"的思考。由此，善淘开始筹划基于慈善超市的公益通识教育课程——"大问题小公民"，这是一套面向未成年人的关于"世界怎么了、公益是什么"的通识课程，课程的目的就是回应上述的假设——为孩子创造在身边的善意、促使孩子对人类社会发展大问题有觉察。起初，这个项目仅包括两个模块：周末常规课程，主要为了提供给亲子家庭周末体验参与公益的机会；寒暑假营地课程，为期3~5天，让孩子们有浸润在慈善超市运营中深入体验的机会。

（二）项目亮点与成效

该项目团队遵循了产品设计思维，边研发边"磨课"边迭代，教研团队多轮研讨后就会与孩子们共创，项目团队认为真正好的课程不仅仅是课堂上所能给予的知识，还包括以何种方式给予受益对象，孩子们的喜爱度是项目团队考量课程的一个重要指标。

1.系统构建课程，议题取自联合国可持续发展目标

课程的选题是真实的社会"大问题"，取自联合国可持续发展目标，这正是人类社会所共同面对的大问题，与每一个人都息息相关，但并不是每个议题都会进入这套课程，善淘选择的是孩子们在慈善超市及所在社区能够或多或少真正感知到的主题，用真实的社会议题作为教育的素材。

2.采用 PBL 探究教育模式

课程本身聚焦于"大问题"之下的一个真实"小事件"。例如，如何打造一个零浪费慈善超市？如何打造一家听障人士友好店？所有内容围绕着真实议题展开，善淘采用 PBL（Project Based Learning）项目导向探究式学习的方式，让课程内容生动新颖。项目的筹备初期，善淘邀请了国内知名的PBL 探究教育团队参与研发，在这个共创研发的过程中善淘的执行团队在对探究教育的认知和实践技能上都得到明显的提升。课程的可持续需要团队的可持续，因此与真正对 PBL 有深入研究的专家一起共创协作能够使运营团队快速成长，在一开始就少走弯路。

3.创新在地化学习模式

课程提供了一种在地化学习模式，善淘所选择的视角一定是孩子能够在社区里切实体验到的，孩子们将在社区里的真实场景中展开学习——慈善超市、社区、街道都将成为他们的学习空间，店员、顾客、街坊邻居将成为他们的学习伙伴。善淘认为真实是非常可贵的体验，也是善淘作为一家社区里的慈善超市能够给孩子提供的宝贵场景。很多的大道理在真实经历过后就会自然而然习得，比如，跟残疾伙伴一起工作后会理解他们的困难，自己亲手分拣过闲置商品会知道多被人们闲置的是哪种资源，善淘希望创造的是一份真实的体验，这样的体验往往更让人铭记。

4.以促进觉知和改变行为目标

课程以唤起孩子们对某个社会问题的意识和改变一个小的行为习惯为目标，在这个过程中，孩子们可能会学习到新的知识、技能和思维方式，但是在善淘的课程中，所有的学习主要为促成对社会问题的觉知和行为的改变。这是善淘不同于一般教育项目的地方，这也是作为一家公益机构的使命，善淘希望通过

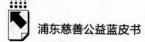

教育项目倡导有关公益议题被年轻一代认知，并且能以劝导式设计促进孩子们行为的改变。课程实施后，不仅孩子开始改变自己的行为，连他们的家人也被影响了。

5. 独特的实践调研与演说锻炼机会

善淘的课程创造各种独特的实践、调研、动手的机会，以帮助孩子对问题的理解。

在"大问题小公民"课程中设计了丰富的"动静结合"的内容，比如孩子们有机会成为一日店长，做残障伙伴的"影子"，还能够学会用一套系统手语；导师会教他们用统计分析工具；孩子们组成小组进行调研、分析，很多孩子在这个课程中体验到人生第一次调研型课题；善淘还会提供闲置物品给他们做改造和创变。丰富的内容把学习公益议题变得轻松友好。课程还十分注重提高孩子的公共说理能力，善淘教孩子区分事实与观点，教他们如何用让人信服的方式阐释自己的观点，还教授他们公共演说的技巧，每一期都以一场公共倡导活动作为结业仪式。

从 2021 年 12 月启动项目至今，已经有近 500 名孩子参与了项目，满意度接近百分之百，参与其中的三分之二的家长反馈项目体验完全超出了他们的期待，表示这个项目对孩子帮助很大。2022 年，课程获得了上海市妇联"公益创变客"项目的支持，并将得到三年的持续支持，这使得团队能够持续投入研发新课题、培训导师之中。因此，2021 年项目就从浦东出发复制到上海各区，2022 年该项目也获得了"公益之申"十佳公益项目。之后该项目随着善淘在全国其他城市的运营，影响了更多城市的孩子。

四 未来展望

（一）拓展善淘 Buy42 的机构发展

善淘目前已经走出上海，在全国四个城市陆续落地。深化慈善超市业务，使慈善超市成为一个自我可持续的社区影响力中心是机构目前的重点工作。善淘认为一个公益机构真正的关键能力并非已经建立的资源和网络，而是不断创新、自我迭代的能力，这也是善淘的核心优势。因此，未来善淘还将持续不断开发基于慈善超市的创新社区发展项目。

（二）优化特色项目和品牌项目的发展规划

"大问题小公民"项目从一开始就体现出很强的市场活力，目前项目的资金来源一方面来自政府采购，另一方面也有来自市场的购买——企业工会、教育组织、个人。这让项目有更强的生命力。虽然项目获得一定的市场认可，但目前团队正从几个方面着手持续创新。

一是打磨产品质量，善淘团队认为好的产品是一个好项目可持续的重要根基，因此会不断投入资源优化课程质量；二是课程体系的拓展，从原来仅有的周末常规课和寒暑假营地课程拓展为针对不同年龄层的四大模块，增加了针对城市孩子的乡村研学营地和针对中学生、大学生的公益案例教育内容；三是研发和线下课程配套的公益探究产品，因为线下课程能够辐射的人群始终有限，善淘希望通过实体产品触达更多人群，让受益群体扩大，目前团队除了开发线下课程以外，还研发出了与课程内容配套的桌游产品，桌游产品可以借助善淘的慈善超市的线上线下渠道触达更多的孩子；四是赋能社区讲师团队，目前，善淘正在不同城市培育志愿者讲师团队，让社区里的热心公益人士成为授课讲师、课程团长，让团队的受益人群不要被执行团队讲师数量限制，培养一支样态丰富的讲师团队能够让课程在更多店铺开展，让好的内容惠及更多孩子。

总之，主理人团队成员逾十年深耕公益的经验与视野，使得善淘能讲述好这一门公益通识课，社区教育创新让植根于社区里的慈善超市成为孩子期待美好世界的窗口和参与慈善公益的体验场，希望未来慈善超市能成为鼓励更多年轻人成为关注公共事务的好公民，无论身处什么行业，都秉持利他之心。

附 录 第二十届浦东新区"慈善公益联合捐"优秀代表材料

第二十届浦东新区"慈善公益联合捐"20年致敬人物/企业

序号1 马振琼

马振琼,女,1928 年出生,中共党员,粮油公司离休干部,离休后坚守"离休不离党"的信念,面对丧偶失独的人生磨难、疾病缠身的挑战,始终坚持为社会增添正能量。90 多岁高龄的马老,平日一直省吃俭用,却把每一笔省下的收入都用在了最需要的人身上,经常资助困难邻里和敬老院老人,对周围的人给予最大的关心和力所能及的帮助。2008年汶川地震、2009 年莫拉克台风、2010 年西南地区严重干旱、2013 年雅安地震等灾情发生时,马老总是第一时间联系所在的老干部系统,要求捐款捐物,为党分忧,为灾区人民尽心。这些年来,马老累计捐款超过42 万元,并上交特殊党费超过 40 万元,几乎将自己一生的积蓄都奉献给了党和人民,曾荣获国资委授予"中央企业抗震救灾先进个人"称号,以及"上海市离退休干部先进个人"称号、"浦东新区慈善公益奖(个人)"等荣誉。

序号2 郑君华

郑君华,女,浦东新区人民医院外科医生,首届"全国文明家庭"

称号获得者，家风博爱开明。自1995年起，她先后捐助甘肃省靖远县、贵州省普安县两名失学儿童读书。2001年郑君华报名中华骨髓库，2002年4月捐献造血干细胞，成功挽救了一位白血病患者的生命，成为全国第12位、国内卫生系统第1位无偿提供外周血造血干细胞的志愿者。20年来，她长期坚持为造血干细胞捐献工作提供人道志愿服务，累计时长超过1000小时，曾被中国造血干细胞捐献者资料库管理中心评为"中华骨髓库五星级志愿者"。在郑君华实际行动的感召下，所在医院已有400多人报名骨髓捐献。2020年新冠疫情发生后，郑君华又四次赴集中隔离观察点担任领队，带领医护人员出色地完成了医疗保障任务。

序号3　上海由由（集团）股份有限公司

上海由由（集团）股份有限公司是一家以商业地产经营为支柱的大型现代企业集团，在以"实业报国"贡献社会价值的同时，不忘致富思源，将公益慈善、社会责任融入产业发展之中，坚持走好共同富裕之路。1993年，由由建设50万平方米的由由新村，让严桥农民可以集中居住，离土不离乡；建造占地100多亩的由由工业园区，为2564名农村征地工提供就业岗位并实行征地托底保障。同样因为这份责任，由由将58亩项目用地出让给仁济东院；引进第九人民医院浦东分院，为地区集聚医疗资源提供便利；投资建设民非养老院，设立100个保基本床位。由由集团坚持每年参加浦东新区"慈善公益联合捐"活动，累计捐款近1200万元，其他各类定向捐款、物资捐赠累计达千万元；每年，组织企业内部的"一日捐"活动，累计帮困人数近2000人。此外，通过结对助学和产业帮扶等形式，为山区的孩子们送去温暖，助力贫困地区的脱贫。初心依旧，公益不止。如今由由集团正捧着一颗善心，践行着"达则兼济天下"的初心！

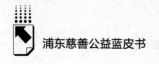

第二十届浦东新区"慈善公益联合捐" 慈善公益代表（个人类）

序号1 王建波

王建波，上海易盟企业（集团）有限公司董事长。2019 年起，王建波同志向临港公益基金会捐赠 50 万元，专项用于退伍军人的就业技能培训。2020 年 1 月，为支持新冠疫情的防控工作，他向临港公益基金会、浦东新区光彩事业促进会分别捐赠 30 万元和 10 万元抗疫资金，还向浦东新区万祥镇提供了 2400 份夜勤温暖餐包，广受社区好评。王建波同志曾于 2011 年被金桥镇授予"慈善之星"称号，并于 2017 年当选浦东新区政协委员。

序号2 汪晶海

汪晶海，上海民海华粮油食品有限责任公司总经理。作为中共党员，20 多年来，他始终热心社区助老、扶老、敬老公益事业，从未间断。他依托自身粮油经营的优势，与困难家庭和社区老人结对，定期每月赠送物资，献出爱心。每年重阳节庆，他都组织社区长寿宴，专车接送社区 80 岁以上老人赴宴，邻里对此交口称赞。新冠疫情发生时，在防疫物资最紧缺的时刻，他动员全公司员工，多方采购口罩、体温计等送到社区第一线，在企业防护物资有限的情况下，优先供应社区使用，为保证社区群众生命财产安全持续贡献力量。

序号3 季大星

季大星，女，1944 年出生，中共党员，惠南镇学海居民区居民，曾荣获省级"三八红旗手"。从 2007 年起，她自费为年近古稀的老人编织毛线帽，用实际行动关爱身边社区老人。为了能给更多的老人送温暖，她几乎把除了照顾老伴儿的空余时间都用在了编制毛线帽上，截至 2022 年已经是第十五个年头。她累计编织赠送了 438 顶帽子，成为远近闻名的"帽子奶奶"，一顶顶毛线帽化作了冬日里尊老敬老的浓浓温情。

序号4　凤鸣

凤鸣，上海鑫联石油有限公司董事长兼总经理。他致富不忘乡亲，2005 年至 2015 年，十年间累计筹集 150 万元，对合庆镇跃进村全村退休老人予以慰问，特别对村里的孤寡老人、重病困难老人等家庭还送上慰问金。2020 年新冠疫情发生之后，他个人向武汉市红十字会捐赠 2 万元，同时又捐赠 3 万元抗疫资金，用于跃进村购买防疫设施设备，发放给防疫一线值守的志愿者们。为表彰他在抗疫中的突出表现，2020 年合庆镇授予其抗疫"爱心个人"奖。

序号5　陈国民

陈国民，金杨新村街道居民。自 2012 年 9 月以来，他坚持每月向浦东红十字会人道救助金捐献 1000 元。在积极参加各种慈善募捐活动中，他将大病患者、困难重度失智老人、再生障碍性贫血患者等都纳入他的资助范围，金额从几百元到几千元，持续向社会注入温暖。虽然个人经济并不宽裕，但他还连续 3 年结对资助寒门学子共 3 万元。街道每年的慈善公益捐，他一次没落下；当面对雅安地震、新冠疫情这些灾害危难时，他一次又一次慷慨解囊……截至 2022 年，陈国民个人捐款已超 27 万元，曾荣获上海市人道博爱奖。

序号6　奚岁国

奚岁国，上海月丰工贸有限公司总经理，民革党员。他创业成功不忘回报乡梓。2020 年新冠疫情发生之时，他第一时间响应国家号召，两次向武汉中山博爱基金会捐赠共 5 万元。当他得知所在的合庆镇庆丰村实行封控，防疫物资十分紧缺，防疫人员保障条件有限时，立即又向庆丰村捐赠 2.5 万元，用于搭建防控卡口篷房，为社区防控人员送上温暖。他的爱心善举受到群众广泛赞誉，并荣获 2020 年合庆镇抗疫"爱心个人"奖。

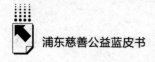

序号7 亨多福

亨多福，德籍数学博士，自 2014 年 9 月开始租住于浦东新区周浦镇。出于对社区的热爱，他开始了主动义务清洁小区卫生。从此，无论刮风下雨、高温酷暑，社区居民都能看到一位"洋雷锋"在社区忙碌。他坚持天天为社区清理垃圾。他说："我们都喜欢干净整洁的环境，我每天打扫一下，自己住着舒适，大家也会很舒心。"经镇政府同意，社区设立了"亨多福志愿者工作室"。亨多福曾荣获上海市社会主义精神文明"十佳好人好事"奖。

序号8 奚英

奚英，中共党员，上海市浦东新区致立学校校长兼书记。她参与慈善公益活动 22 年来，倾心特教，用真情和孩子们相处，为孩子募集款物。2006年以来，她作为区教育系统心理咨询室志愿者，以及浦东新区青少年心理健康咨询志愿者，义务为教师和青年学生们提供心理测试和心理辅导。她关爱教师队伍，长期陪护照料一位无子嗣的退休知青教师。她体恤学生健康，整合研究与医疗资源，促进自闭症儿童各种能力的发展。奚英曾荣获"上海市园丁奖""上海市教育发展基金会特殊教育奖"等奖项。

序号9 方杰

方杰，浦东川沙中学教师。自 2018 年起，方杰将"世界因为有爱而温暖"作为他的慈善格言，投身奉献爱心的慈善公益活动中，以自己的点滴助力，汇聚大爱暖流。平日里，"热心肠"的方杰常帮助遭遇困难的陌生人，他还坚持自费为村里高龄老人送温暖，表达敬意善心。2019 年，他个人捐款 4000 元帮助合庆镇两户困难家庭渡过难关。2020 年新冠疫情发生后，他多次捐款支持抗疫。2021 年 2 月他参加合庆镇"慈善公益联合捐"活动，捐赠 1000 元用于慈善公益事业。方杰曾荣获 2018 年合庆镇"慈善之星"称号。

第二十届浦东新区"慈善公益联合捐"
慈善公益优秀代表（企业类）

序号1　上海商汤智能科技有限公司

商汤智能科技有限公司以先进的人工智能技术助力科技抗疫。公司研发的"商汤 AI 智慧防疫解决方案"在防疫中得到了广泛应用，"肺部 AI 智能分析"产品驰援湖北前线及多个省市的定点医疗机构。公司以人民群众生命安全为本，号召员工自发捐款近 50 万元用于采购防疫物资，并在第一时间送达武汉相关医院。公司还围绕江西赣州本地教育需求，率先在革命老区开展人工智能教育扶贫试点行动。同时，在南汇新城镇慈善公益活动中，一次性捐款人民币 20 万元，用于临港新片区居民社区的建设改造和民生扶持。

序号2　金恪投资控股股份有限公司

金恪投资控股股份有限公司始终围绕民生，构建幸福产业生态格局。在 2020 年新冠疫情期间，集团先后捐赠 500 万余元，并向上海市多家医院捐赠 20 万副医用手套等医用及生活保障物资。公司携手海南弘毅扶贫慈善基金会，设立"金恪防疫行动专项基金"，并捐赠百万物资启动该专项行动。2021 年 7 月，集团向上海市慈善基金会浦东新区代表处捐赠 100 万元，定向用于"防汛救灾驰援河南"专项行动。在企业慈善公益文化的浸润下，公司 700 多名员工通过上海市慈善基金会线上捐赠平台捐款超过 12 万元，支援河南抗击特大洪涝灾害。

序号3　上海良元农产品专业合作社

良元农产品专业合作社成立于 2001 年。合作社专业从事农产品的种植、加工、包装、销售，推动浦东绿色农业高质量发展，带动当地农户联合致富。2020 年新冠疫情发生时，面对防疫物资极度匮乏的状况，合作社想方

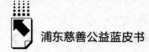

设法累计采购捐赠口罩 3 万余只，并多次捐款资助抗疫。合作社常年走访敬老院，每年在慈善大会中捐助善款，响应号召对口采购云南农产品，支援扶贫攻坚战役。合作社曾荣获 2019~2020 年度航头镇"慈善之星"称号。

序号4 上海山南勘测设计有限公司

山南勘测设计有限公司成立于 2003 年，成立以来其持续在公益事业发力，在多地参与社会公益建设及精准扶贫，累计捐款超过 500 万元，并创建公益品牌"山之南，益起走"。公司坚持党建引领企业社会责任，向浦东对口支援的新疆喀什莎车县贫困村帮扶近 40 万元。新冠疫情期间，公司捐资捐物约 130 万元，并派出党员突击队为浦东抗疫提供公益应急服务。2021年，面对浦东民生工程"旧房加装电梯"，积极向浦东住建委提供首批 300台加装电梯免费的地下管线探测服务。

序号5 上海春芝堂生物制品有限公司

春芝堂生物制品有限公司创立于 1999 年，成立之初就以"造福国人，守护健康"为理念。公司在扎根健康产业的同时，开展公益捐赠和志愿服务，结对资助上海中医药大学贫困学生和优秀教师，十年如一日默默奉献。2019 年来，在慈善公益联合捐活动中，累计捐款 200 万元。为抗击疫情捐赠数百万元物资，被评为"抗击新冠肺炎疫情突出贡献企业"。从校园公益到慰问部队官兵，从捐助抗震救灾到帮助汶川、雅安灾区重建再到助力抗击疫情，从向上海癌症康复组织捐助保健食品到助力浦东三林"为老助餐"项目，春芝堂扎根新时代，以"一切为了人民的健康"的宗旨，产业报国，积极履行社会责任。

序号6 华勤技术股份有限公司

华勤技术股份有限公司为业界领先的多品类智能通信终端研发设计公司。自成立以来，公司把安农、扶幼、助学、助残、济困、环保、赈灾等各项慈善公益投入视为企业文化的重要组成部分。公司多次参与儿童先天性心脏病手术援助，云南彝良、鲁甸、雅安灾区重建，亚马逊 Kindle 书路计划等公益项目。自 2019 年以来，华勤每年组织向南疆捐衣活动，并集资 15 万元采购学习用具赠予新疆当地贫困学子。2020 年新冠疫情发生以来，华勤调动全球业界资源，捐助价值 500 万元的医疗物资以驰援疫情防控。

序号7　至初牛奶贸易（上海）有限公司

至初牛奶贸易（上海）有限公司致力于提升市民健康水平，在 2020 年新春新冠疫情发生的第一时间，公司向在疫情一线的医务工作者们首期捐助了价值人民币 1000 万元的产品与现金。在物资援助之外，公司向两家在病毒疫苗研发领域全球领先的澳洲科研机构捐赠共计 100 万新西兰元（约合人民币 453 万元），以助力新型冠状病毒疫苗研发。同时，公司针对浦东新区防控新冠疫情工作，捐赠了 500 万元人民币和价值 220 万元的奶粉物资，助力浦东扶危助困和防控疫情。

序号8　佳农食品控股（集团）股份有限公司

佳农食品控股（集团）股份有限公司在努力打造业内生鲜食品供应链优质企业的同时，践行感恩社会的经营理念。自 2008 年助力汶川灾后重建开始，集团在公益道路上不断前行。2010 年支援玉树地震、2020 年抗击疫情、2021 年支援河南抗洪等，集团都积极践行社会责任。特别是在抗击疫情期间，集团向武汉灾区捐赠 136 万元物资，向上海市慈善基金会捐赠 100 万元，用于救助、支持和表彰奋战在上海及武汉等地抗击疫情的一线医疗人员。集团还积极关注老区乡村教育和企业辖区的老年人健康，携手爱心人士传递温暖。集团曾荣获 2020 年度曹路镇"公益事业典范企业"称号。

序号9　上海通用重工集团有限公司

上海通用重工集团有限公司是一家集焊接设备、焊接材料、焊接技术研究为一体的焊接全产业集团，公司始终秉承"推动技术创新，致力产业报国"的崇高理念，积极参与社会公益活动，奉献爱心。2020 年以来，公司累计捐款 140 万元，助力发展浦东慈善公益事业，特别是新冠疫情发生以来，公司捐赠 100 万元用于疫情防控。公司在服务于载人航天飞船、探月运载火箭、中国商飞、北京大兴国际机场、上海浦东国际机场等国家战略和重大工程的同时，不断探索公益实践，曾荣获 2019 年度浦东新区"光彩事业贡献奖"。

序号10　上海龙宇燃油股份有限公司

龙宇燃油股份有限公司自创立以来，始终将履行社会责任、投身公益慈善融入企业发展中。2018 年，公司向上海市儿童基金会捐赠 500 万元，成立"龙宇爱心公益专项基金"。在该基金的资助下，青海、新疆等地区的上千名疑似先心病患儿完成了现场筛查。同时，向上海市 27 所高等院校的 129 名贫困少数民族大学生提供连续三年的助学金。在新冠疫情防控期间，公司组织员工开展了"抗击疫情、共担使命"活动，共计捐款 12 万元，捐赠医用口罩 30000 只，医用防护服 5000 套，公司数字生态业务积极配合阿里巴巴免费开放了 AI 算力，全面助力新冠疫苗研发。公司曾多次荣获"上海市文明单位"称号，2018 年被评为上海市儿童基金会"爱心企业"。

第二十届浦东新区"慈善公益联合捐"
慈善公益优秀代表（项目类）

序号1　"洋泾少年志"中学生社区公益挑战赛

以培养社区青少年志愿者领袖为使命的"洋泾少年志"中学生社区公益挑战赛项目，自 2014 年启动至今，已培育青少年志愿者 500 余名，完成社区微公益项目 35 个，社区服务受益者 5000 余人次，累计服务时间超过 10000 小时。项目入选"2015～2016 年 ME 全国创新资助基金计划"（中国扶贫基金会），并先后荣获 2014 浦东新区"暑期未成年人暑期工作优秀项目"、"2019 公益之申十佳公益项目"等称号，项目团队获评"2018～2019 年度上海市志愿服务先进集体"。

序号2　浦东新区人民医院"慢时光"志愿服务项目

浦东新区人民医院"慢时光"志愿服务项目，是一支由社工、临床多学科医护人员和红十字志愿者组成的认知症关爱志愿服务团队，为病房内认知症长者开展小组及"一对一"陪伴服务，形成"时光剧院""手作课堂""健康讲堂""每月乐事"四大特色服务，已累计1203人次受益。项目通过建章立制、创新机制和产品开发，公益筛查和科普活动辐射影响力不断提升，覆盖医院周边19个村居1407位65周岁以上的老人，提升了百姓对认知症的知晓率和重视度，让社会增强了对认知症群体的爱、理解与包容。

序号3　快乐老家——农村老人抱团养老志愿者服务项目

"快乐老家"项目针对农村社会管理实践中的养老服务难题，首创抱团式互助养老服务。短短五年间实现镇域全覆盖，将村组有服务需求的老年人凝聚成活动组，已形成57个睦邻点，周期参与人数不少于500人，辐射人群达到3000人。快乐老家定期开展活动，丰富老年人的文化娱乐生活，还举行养老维权、询医问诊以及医保政策专题咨询。以不离乡土、不离乡邻、不离乡音、不离乡情的方式，提升老年人的生活质量和幸福指数。村舍邻里之间，志愿奉献守望相助，"点"上热心服务，百姓交口称赞，在银发族的笑脸之中感受到浓厚公益精神。

序号4　你愿我圆——龚路中心小学"点亮微心愿"志愿服务项目

你愿我圆——龚路中心小学"点亮微心愿"志愿服务项目发起于2015年。截至2022年，项目共计通过"浦东党建"网认领和自主征集并完成群众微心愿170多个，累计帮困金额8万余元，受惠人数达500多人。项目以"广泛征集，力所能及"为工作基础，以"身边需要帮助的人"为服务对象，服务范围覆盖南汇新城、泥城、老港、金桥、潍坊新村、金杨新村等街镇，以及曹路镇域内东海村、龚路新城等十多个村、居委，为困难群众解燃

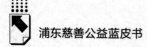

眉之急，为他们送上急需的帮困物品，受到了困难群众和社区、居委的一致好评。本项目曾荣获曹路镇"四星志愿服务项目"称号。

序号5 长三角雏鹰筑梦——新阳光生命关爱项目

"长三角雏鹰筑梦——新阳光生命关爱项目"包括"病房学校"和"膳食营养支持"项目。面向在沪就医的长三角地区困难家庭的大病住院儿童，开展患儿陪伴式教育，让他们不因病情推迟或中断幼儿教育。2020 年 4 月至 2021 年 4 月，共完成线上和线下教学 876 节课，一对一陪伴课程 34 节，共服务患儿 2998 人次，服务家长 101 人次。课程涵盖社会、科学、艺术、语言和健康五大门类，实现了知识技能传授与社交能力培养的双重目标，孩子们重拾往日笑容。参与线上线下服务的志愿者达 756 人次，共计服务时长 434 小时。未来，他们也将一如既往地呵护每一个孩子受教育的权利。

序号6 羽之爱特殊儿童青少年羽毛球训练营

羽之爱特殊儿童青少年羽毛球训练营，成立于 2017 年，瞄准解决特殊孩子"缺乏运动、缺少教练"的社会问题，是目前国内第一家也是唯一一家只为特殊儿童提供专业羽毛球培训的公益性机构。训练营以公益为初心，前三年全部免费提供专业服务。伴随社会影响力不断提升，入营儿童人数不断增加，第 4 年开始公益收费，截至目前已累计培训特殊儿童 600 多名，得到了学生和家长的广泛欢迎。训练营负责人赵勇曾被浦东新区残联评为 2020 年度"十佳助残志愿者"。

序号7 "快乐农夫"失独家庭田园工作坊

"快乐农夫"项目由政府主导、企业出资、社会组织运作三方合作模式开展，是专为失独家庭的老人提供的自助互助公益平台，使其能够以"受助-自助-互助"的模式进行转变。项目自 2018 年开展至今，通过田园主题活动、农耕实践、DIY 农作物等环节，让失独家庭的老人感受收获时的满足，营造助人自助的和谐氛围，加强服务对象对群体的归属感，融入志愿者的协调帮扶作用，在劳作中培养愉悦的心情，领悟生命的意义，最终树立积极向上的生活态度。

序号8　一心公益心理体验剧

一心公益心理体验剧项目始于 2017 年，由上海市实验学校东校爱心家长发起，目前共有专家讲师 6 名、领航员 5 名、编导 5 名和家长、儿童青少年演教员志愿者近百名。心理体验剧项目致力于减少家庭教育问题对青少年心理健康的不良影响，协助家长和青少年共同成长。成立以来，项目团队聚焦家庭教育、亲子关系、家校合作、未成年人发展与安全等难点、痛点问题，指导家长分享家庭教育中的挑战和解决方案，目前已创作经典剧目 6 个，已在中小学校、居民社区及企业园区共完成 44 场原创剧的公演，观演人群逾 5660 人次，线上观众逾 10000 人次。

序号9　陆家嘴社区长者膳食改善计划

陆家嘴社区长者膳食改善计划通过党建联建等形式，让区域内各类有社会责任感的企业有针对性地参与其中，以为老助餐为核心，依托以社区长者食堂为中央枢纽的为老供餐体系，在给予 60 岁以上老人 9 折、75 岁以上老人 8.5 折的普遍性优惠折扣基础上，对特殊标识老人每天每餐再减 3~5 元，让有限的资源更加精准地覆盖到刚需老人。该项目实施以来，参与企业已从 6 家扩展到 13 家，充分激发了企业的社会责任感，引领了全社会尊老助老新风尚。同时，项目内容也由为老助餐延伸至老年人空调检修清洁等助老服务。

序号10　"善行川沙·益起走"

"善行川沙·益起走"是浦东新区川沙新镇"慈善公益联合捐"的品牌项目，引领多元主体开展扶贫、敬老、救孤、恤病、助残等慈善项目和社区志愿服务项目。自 2016 年以来，项目牢记扶贫济困的慈善宗旨，得到了川沙新镇各界人士的积极支持，最大规模时有 3000 余人同时参与线下徒步活动，并拓展至线上同步举行，项目开展后 6 年间共募集善款 2083.91 万余元，用于全镇六大社区的慈善公益爱心项目。2020 年新冠疫情发生以来，川沙新镇陆续收到企业及个人定向捐赠的抗疫款 417.08 万元，逐步形成了媒体公益宣传、居民随手公益互助、社会资源良性导入、企业树立慈善文化价值的"善行川沙"慈善事业格局。

第二十届浦东新区"慈善公益联合捐"
慈善公益优秀代表（组织类）

序号1　浦东新区老港慈爱公益服务社

老港慈爱公益服务社自 2018 年运营以来，倾力开展爱心券物资发放和福彩销售，协助发放各条线公益物资，并与工会、残联、社联会等单位合作，设计"老有所依""真情筑军魂""米足珍贵"等爱心项目，开设青少年公益体验岗位、退役军人志愿服务、"巾帼买菜队"等为民服务项目，深受群众欢迎。服务社成立以来共计开展各类帮扶公益活动 85 次，协助筹集慈善联合捐善款约 360 万元，发放帮扶资金 81 万余元，发放物资价值 40 万余元，受益者达 11000 余人次，同时引入浦东对口扶贫地区的农副产品。2020 年起，服务社陆续为云南省祥云县、巍山县、漾濞县等筹集输送帮扶物资约 117 万元。

序号2　上海市张江科学城发展事务协商促进会

张江科学城发展事务协商促进会（简称张江发促会）是浦东新区社团管理局和张江科学城建设管理办公室指导下的社团组织。近年来，张江发促会积极推动张江科学城的慈善公益事业，多次成功主办"张江慈善快乐跑"活动，动员企业参加"上海市公益伙伴日"活动，通过多种途径宣传带动张江园区企业积极投身慈善公益事业。2020 年，面对突如其来的新冠疫情，张江发促会采取积极行动，一方面积极协助张江企业复工复产，另一方面多方联络和发动企业，组织抗疫物资捐赠活动。张江发促会以绵薄之力，成为链接科学城园区企业的慈善纽带，为建设和谐社会尽一份心力。

序号3　浦东新区惠南镇人民政府

惠南镇党委、政府一贯坚持"依靠社会办慈善、办好慈善为社会"的方针，扎实有效地开展慈善募捐活动及各项救助工作。镇政府将"慈善公益联合捐"活动纳入年度重点工作，主要领导牵头，职能部门配合，社会各界踊跃参与的慈善事业格局已在全镇形成。每年，惠南镇通过开展全镇倡议、"幸福惠南"公众号等媒体宣传、慈善活动村居全覆盖等方式营造浓郁氛围，推荐宣传在慈善公益事业中涌现的标杆企业和先进个人。救助项目不断扩大，2021年发布了15个"蓝天下的至爱"项目，切实解决辖区内的弱势群体、残疾人、百岁老人、优抚对象、困境儿童等群众的生活、就学、医疗等难题。2021年初，惠南镇第十九届"慈善公益联合捐"共计募集资金500万元，参与捐赠单位1500家，捐赠个人达32000人。

序号4　上海春禾青少年发展中心

春禾青少年发展中心成立于2013年，专注于青少年创新思维、科学素养与人文情怀的培育，通过智力扶贫的方式帮助贫困地区的教育均衡发展，以促进教育公平。春禾通过开发研究性课程培养教师，开设春禾社团，组织ETS大会等形式使越来越多的学生培养独立思考能力，也能培养团队协作精神，展现自身潜力。截至2021年7月，"春禾启梦计划"已覆盖12个省市，资助120多所中学，累计投入资金700万余元，超过40万名学生受益，培训8000余位乡村教师。曾荣获第十届中国公益节"2020年度公益项目奖"、浦东新区"示范校社会组织奖"。

序号5　上海永达公益基金会

永达公益基金会从2017年成立至今，资助项目覆盖关爱老人、关爱儿童、关注教育、关注贫困等。2020年，基金会向上海市慈善基金捐赠1000

万元成立专项基金，用于慰问驰援武汉抗击疫情的上海医疗队。此后，又追加了专项基金，为2000名参与抗疫的优秀养老院护理员发放了慰问金。截至2021年，永达集团及永达公益基金会共捐赠947.6万元给浦东新区合庆镇，对重病患者、贫困学生、失独家庭等对象进行关爱。2021年基金会被评为"上海市交通文明公益联盟合作单位"。2019年、2021年荣获合庆镇"慈善之星贡献奖"。

序号6　浦东新区唐镇社区公益基金会

唐镇社区公益基金会成立于2017年，是全市镇级第一家非公募基金会，旨在通过社社、社企合作，造福社区群众，助推社区发展。基金会现有理事共23名，注册资金200万元。近年来，基金会搭建平台，整合资源，为社区配送公益课程，支持建立唐镇公益摄友会，开展"小善大爱·与爱同行"公益义卖等。基金会积极关注地区校园文化建设，在唐镇小学、唐镇中学、福山唐镇外国语小学等成立文体社团，开展社区义演，弘扬仁慈友爱、包容互助的人文理念。新冠疫情期间，基金会也积极行动起来，通过理事单位协调34间房间用于外地返沪人员隔离点，为抗疫提供暖心的人性化服务。

序号7　上海洋泾社区公益基金会

自2014年起，洋泾社区公益基金会承办"洋泾公益慈善联合捐"，累计为社区动员募集善款约420万元，并实施了"爱心一家门——儿童一日劝募活动"、"小小劝募员"、"洋泾一日捐"社区微公益项目资助计划、"洋泾爱心食物包"等项目，充分调动社区不同年龄层参与公益慈善活动的积极性。基金会首创了居民捐赠人参与资助项目评审的参与式资助方式，提升了资助项目的公开透明及居民的认同感。

序号8　中共上海市浦东新区区级机关工作委员会

中共上海市浦东新区区级机关工作委员会创立的"一日捐"活动，于每年度新年首个工作日举行。由新区四套班子领导带头，区级机关各基层党支部的广大干部职工自发捐出一日工资，表达区级机关干部职工对社会困难群体的关注和爱心。作为系列活动的组成部分，"冬日暖阳"爱心义卖活动也同期开展，募集的善款全部用于浦东新区区级机关帮困结对助学活动。自2001年以来，活动累计捐款1700万余元，累计10000余人次的贫困学生得到了区级机关各级党组织和干部的资助。

序号9　浦东新区少数民族联合会

自2019年来，浦东新区少数民族联合会（以下简称区民族联）共投入3000多人次参与清真食品义务监督公益巡查活动。花木街道民族联分会自2008年以来，坚持每年为社区40位食用清真餐的高龄老人送餐上门，累计服务20万余人次。2020年新冠疫情发生后，区民族联立即向浦东新区红十字会捐款20万元，并牵头民族联体系开展募集，为浦东抗疫捐赠了785.5万元的现金和物资。同时，自2020年起，区民族联启动"民族雏鹰公益推优助学帮扶接力行动"，由浦东少数民族志愿者与推选出的受助优秀少数民族学生"一对一"结对，公益助学的同时传递民族青年的志愿精神。

序号10　浦东新区张江镇人民政府

自2003年"慈善公益联合捐"活动开展以来，张江镇党委、政府，联合辖区内企事业单位、集体和个人投入到慈善事业，在张江这片沃土上培育慈善公益之树。早在2002年，张江镇党委、政府便在浦东率先建立"政府保障基金"，资助因大病重病、意外风险而生活困难的家庭和特困学生等。2007年起，张江镇对积极参与慈善活动的单位和个人进行"慈善之星"的评选，通过表彰，向全社会倡导慈善公益。张江镇慈善超市作为浦东运营面积最大的慈善超市之一，深受周边群众欢迎。2021年初，张江镇"慈善公益联合捐"共计募集资金500万元，参与捐赠单位180家，捐赠个人达7000人次。

后　记

　　浦东慈善公益蓝皮书顺利延续，继首次出版《浦东慈善公益事业发展报告（2021）》之后，今年呈现在读者面前的是《浦东慈善公益事业发展报告（2023）》。第一本蓝皮书对浦东开发开放 30 年来慈善公益事业发展的总体情况和主要领域的历程、现状、经验、特点、挑战等进行了全面系统深入的研究。本次是第二本蓝皮书，立足浦东打造社会主义现代化建设引领区新的历史方位的开局之年，全面回顾了 2021~2022 年浦东慈善公益的发展状况。

　　上海市浦东新区民政局和上海社会科学院社会学研究所联合成立总课题组，邀请上海高校科研机构和慈善公益组织的专家学者共同完成本书相关报告的撰写，并聘请顾问和成立编委会，对全书的主题定位、结构框架、篇章目录等进行多次深入研讨，以确保全景式、真实，又有重点地展示近两年浦东慈善公益的成绩亮点与发展趋势。像首本蓝皮书一样，本书每一篇报告都经过了开题、提纲讨论、初稿评审、修改、定稿等多个环节，以保证报告在主题、内容、质量上都符合蓝皮书的出版标准。这本蓝皮书还有一个特点就是恩派公益、恩派公益基金会、上海真爱梦想公益基金会、上海陆家嘴金融城发展基金会、上海公益社工师事务所等浦东的代表性慈善公益组织也加入研究和写作团队。在这个多元主体联动协作的过程中，浦东新区民政局各处室密切协作，基层政权和社区建设处、社会组织管理处、社会福利处、社会救助和社会事务处都深度参与，并积极组织联系了浦东新区应急管理局、浦东新区金融工作局、浦东新区妇联、浦东新区残联、上海市浦东新区金融促进会、上海市浦东新区企业和企业家联合会、养老服务行业协会等以便专家学者开展深入的调查研究，相关部门也对报告的资料收集给予了大力支持，在此谨对所有关心浦东慈善公益蓝皮书的领导、专家和朋友们表示最诚挚的感谢！

原上海市民政局局长马伊里、原上海市法治研究会常务副会长施凯、上海交通大学中国公益发展研究院院长徐家良等专家在报告开题和稿件评审方面给予了宝贵的指导意见。浦东新区民政局基层政权和社区建设处、浦东新区慈善事业和社会工作发展中心的相关负责同志，以及上海市浦东新区社会组织合作促进会秘书长林怡琼等，为蓝皮书的调研和协调提供了大力帮助。上海社会科学院社会学研究所所长李骏负责统筹、协调、统稿，助理研究员苑莉莉和研究生於阅参与了资料搜集、统稿排版和项目协助。在此致以特别的谢意！

受时间、人力和资料等条件所限，本书难免有疏漏不足之处，还请各位读者谅解指正。衷心希望上海、全国乃至世界范围内的各界人士继续关注和支持浦东的慈善公益事业发展，助力浦东全力打造社会主义现代化建设引领区！

Abstract

After 30 years of rapid development brought by opening-up of Pudong, Pudong philanthropy has entered a new era and embarked on a new journey. According to the "Opinions of the CPC Central Committee and the State Council on Supporting the Pudong New Area in Building Itself into a Leading Area in Socialist Modernization through High-standard Reform and Opening-up" issued by the CPC Central Committee and the State Council in 2021 and the "14th Five-Year Plan" of Pudong New Area and Pudong Civil Affairs, Pudong's philanthropic development is in the new historical position of creating a leading charitable area. The year 2021 the opening and starting year of this new historical position.

This report comprehensively reviews the development of philanthropy in Pudong from 2021 to 2022. Even after three years of the Covid-19 epidemic, Pudong's philanthropy development index, especially the first-level indicators of volunteer services, social organizations, and base stations, still rose steadily year by year. Philanthropic public welfare in Pudong has made solid achievements in the five key areas of improving the quality and efficiency of social organizations, cultivating morality by accumulating good deeds, integrating into the community at the grassroots level, pooling strength to improve people's livelihoods, and focusing on the center to serve the overall situation. It comprehensively explains the important role of Pudong's emergency charity, volunteer services, and the construction of street and town social workstations in social governance and grass-roots governance. It also focuses on the contribution of charitable services in the areas of social assistance, services for the elderly, the career of the disabled, and the stimulation of women's power in the field of people's livelihoods. Based on Pudong's position in the construction of Shanghai's international financial center, we particularly examine the development status of Pudong's finance for good, the digitization of public welfare foundations, corporate philanthropy, as well as Pudong's experience and initiatives of philanthropy's participation in the national strategy of rural revitalization. The book includes cases of Shanghai Yanjing Community Welfare Foundation, Shanghai Siming Medical Development Foundation, and Buy42 Charity Supermarket, as well as materials of outstanding representatives of the 20th Pudong New Area Charity and Public Welfare Joint Donation.

Based on the development of Pudong philanthropy and public welfare, suggestions are put forward in response to five strategic positioning of the central state, four developing areas of Pudong, and "5 + 1" system of the civil affairs department. The countermeasures proposed include the lead of good economy and common wealth, the lead of good governance and system construction, the lead of community charity and the linkage of five social departments, the lead of technology and digitalization, and the lead of creativity and independent innovation, which aim at facilitating Pudong to open up the path of developing charity leading district with Chinese characteristics, and forming the leading district of socialist modernization with warmth and love.

Keywords: Pudong; Charity and Public Welfare; Leading Zone; Five Good Leads

Contents

I   General Report

Abstract: 30 years after the development and opening-up of Pudong, philanthropic public welfare is in a new historical position of creating a leading area for socialist modernization. The Covid−19 epidemic has made philanthropic public welfare a positive force for stable development, and the overall philanthropic development has been rising steadily year by year. From 2021 to 2022, Pudong philanthropic public welfare has made solid achievements in improving the quality and efficiency of social organizations, cultivating the spirit of virtue and good deeds, integrating into the community at the grassroots level, gathering strength to improve the people's livelihoods, and serving the overall situation. This has initially reflected the essence of creating a philanthropic leading area in Pudong. In response to the requirements of the central state, district Pudong, and civil affairs department, the key focuses and countermeasures for the "five good leads" of Pudong's philanthropic public welfare have been put forward. The "five good leads" includes the lead of good economy and commonwealth, the lead of good governance and system construction, the lead of community charity, the lead of science and technology for good and digitalization, the lead of creation and independent innovation.

Ⅱ   Special Reports

Abstract: This report continues to use the index system of the 2021 Pudong Philanthropy Index Report to assess the development of philanthropy in Pudong. The results of the vertical comparison show that the overall index of philanthropy development in Pudong has steadily improved. There are large differences among streets and towns in the degree of philanthropy development. Numbers of innovative cases have emerged in streets and towns in terms of mechanism and program operation. Based on the analysis, the report proposes to encourage the participation of multiple subjects and enhance the digital construction of philanthropy, to solve the current problems in the development of Pudong's philanthropy.

Keywords: Philanthropy Index; Digital Construction; Multi-Subject Participation

Abstract: Social workstation built in street and town is a new form of organization for grassroots social governance, which has a close correlation with community philanthropic public welfare in terms of value, service subject, practice, and goal. Pudong social workstations play positive roles in the development of philanthropic public welfare. They help to cultivate empowerment, build platforms,

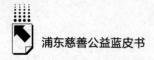

link organizations, integrate philanthropic resources, link public welfare forces, build service network, optimize governance ecology. However, they are also faced with problems, such as the platform positioning ambiguity, the lack of professional talents, resources, weak sustainability. They should be improved by clarifying the structural positioning, strengthening the mechanism construction, insisting on charity, and improving incentives and guarantees.

Keywords: Social Work; Social Workstation; Philanthropic Public Welfare; Grassroots Social Governance

B.4　Digital Development Report on Pudong Public
Welfare Foundation　　　*He Yanli*, *Ji Hongying* / 062

Abstract: Digital technology has facilitated the efficient aggregation of philanthropic resources in the public welfare industry and promoted the development of public welfare digitization, profoundly changing the operation mode of traditional philanthropic public welfare. Public welfare organizations, represented by public welfare foundations, need to seek new development directions in the irreversible wave of the digital era. We select representative foundations in Shanghai Pudong that carry out digitalization practice for research and analysis. The results reveal that the degree of digitalization practice of foundations presents three different forms, so we put forward the suggestion that foundations need to carry out digitalization reform practice through both internal reform and introduction of external resources.

Keywords: Public Welfare Foundation; Public Welfare Digitalization; Digital Transformation

B.5　Report on Pudong's Financial Development Toward Goodness
Zhu Qiuxia, *Zheng Xiaofang*, *Qi Xinyu and Shen Qun* / 079

Abstract: This report describes and analyzes the background, meaning, function and characteristics of the development of finance for good in Pudong New Area in recent years, and highlights its innovative practices in the field of philanthropic finance, including the issuance of financial products with public welfare attributes, the development of specialized products for preserving and increasing the value of charitable assets, impact investment, credit card points donation and so on. We put forward three suggestions i in the light of the practical dilemmas faced by Pudong's innovation in the field of finance for the common good, such as improving the charitable tax incentive mechanism, creating an encouraging ecological environment for the preservation and appreciation of charitable assets, and vigorously promoting the development of impact investment.

Keywords: Finance for Good; Commonwealth; Charity Finance

III Field Reports

Abstract: Emergency charity is an important part of philanthropy in Pudong. Based on the emergency management from 2021 to 2022, charitable organizations have become an important force in Pudong's emergency management. The role of charitable organizations in emergency management is attributed to the fact that the Party Committee and the government of Pudong have included the participation of charitable organizations in the overall layout of the construction of resilient city, which is of strong and powerful support to charitable organizations. Charitable organizations actively play the role of subject synergy and resource integration and are adept at future-oriented learning and growth in their participation. The future development of emergency charity in Pudong is still in progress. There remains to be room for the future development of emergency charity in Pudong, which requires the promotion of multiple subjects.

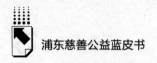

浦东慈善公益蓝皮书

Keywords: Charitable Organizations; Emergency Management; Emergency Charity; Resilient City

B.7 Report on Pudong Volunteerism Toward
High-Quality Connotative Development　　*Qiu Xiaolan* / 114

Abstract: In recent years, Pudong New Area has mobilized and coalesced a wide range of social forces to participate in volunteer activities and projects in various forms and with rich contents. The development of volunteer services has shown a basic trend of steadily advancing from the stage of quantitative scale enhancement to the stage of high-quality and connotative development. However, it also shows some deficiencies in the aspects of institutionalized protection, standardized management, and social development. Standing on the age of new era, Pudong should closely follow the new requirements, transforming the spirit of dedication, fraternity, mutual help, progress into enhancing the soft power of the leading district and promoting the high-quality development practice.

Keywords: Volunteerism; High-Quality Development; Social Governance

B.8 Report on the Development of Pudong's Charity
Power for Rural Revitalization　　*Zhu Zhiyan* / 129

Abstract: Charitable power has important significance of value in rural revitalization. In 2022, Pudong social organizations involved in counterpart support, continuing to consolidate and expand the results of poverty alleviation, and comprehensively completed the rural revitalization of counterpart support area. In Pudong's rural revitalization, cases using charity to help rural revitalization are not rare, such as social organization brand project to help Pudong rural revitalization; regionalization of party building and public welfare charity combination for rural revitalization power; village and community joint efforts to explore Pudong rural revitalization model. In the future, we should explore the change from small charity to big charity. The depth and strength of charity power to help rural revitalization in Pudong should be enhanced and strengthened.

Keywords: Charity Power; Rural Revitalization; Counterpart Support

B. 9   Report on the Development of the "3A" System
of Pudong's Social Forces Participating
in Service-Oriented Social Assistance

Xu Yanping, Zhang Huimin and Yuan Weiye / 145

Abstract: Pudong attaches great importance to the exploration of the participation of social forces in service-oriented social assistance, and actively constructs the "3A" system of service-oriented assistance based on the demand-oriented approach. By designing a hierarchical, graded, and guided service-oriented assistance system and developing a series of precise assistance programs, a pattern of multiple participation of social forces in social assistance has been established, which helps the recipients to realize self-confidence, self-reliance, and self-improvement.

Keywords: Social Force Participation; Service-Oriented Assistance; "3A" System

B. 10   Report on the Innovative Development of the Disabled
Career in Pudong   *Tang Youcai, Liang Tukun* / 162

Abstract: The career of the disabled is an important part of the socialist cause with Chinese characteristics, and helping the disabled is an important symbol of the progress of social civilization. In the process of promoting the high-quality innovative development of the career of people with disabilities, Pudong presents

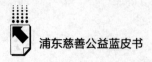
the characteristics of community-based disability service, socialized disability service operation, digitalized disability service management, professionalized disability service activities and branded disability service projects. It provides important insights in terms of innovative disability service carriers, diversified disability service subjects and integrated disability service models.

Keywords: Disabilities; Disability Assistance; High-Quality Development; Model Innovation

B.11 Report on the Development of Pudong's Charity
and Public Welfare Services for the Elderly *Peng Cong* / 179

Abstract: This report tries to sort out the practice and experience of Pudong's charitable and public welfare assistance for the elderly services since 2021. It also shows the picture of Pudong's charitable and public welfare power continuously supporting the development of human, financial and material resources in the field of elderly services since the 14th Five-Year Plan. Countermeasure suggestions are put forward, such as clarifying the positioning of charitable and public welfare assistance for the elderly services, reinforcing the role and mechanism of the party's leading role in the field of voluntary services for the elderly, digging into the depth of technology to improve the effectiveness of charitable, further liberalizing the registration of charitable organizations, and promoting the development of charitable and public service for the elderly in the community.

Keywords: Population Aging; Elderly Service; Charity and Public Welfare

B.12 Report on "She Power" Development of Pudong
Women Philanthropy *Yuan Lili* / 195

Abstract: Focusing on Pudong leading area construction, women's charitable and public welfare builds the leading power of "she power" through the mechanism of capacity building. From 2021 to 2022, the formation of a mechanism of organizational capacity building was built with the group organizations, diversified social organizations and self-governance organizations, to drive women to participate in the innovation of social governance and build a charitable and public welfare eco-system together.

Keywords: Women Philanthropy; Capacity Building; Leadership

B. 13 Pudong Corporate Philanthropy Development Report

Xu Ling, Wang Hao / 210

Abstract: In recent years, Pudong has attached great importance to the construction of corporate social responsibility system, supporting enterprises to grow bigger and stronger while guiding them to actively undertake charitable and public welfare responsibilities. The roles corporates play become more and more important in charitable donations, volunteer services, rural revitalization, counterpart assistance, grassroots governance and so on. However, corporate philanthropy is also faced with difficulties and challenges, such as the imperfection of the regulatory and institutional system, the low level of development of charitable and public welfare organizations, the lack of corporate philanthropic strategic planning, and the lack of corporate philanthropic operation and management capabilities. In this regard, it is necessary to further effectively play the leading role of the government, the main role of enterprises and the role of social forces in supervision.

Keywords: Corporate Philanthropy; Public Welfare; the Third Distribution

B. 14 Report on Pudong Community Philanthropy Platform

Development *Lu Yongbin, Wang Shanghao* / 229

Abstract: Community philanthropy is the core of grassroots philanthropic ecology for the development of public welfare in China. Based on the redefinition of the logic of community philanthropy, Shanghai has adopted the strategy of developing charity supermarkets and community foundations to promote the progress of community philanthropy. Pudong has always been at the forefront of community charity innovation and exploration. By analyzing the practical experience, operation mode and service effectiveness of Pudong's community philanthropy promotion platform, we can understand the current development level of community philanthropy and predict its future.

Keywords: Community Philanthropy; Community Foundation; Charity Supermarket; Community Philanthropy Platform

IV   Case Reports

B . 15   Shanghai Yanjing Community Welfare Foundation

Ren Yanping / 253

Abstract: Shanghai Yanjing Community Welfare Foundation is the first community foundation initiated by the street in Shanghai and obtains the qualification as public equity fund. Over the years, the Foundation has been focusing on the diversified needs of the community, integrating the internal and external resources of the community to build a platform for the management of community charitable and public welfare resources and effective funding. Through the "five social linkages", community volunteers and community social organizations are nurtured and incubated to effectively play the important role in community charity and public welfare, in promoting the participation of diversified subjects in community assistance, community service, community governance, and the effectiveness of the construction of the community governance.

Keywords: Community Foundation; Community Charity; Social Governance

B. 16   Shanghai Siming Medical Development Foundation

Xu Yun / 260

Abstract: Shanghai Siming Medical Development Foundation follows the national health development strategy, supporting and promoting the construction and development of the medical career. It realizes its mission by financing various medical teaching and scientific research projects, medical personnel training projects, cooperation projects for medical development, improvement of medical facilities and hospitals, and helping the poor people, etc. By mobilizing the participation of social forces, Siming Medical Development Foundation promotes the construction and development of the medical career.

Keywords: Foundation; Medical Career; Talent Cultivation

B. 17   Buy42 Charity Supermarket: Pudong Public Welfare

Liberal Study Program as an Example   *Jiang Shujie* / 265

Abstract: Buy42 pioneered a liberal study course based on the charity supermarket, which expands the community service function of the charity supermarket. It makes the supermarket a community impact center that can reach more age groups and injects vitality into the sustainable growth of the organization. The project was incubated in Pudong, replicated in various districts of Shanghai, and then moved to other cities across the country, demonstrating that investing small amounts of innovation capital in a high-performance team with clear project logic and the courage to innovate can achieve good and widespread social impact.

Keywords: Charity Supermarket; Community Service Innovation Program; Public Education

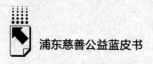

社会科学文献出版社

皮 书

智库成果出版与传播平台

❖ 皮书定义 ❖

皮书是对中国与世界发展状况和热点问题进行年度监测,以专业的角度、专家的视野和实证研究方法,针对某一领域或区域现状与发展态势展开分析和预测,具备前沿性、原创性、实证性、连续性、时效性等特点的公开出版物,由一系列权威研究报告组成。

❖ 皮书作者 ❖

皮书系列报告作者以国内外一流研究机构、知名高校等重点智库的研究人员为主,多为相关领域一流专家学者,他们的观点代表了当下学界对中国与世界的现实和未来最高水平的解读与分析。

❖ 皮书荣誉 ❖

皮书作为中国社会科学院基础理论研究与应用对策研究融合发展的代表性成果,不仅是哲学社会科学工作者服务中国特色社会主义现代化建设的重要成果,更是助力中国特色新型智库建设、构建中国特色哲学社会科学"三大体系"的重要平台。皮书系列先后被列入"十二五""十三五""十四五"时期国家重点出版物出版专项规划项目;自2013年起,重点皮书被列入中国社会科学院国家哲学社会科学创新工程项目。

皮书网

（网址：www.pishu.cn）

发布皮书研创资讯，传播皮书精彩内容
引领皮书出版潮流，打造皮书服务平台

栏目设置

◆ **关于皮书**
何谓皮书、皮书分类、皮书大事记、
皮书荣誉、皮书出版第一人、皮书编辑部

◆ **最新资讯**
通知公告、新闻动态、媒体聚焦、
网站专题、视频直播、下载专区

◆ **皮书研创**
皮书规范、皮书出版、
皮书研究、研创团队

◆ **皮书评奖评价**
指标体系、皮书评价、皮书评奖

所获荣誉

◆ 2008 年、2011 年、2014 年，皮书网均
在全国新闻出版业网站荣誉评选中获得
"最具商业价值网站"称号；
◆ 2012 年，获得"出版业网站百强"称号。

网库合一

2014 年，皮书网与皮书数据库端口合
一，实现资源共享，搭建智库成果融合创
新平台。

皮书网

"皮书说"
微信公众号

权威报告·连续出版·独家资源

皮书数据库
ANNUAL REPORT(YEARBOOK)
DATABASE

分析解读当下中国发展变迁的高端智库平台

所获荣誉

- 2022年，入选技术赋能"新闻+"推荐案例
- 2020年，入选全国新闻出版深度融合发展创新案例
- 2019年，入选国家新闻出版署数字出版精品遴选推荐计划
- 2016年，入选"十三五"国家重点电子出版物出版规划骨干工程
- 2013年，荣获"中国出版政府奖·网络出版物奖"提名奖

皮书数据库   "社科数托邦"
　　　　　　　微信公众号

成为用户

　　登录网址www.pishu.com.cn访问皮书数据库网站或下载皮书数据库APP，通过手机号码验证或邮箱验证即可成为皮书数据库用户。

用户福利

- 已注册用户购书后可免费获赠100元皮书数据库充值卡。刮开充值卡涂层获取充值密码，登录并进入"会员中心"—"在线充值"—"充值卡充值"，充值成功即可购买和查看数据库内容。
- 用户福利最终解释权归社会科学文献出版社所有。

数据库服务热线：010-59367265
数据库服务QQ：2475522410
数据库服务邮箱：database@ssap.cn
图书销售热线：010-59367070/7028
图书服务QQ：1265056568
图书服务邮箱：duzhe@ssap.cn

社会科学文献出版社 皮书系列
SOCIAL SCIENCES ACADEMIC PRESS (CHINA)

卡号：275972277746
密码：

S 基本子库
UB DATABASE

中国社会发展数据库（下设 12 个专题子库）

紧扣人口、政治、外交、法律、教育、医疗卫生、资源环境等 12 个社会发展领域的前沿和热点，全面整合专业著作、智库报告、学术资讯、调研数据等类型资源，帮助用户追踪中国社会发展动态、研究社会发展战略与政策、了解社会热点问题、分析社会发展趋势。

中国经济发展数据库（下设 12 专题子库）

内容涵盖宏观经济、产业经济、工业经济、农业经济、财政金融、房地产经济、城市经济、商业贸易等 12 个重点经济领域，为把握经济运行态势、洞察经济发展规律、研判经济发展趋势、进行经济调控决策提供参考和依据。

中国行业发展数据库（下设 17 个专题子库）

以中国国民经济行业分类为依据，覆盖金融业、旅游业、交通运输业、能源矿产业、制造业等 100 多个行业，跟踪分析国民经济相关行业市场运行状况和政策导向，汇集行业发展前沿资讯，为投资、从业及各种经济决策提供理论支撑和实践指导。

中国区域发展数据库（下设 4 个专题子库）

对中国特定区域内的经济、社会、文化等领域现状与发展情况进行深度分析和预测，涉及省级行政区、城市群、城市、农村等不同维度，研究层级至县及县以下行政区，为学者研究地方经济社会宏观态势、经验模式、发展案例提供支撑，为地方政府决策提供参考。

中国文化传媒数据库（下设 18 个专题子库）

内容覆盖文化产业、新闻传播、电影娱乐、文学艺术、群众文化、图书情报等 18 个重点研究领域，聚焦文化传媒领域发展前沿、热点话题、行业实践，服务用户的教学科研、文化投资、企业规划等需要。

世界经济与国际关系数据库（下设 6 个专题子库）

整合世界经济、国际政治、世界文化与科技、全球性问题、国际组织与国际法、区域研究 6 大领域研究成果，对世界经济形势、国际形势进行连续性深度分析，对年度热点问题进行专题解读，为研判全球发展趋势提供事实和数据支持。

法律声明

"皮书系列"（含蓝皮书、绿皮书、黄皮书）之品牌由社会科学文献出版社最早使用并持续至今，现已被中国图书行业所熟知。"皮书系列"的相关商标已在国家商标管理部门商标局注册，包括但不限于LOGO（ ▧ ）、皮书、Pishu、经济蓝皮书、社会蓝皮书等。"皮书系列"图书的注册商标专用权及封面设计、版式设计的著作权均为社会科学文献出版社所有。未经社会科学文献出版社书面授权许可，任何使用与"皮书系列"图书注册商标、封面设计、版式设计相同或者近似的文字、图形或其组合的行为均系侵权行为。

经作者授权，本书的专有出版权及信息网络传播权等为社会科学文献出版社享有。未经社会科学文献出版社书面授权许可，任何就本书内容的复制、发行或以数字形式进行网络传播的行为均系侵权行为。

社会科学文献出版社将通过法律途径追究上述侵权行为的法律责任，维护自身合法权益。

欢迎社会各界人士对侵犯社会科学文献出版社上述权利的侵权行为进行举报。电话：010-59367121，电子邮箱：fawubu@ssap.cn。

社会科学文献出版社